17時からはじめる

東京時間半値トレード

TOKYOJIKAN

著 アンディ

勝率50%の分岐点こそが相場の原点

Pan Rolling

まえがき

相場の世界に入り20年が経ちました。相場は見えないものです。うつろいごとと言われます。しかし、変わることがないものもあります。それは「気持ち」です。

営業マン時代にはたくさんの方にお世話になりました。私は上場企業の代表や政治家、高額納税者だけにしぼって営業してきました。弱い者いじめをしたくなかったからです。大きな相場を張りたかったからです。そして、何よりも、そういう方々お会いする時間は私の財産になると思ったためです。

史上二番目と言われる仕手戦の舞台裏も経験させていただきました。“日本一の相場師である”先生に「アンディと付き合うと勉強になるから注文を出している」と言っていただいたことは、その後の相場人生の自信になりました。

お世話になったお客様のことは、今でも毎日思い出し、感謝しています。現在に至るまで、感動する出会いが本当にたくさんありました。相場の世界は「この気持ち」が大事だと思います。

今までの経験からの私の信条は「相場を心から愛する者に悪人はいない」です。見えないものを愛す。心の持ち方が大事なのでしょう。

営業マンから専業トレーダーになり、人との出会いに感動する機会はめっきり減りました。相場を孤独に求道する日が続いていたからです。しかし、相場には、別の感動する出合いがありました。そのひとつが「半値」です。

東京時間足半値パズル（本文の中で紹介）を発見した日のことは一生忘れません。東京時間高値安値の半値が一致するとそれが３日間続く。たまに4日間続きます。5日間はありません。
半値の素晴らしさに感動しました。しかし、当時の自分は、“東京時間足半値パズル”だけでは売買タイミングに迷うときがありました。そこで、他に何かないかと検証していたところ、たどり着いたのが一目均衡表の雲でした。

いろいろな売買手法を検証してきましたが、一目均衡表だけは学べば学ぶほどその素晴らしさ酔いしれました。最後にすべて計算が合うのです。私は一目山人の努力と相場を愛する想いに感動しました。
そして、一目均衡表の雲を「半値重視」に、私がやりやすいように応用したものが半値トレード（マルチ雲、アンディ雲）になります。本書では、私が築き上げてきたこの「半値トレード」について紹介していきます。

「半値」というキーワードの素晴らしさ。この感動を一人でも多くの方に知っていただけたら幸いです。

序章

FXを始めるまでの道のり

私が投資の世界に足を踏み入れたのは1992年の9月20日のことでした。このときの戦場は「商品先物」です。新入社員だったにもかかわらず、今だからこそ言えますが、営業なんてほとんどしないで、ずっと手張り（自分の資産で相場を張ること）で市場とにらめっこしていました。

このときの上司がまた仕手戦の好きな人で、実際に相場を動かしているような方でした。この人から、相場について、いろいろと学ばせてもらいましたね。ほかにも相場に詳しい先輩がたくさんいて、一から十まで、さまざまなことを吸収させていただきました。

ここで学んだ知識や経験をもとに、私が本腰を入れて注目したのがＬＭＥ（注：世界最大規模の非鉄金属専門の先物取引所）です。このときの手法は、「Ａが上がったら、それにつられてＢも上がる」といった、景気サイクル上の相関性をメインにしたものです。具体的に言うと、ＬＭＥのアルミが上がると、ニューヨークの金も上がる、ニューヨークの金が上がると、住友金属鉱山と住友チタンなども後場から上がる傾向にあって、これを利用してずいぶん儲けさせてもらいました。

しかし、“そのとき”は突然やってきました。ライブドアショックを境にＬＭＥを見て相関性で資源関連株を売買する手法が通用しなくなってしまったのです。

可能性のない市場にすがりついていても仕方がありません。そこで、戦いの場を移すことにしました。このとき注目したのがＦＸでした。相場仲間も多くがＦＸに舞台を変えていましたし、ＦＸの人気は急上昇中でしたから“新たな可能性”を感じました。実際、長年、商品先物で使ってきたテクニカル（後述）がＦＸでも通用したのです。いや、今思えば、通用していたように見えたのです。

試行錯誤の結果から生まれた「結論」

商品先物で使ってきたテクニカルとは、2002年２月10日午前２時に生まれた独自の理論で、ADX（トレンドの強弱を測る指標）を改良したものでした。10年間の血と汗の結晶とも言うべきものでした。先ほどお話ししたように、ＦＸでは、この手法が神がかり的に機能して、「勝つのが当たり前」と錯覚してしまうほど連勝できたのです。

ＦＸだけでなく、金相場でもオリジナルの売買手法を使ってみたところ、４年間で負けたのは３回だけ。相場を張ることが楽しくて仕方のない時期でした。

しかし、世の中、うまい話は続きません。商品の売買高減少の影響を受けて、突然、何もかもがうまくいかなくなったのです。

どうすればよいのか。この迷路を抜け出す方法が分からなくなってしまった私は、わらにもすがる思いで林投資研究所の林輝太郎先生に会いに行くことに……。先生は大変気さくな方で嫌な顔ひとつせずに私の悩みを聞いてくださいました。ひととおり私の愚痴を受け入れると、先生は厳かに以下のことをおっしゃいました。

◎お金が入る器を作ること
◎王道を進むこと
◎勝率が５０％を超える必要はないこと
◎指数で儲けた人はいないこと
◎当たるものは時期があること
◎罫線の本を読んでも勝てるようにはならないこと

さらに、『あなたも株のプロになれる』（立花義正 著）を読み、相場技術や張り方を学ぶように言われました。静かな口調でしたが、言うべき人物が言うと違います。説得力がありました。

しかし、同時に、どうしても腑に落ちない点もありました。それは、「勝率が50％を超える必要はないこと」という教えです。ここまで、勝率80％以上を出してきた自分には、このことだけがどうしても理解できなかったのです。

でも「(勝率が50％を超えなくてもよいということは) 林先生がおっしゃることだから」と考え直した私は、『あなたも株のプロになれる』を参考に、売買損益の折れ線グラフを作り、どこで売買をしているかを検証しました。売買損益の増減も書き出しました（私のブログ「アンディのＦＸブログ」で『あなたも株のプロになれる』の売買譜通りに書いた折れ線グラフとエクセルの売買損益を公開しています。興味があれば、覗いてみてください)。

結果として、特別なことは何もないことに気づきました。買うとき(買い玉を増やすとき）には、折れ線グラフを見て、安値並びになるまで待ち、高値並びになったら利益確定。「罫線は損益のふくらみによってできているのだ」と、分かりました。

このときは、ありとあらゆる売買パターンを検証しました。例えば、「何月何日何時何分に出たパターンなのか」を明記したチャートは3000枚を超えました。今も、すべて保存してあります。

この作業を通して、林先生のおっしゃったことが見えつつあるような気はしましたが、今まで当てて勝ってきた経験が災いしたのか、最後の壁を乗り越えることができませんでした。先の見えない旅がまだ続きそうな予感がしていました。

でも、あるとき、知り合いと話しているときに、その壁が急に取り払われたのです。その人は原油相場において、１枚で588万円の利益を出した人でした。この人の言葉に、私の意識を変える興味深いものがあっ

■ブログに載せている折れ線グラフ

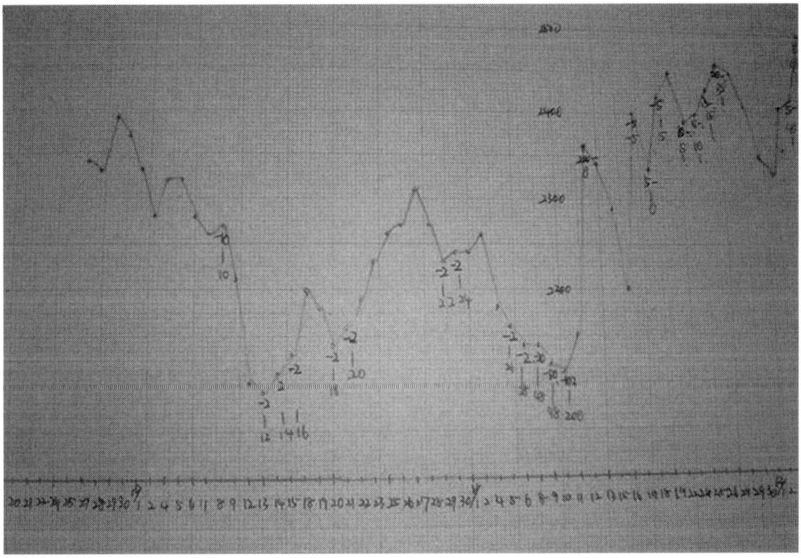

■ブログに載せている折れ線グラフ（拡大）

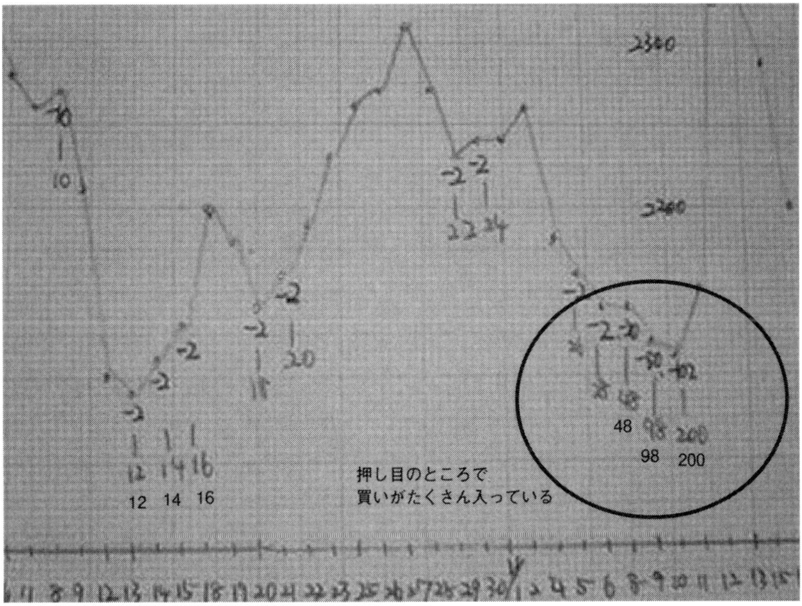

たのです。

「俺は、相場についてあれこれ予想しても結果は曲がる（外れるという意味）んだよ。でも、張り出すと当たるんだよね」

発想が私とはまるで違ったのです。この人は、私のように「当てる」ことに神経を使うのではなく、「売買（のやり方）」に集中していました。相場では予想して当てようとしても駄目ということ、本質は「当てること」とは違うところにあるということを思い知らされました。「当てても利益にはならない」という林先生の言葉が分かった瞬間でもありました。

ここで、「相場の本質」とは何か、気になりますよね。それは、「当てる」ことではなく、「根拠のある売買をすること」です。

普通は、上がるには上がるだけの、下がるには下がるだけの根拠があるはずです。例えば、上昇トレンド中の押し目を考えてみてください。教科書的には「前回の高値で売った人の買い戻しで上がる」という説明になっていますが、本当のところは違います。押し目のポイントで新規に買う人が多く集まるから再び上がっていくのです。

相場は人気投票です。買う人が多ければ値段は上がります。値動きには、こういう当たり前の、きちんとした根拠（＝買う人が売る人よりも多くなれば上がるなど）があります。

でも、普段、そんなことを考えながら売買している人は少ないと思います。「当てること」ばかりが気になってしまうからです。だから、果てしない旅が始まるわけです。

「正しい根拠に基づいた売買」こそが理想の形

「当てても利益にはならない」ことが分かった私は、当てにいく売買ではなく、「正しい根拠に基づいた売買とは何か」を次第に考えるようになりました。正しい根拠があれば結果は後から付いてくると思ったのです。

試行錯誤を繰り返しながら、自分が納得できる売買注文の出し方を検証し、最終的にたどり着いたのが10ページの売買パターンです。

①はブレイク狙いです。「ブレイクすることを狙う」というのは、言いかえれば、当てにいく売買でもあります。この“当てにいく売買”には定義がありません。例えば、直近高値のブレイク狙いの場合、抵抗線より何pips上がったらブレイクしたといえるのでしょうか？　5pipsですか？　10pipsですか？　経験上、10pipsブレイクした後で逆に下げてしまう現象もよく目にしています。つまり、定義がないのです。

11ページのチャートは2012年1月27日のポンド円東京時間足です。9時から17時までのローソク足なので窓ができます。A（2011年12月29日の東京時間の高値）の線をブレイクすると、レートは高い確率でB（2011年12月27日の東京時間の安値）の線まで上がります。

これは、考え方としては素晴らしいものです。問題は、この状況のときにどうやってポジションを取るかです。ブレイク突破のような定義のない「当てる売買」というのはポジションの作り方が難しいからです。Aをブレイクした後、Bまで行くであろうことは分かるのです。でも、「どこで買いますか？」ということを考えないといけないのです。ブレイクしたからといって、そのままブレイクした方向に進むとは限りません。ブレイクした途端に戻ってくることもよくあります。「考え方」としては合っていても、「やり方」としてはどうなのか、というところです。

■売買パターン

①：当てにいく売買

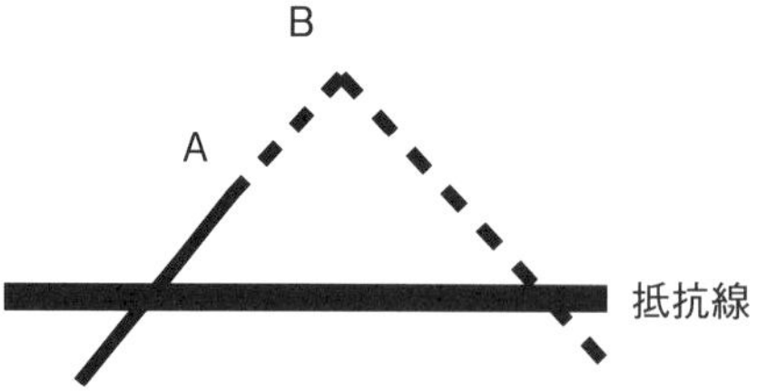

ブレイクアウトといっても、Aのポイントがブレイクアウトなのか、Bのポイントがブレイクアウトなのか定義がない。Bまで値上がってから下げていくこともよくある。

②：根拠のある売買

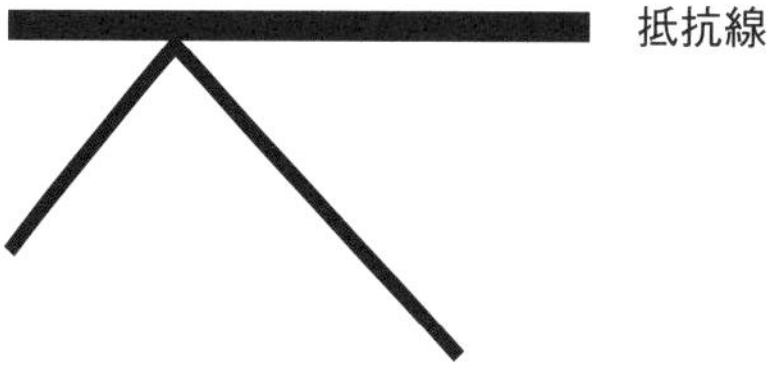

抵抗線付近には売りの注文が集まっていると考えられるため、一応、理にはかなっている。しかし、抵抗線が突破される可能性も十分にある。

③：正しい根拠がある売買

抵抗線が支持線に変わったところ、つまり、順張り中の逆張りを狙う形。これこそが理想の売買パターン。

■ポンド円東京時間足

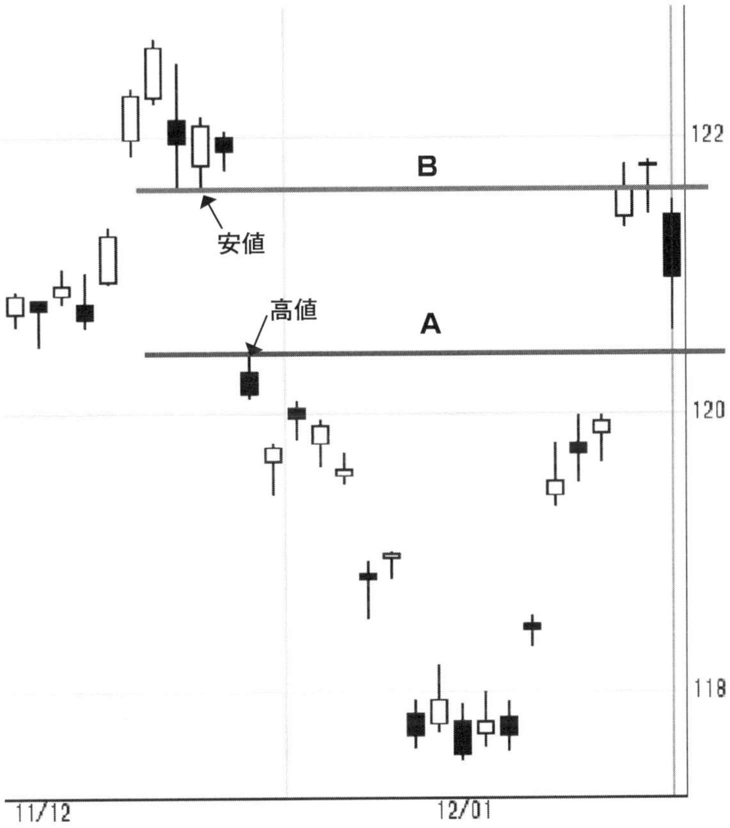

Aの線を突破するとBまで行くことは想像がつく。

ここで問題なのはどういうポジションを作るかだ！

相場はどんなに当てても、それだけでは利益にならないのです。一番大事なことは「考え方」ではなくて「やり方」にあるからです。

一方、10ページの②と③には定義があります。②は抵抗線で売られたら売り相場、③は抵抗線が支持線に変わり、そこで買われたら買い相場です。

ただし、②は逆張りになります。ここから反転すれば狙い通りですが、思惑とは裏腹に、さらに逆に進む可能性も大いにあります。

一方、逆張りは逆張りでも、③は順張りの中の逆張りを狙うことになります。②よりもリスクは低くなります。これこそが理想的な形です。事実、③の形で注文を出すようにしたところ、1回の利益は少なくなりましたが、安定した成果が出るようになりました。事実、それまでは「損切りは30pipsまで」と決めていましたが、この方法を採用してからは、状況判断ができるようになったので、「これはもう駄目だな」と感じたら30pipsまで待たずに“早く損切りできる”ようにもなりました。具体的には、5pips以内の損切りが多くなってきたのです。

この③の形を「正しい根拠がある売買」と名づけます。この正しい根拠がある売買に「売買勢力分岐点（後述）」という概念を加えることによって以下のことがわかります。

◎買い相場の定義

売買勢力分岐点で買われたら買い相場（半値押し＋下ヒゲ出現）

◎売り相場の定義

売買勢力分岐点で売られたら売り相場（半値戻し＋上ヒゲ出現）

このように、根拠が分かれば定義が決まります。定義が決まると、売買ポイントが明確になります。売買勢力分岐点での値動きに注目すればよいのです。

大事なのは、勝率ではありません。正しい根拠に基づいた売買をしているかどうかなのです。

勝率については、50％を超える必要はありません。上がるか下がるかは誰にも分からないからです。むしろ、勝率50％のところが分かるかどうかのほうが大切です。“そこ”が分かれば、あとは、その分岐点での値動きだけを見ればよいのです。

では、勝率50％のところとはどこでしょうか。それは売りと買いが拮抗しているところ、つまり先ほどから何度も登場してきている「売買勢力分岐点」なのです。もっと具体的に言うと、それが「半値（後述)」なのです。

例えば、半値50％押しの水準は売買勢力分岐点であり、勝率50％に近い水準であると言えます。この勝率50％を極めることこそが売買技術なのです。

当然、勝率50％のところが正しい売買勢力分岐点［東京時間高値安値の半値や先行スパン２（後述)］であれば、ほかの正しい売買勢力分岐点、例えばネックラインなどと一致してくることが多くなります。一致すれば、それは鉄板トレードです。

ここまでの話をまとめてみましょう。正しい根拠がある売買に「半値」という「売買勢力分岐点」を加えると、次ページの「半値売買パターン」のような形になります。

利益を出すには、焦らずに「この半値売買パターンの型になるまで待つこと」です。

今、とても大事なことを書きました。もう一度、繰り返します。正しい根拠がある売買をしたいならば、この型になるまで待ってください。「待つ」ことが、あなたを正しい売買に導くことになります。

■重要：半値売買パターン

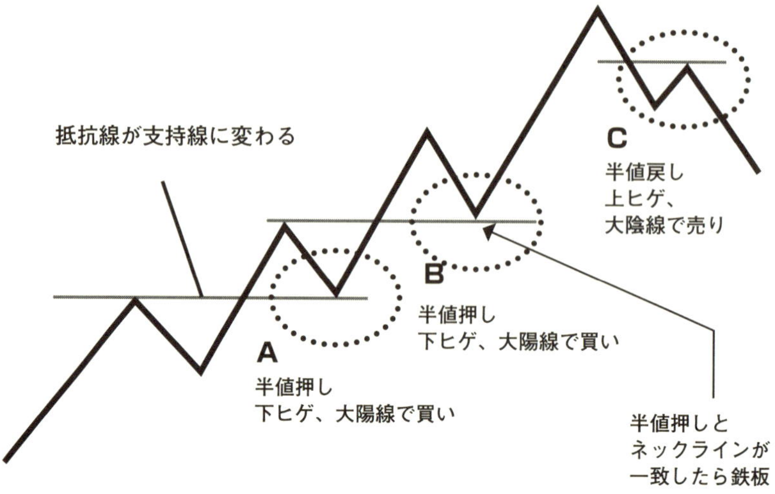

A：半値押し、下ヒゲ、大陽線の出現で買い

B：ネックラインと半値押しが一致したら鉄板ポイント

C：半値戻し、上ヒゲ、大陰線の出現で売り

売買勢力分岐点と正しい根拠がある売買を融合させたものが半値売買パターン

■豪ドル円５分足　正しい売買（2012年１月10日）

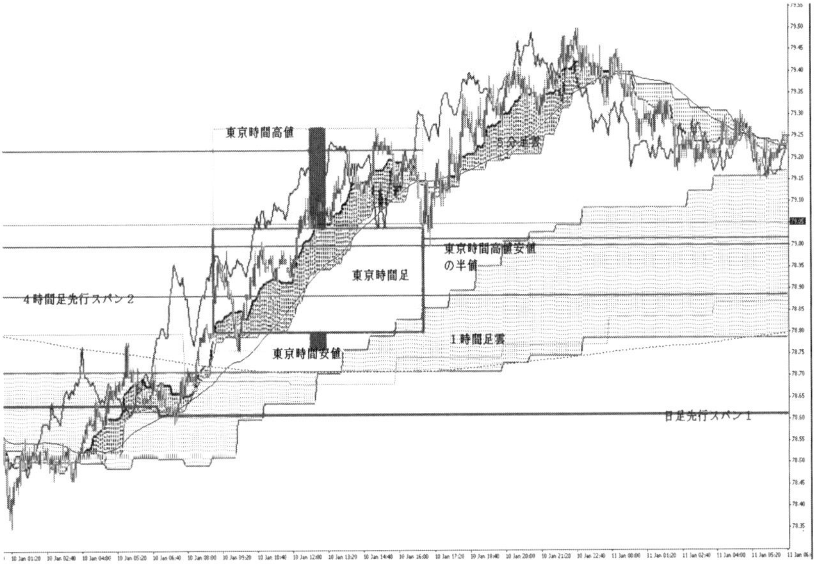

値動きと半値の関係をわかりやすくすると

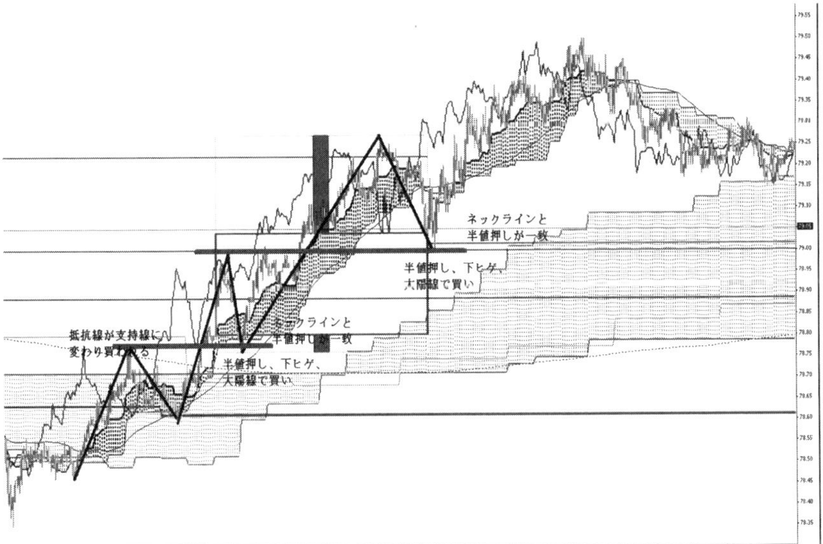

半値トレードこそが「正しい根拠がある売買」

「半値売買パターン」を視覚的に分かるようにした罫線が「半値トレード（別名：もぐらトレード）」です。これには、さまざまなバリエーションがあります。

例えば、どういうときに買いエントリーを考えるべきかについて検討してみましょう。結論から先に話してしまうと、雲が厚い状態のときに、陽転中の５分足の先行スパン２と、陽転中の１時間足の先行スパン２が重なれば勝率は高くなると考えられます。

ほかにもあります。例えば、陰転中の４時間足の先行スパン２と、陰転中の１時間足の先行スパン２の一致はギリシャショック暴落前に出ました。さらには、

◎ネックラインと５分足の先行スパン２が一致
◎ネックラインと東京時間高値安値の半値が一致
◎５分足の先行スパン２と東京時間高値安値の半値が一致

などロジックはいくつも考えられます。

ここでの基本は、買いは２つの雲が陽転中のときにのみ行うこと、売りは２つの雲が陰転中のときにのみ行うことだけです。この条件が満たされているならＯＫです。

根拠のある売買に出合ってからは、高い勝率の売買手法を懸命に探してきた自分を「若かったな」と思うようになりました。相場はゼロサムゲームです。買っている人の裏側には負けている人がいます。ですから、儲けの仕組みが解明されたら、つまりみんなが勝てるようになってしまったら、儲けそのものがなくなってしまうのです。

序章の最後に、もう一度だけ、お話しします。10ページの③の形や半値売買パターンをよく覚えておいてください。これから先、当て

にいく売買をやっていくのと、正しい根拠がある売買をやっていくのとでは、数年後、大きな違いが出てきます。定義があるものならば、やればやるほど、経験が蓄積されていきます。しかし、当てにいく売買には定義がないので、どんなに努力しても、その努力自体、水の泡になることが多くなると思います。自分の成長の糧になることを、どうぞ続けてください。

本書の構成

本書は「半値」というキーワードに注目しています。半値をどうトレードに生かしていくのかについて、できるだけわかりやすく、かつ体系立てて解説することを目指して、以下のような構成にしています。

第1章　半値とは

ここでは、「半値とは何か」「半値にはどういうものがあるか」「半値トレードの約束事は何か」「東京時間の半値とは何か」など、基本的なことを紹介します。

第2章　半値トレードでのポジションの作り方

ここでは、半値トレードの考え方（買いと売り）を解説しています。さらに、その考え方を簡単に実践できる方法（ポジションを作る方法）を紹介しています。

第3章　鉄板パターン紹介

「この形になったら、こう動く可能性が高い」というパターンが相場にはあります。半値トレードも例外ではありません。そこで、ここでは、実戦にすぐに活かせそうな、半値トレードの鉄板パターンを紹介しています。本書で初公開の「半値持ち合い」も載せています。

第4章　半値トレードのトレード日誌

普段、著者がどういう思考で、何を見てトレードしているのかを紹介するために、著者の原稿執筆時のトレードを日誌風にして紹介しています。

第5章　理解度テスト

「本書の内容がわかったかどうか」を気軽に試してください。基本的なパターンを反復で確認できるようになっています。

巻末付録

本書の特典であるインジケータやテンプレートを設定する方法や、半値トレードにおいて使うであろうメタトレーダーの基本操作について紹介しています。

contents

第2章 半値トレードでのポジションの作り方
〜半値トレードの考え方から、エントリー、ロスカット、エグジットまで〜

第5章　半値トレード　理解度テスト

反復練習をしてみましょう！

巻末付録

第1章

「半値」とは何か

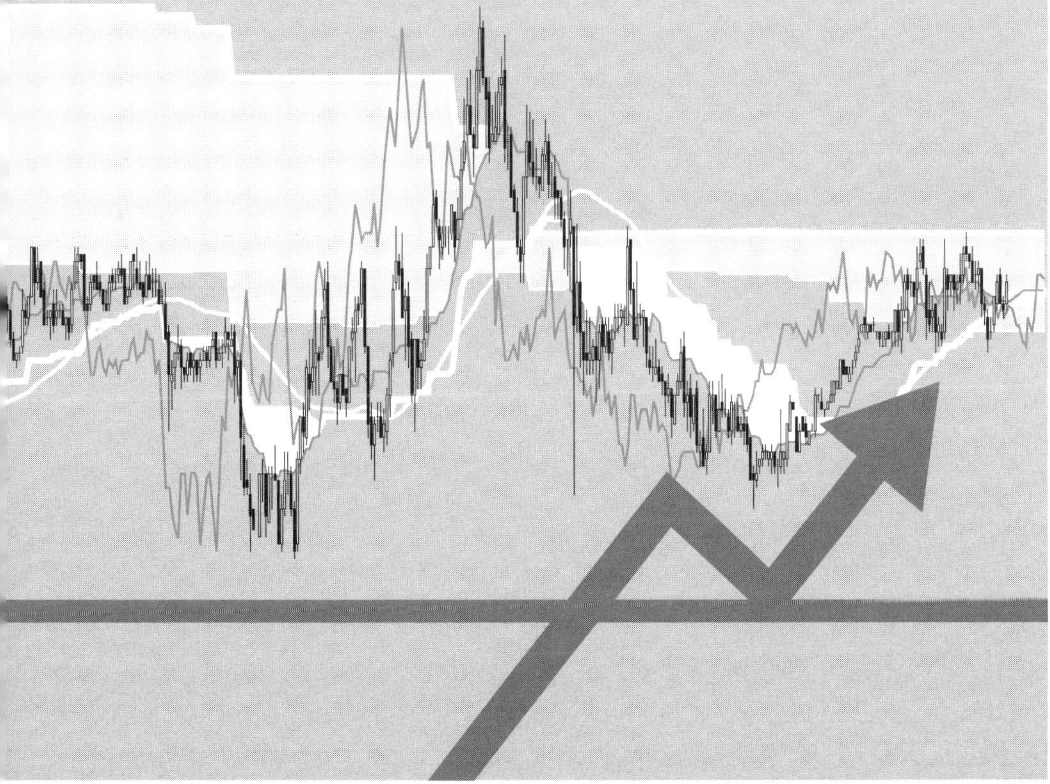

1 半値とは「売買の勢力ポイント」だ
～先行スパン2と東京時間高値安値の半値に注目する～

私が定義する「半値」とは、一目均衡表の先行スパン2（注：原著では先行スパン下限と表記されています）と、東京時間（9時から17時まで）の高値と安値の中間値を指します。

～半値トレードの半値とは何か～
①一目均衡表の先行スパン2
②東京時間高値安値の半値

半値を見れば、買い場（もしくは売り場）はどこか、相場がどこで止まりやすいのか（利益確定&ロスカットのポイント）が見えてきます。「半値」は小学生にも分かる魔法のキーワードです。

まずは、「一目均衡表の先行スパン2」について、私が感じたことをお話しします（一目均衡表については次ページ参照）。

なぜ「先行スパン2が半値線であると思うか」というと、先行スパン2は過去52本分のローソク足の高値安値の半値を線で表示しているものになるからです。過去52本分の間に「これから下がると判断して売った人」「これから上がると判断して買った人」のどちらが「今現在、有利なのか」を表した線、それが先行スパン2だと私は感じました。そして、この線を見れば、ひと目で売買勢力分岐点も分かると気づいたのです。

一目均衡表では、レートの上げ下げ（騰落）ではなく、「時間」を重視しています（時間論）。この時間論によって導かれる変化日での変化の仕方で相場の行方を占います。

■一目均衡表について

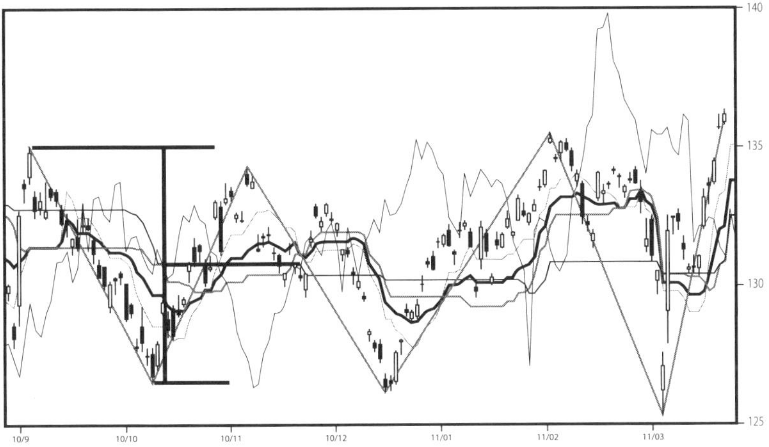

転換線：過去９本の高値安値の半値

基準線：過去 26 本の高値安値の半値

遅行線（原著では遅行スパンと表記されている）：現在の終値を 26 本前に記入したライン

先行スパン１（原著では先行スパン上限と表記されている）：転換線と基準線の半値

先行スパン２（原著では先行スパン下限と表記されている）：過去 52 本分の高値安値の半値

雲（原著では抵抗帯と表記されている）：先行スパン１と先行スパン２に囲まれた部分

出典：原著『一目均衡表』　著者：一目山人

陽転中：雲を見たときに、先行スパン１が上で、先行スパン２が下の状態

陰転中：雲を見たときに、先行スパン２が上で、先行スパン１が下の状態

半値トレードにおいて、一目均衡表の中で使うものは以下の通り！

●雲（トレンドを見る）

●先行スパン2（売買タイミングを計る）

●遅行線（レンジ or トレンドを判別する）

注）半値トレードにおいては上記の３つを特によく観察するという話です。当然ながら、ほかのものを軽視してよいという意味ではありません。一目均衡表について詳しく知りたい方は原著である『一目均衡表』『一目均衡表完結編』『一目均衡表　週間編』『わが最上の型譜』（いずれも一目山人著　経済変動総研）や『一目均衡表の原理』（三世一目山人著　経済変動総研）をご覧ください。

時間論においては、「９」「17」「26」を基本数値としています。この「９」「17」「26」を全部足すと「52」になります。そうです。先行スパン２は「基本数値」の集合体でもあるのです（次ページのコラム参照）。

余談になりますが、太陽の自転は26日で基本数値と一致します。相場の値動きは26日サイクルが多いことも納得できます。相場の値動きは先行スパン２、つまり過去52本の半値線を中心にして動くことが多いのです。

■５２という数字について

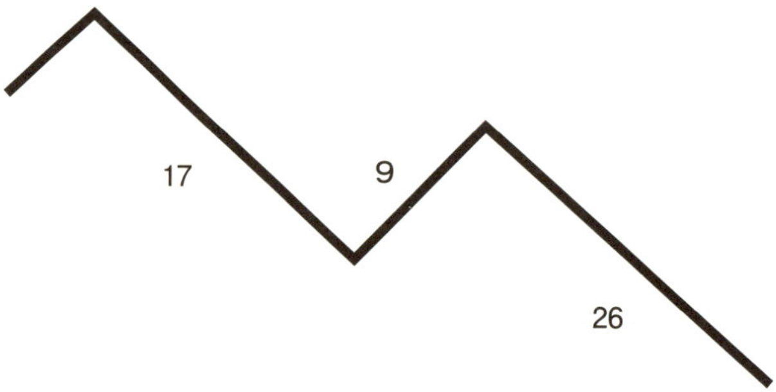

この先行スパン２と同じような役割を果たすのが「東京時間の高値安値の半値」です。「東京時間の高値安値の半値」について例を挙げて説明します。例えば、東京時間の高値が82円、東京時間の安値が80円だとします。この半値は何円でしょうか。もうおわかりですね。このときの東京時間の高値安値の半値は81円になります。

見方としては、東京時間の高値安値の半値81円よりも上にローソク足があれば東京時間に売買した人では買い方が優勢、逆に下にあれば売り方が優勢と判断できます。繰り返しになりますが、先行スパン２と同様、東京時間の高値安値の半値は売買勢力分岐点になります。

コラム：サイクルの数え方

サイクルの底を谷、トップを山と言います。サイクルは谷から谷を数えます。谷（ボトム）から谷のほうが安定しているためです。

数え方については、正しくは、谷を付けた日は次のサイクルの起点としてはカウントしません。谷を打った翌日が新たなサイクルの起点になります。

単純に「谷から谷の本数－１」と数えます。サイクルは谷の始まる点と終わる点で測るのが一般的です。

一目均衡表でもメリマンサイクルでもこの数え方になり、これが正しい数え方になります。

私のサイクルの数え方は今までに成功してきたトレードが山から山のことが多く、起点も１本として数えて結果を出してきたために正しい数え方にはなっていません。自分自身修行中の身であります。

■本来の正しい測り方

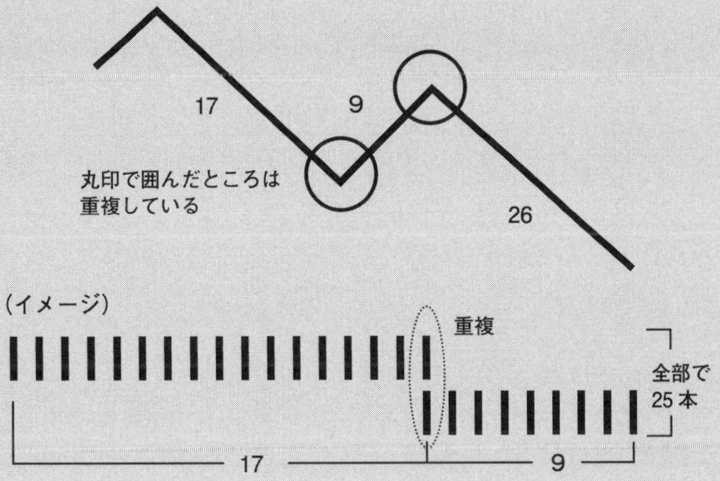

コラム：ローソク足は半値に吸い寄せられる

あるとき、一目均衡表の雲を見ていると、先行スパン２がまっすぐのときは、先行スパン２を中心にした持ち合いになることが多く、その後、ローソク足が先行スパン２、いわゆる半値に吸い寄せられるように動いていくことに気づきました（次ページ参照）。

先行スパン２はイコール、「過去 52 本の高値安値の半値」であること、先行スパン２が半値線であり、かつ、この線が売買勢力分岐点になっていることを見つけたのです。当たり前のことなのに、先行スパン２が半値線であることにあらためて気づいたときは感動しました。

先行スパン２は半値線ですから、ここで買い方と売り方の勢力がぶつかり合います。つまり、ローソク足が先行スパン２より上にあれば買い方が優勢で、下にあれば売り方が優勢といえます。

さらに、売買勢力分岐点なので、買われ過ぎ＆売られ過ぎがひとめで分かります。

例えば、レートが上がった後、一時的に下がってきたとしても、先行スパン２までは調整であること（＝買い方が優勢）が多いのです。これは、先行スパン２付近で押し目や戻り目になることが頻繁にある、ということも意味しています。

私の「半値トレード」は、この値動きのパターンを活用して、順張り中の逆張りを狙っていくものになっています。

■ローソク足が半値（先行スパン２）に吸い寄せられる

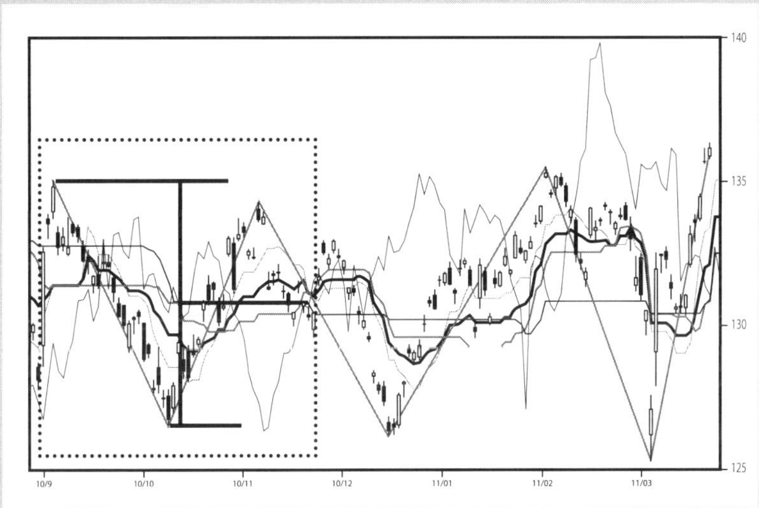

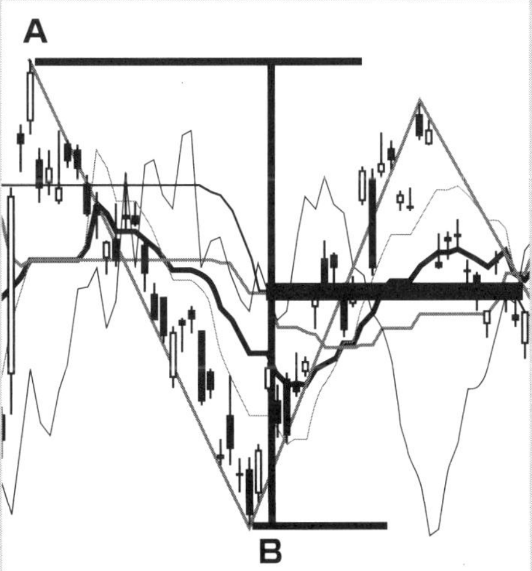

Ａの高値からＢの安値まで下がったレートがＡとＢの半値まで、引き寄せられるように戻っている

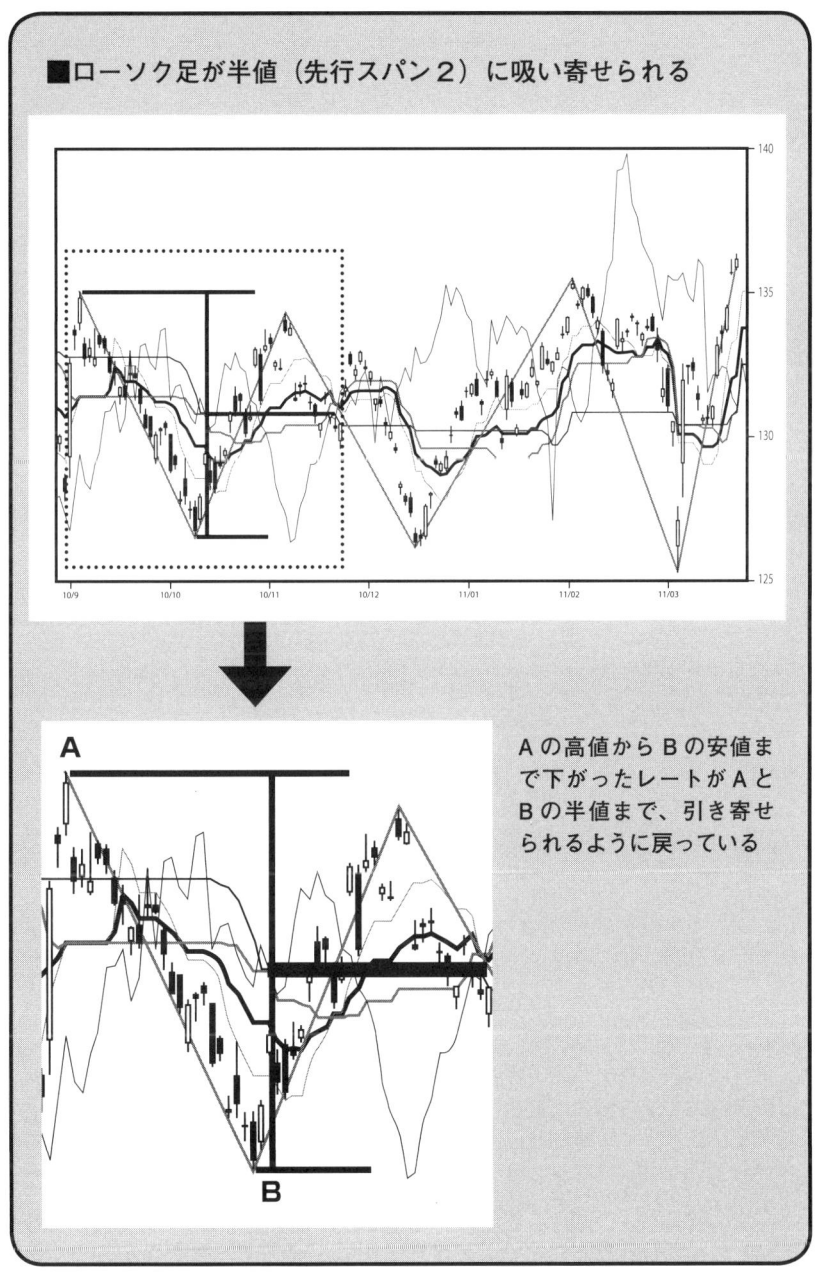

コラム：遅行線の見方について

遅行線というのは、現在のローソク足の終値を26本後ろ（過去）に表示している線です。26本分だけ過去に遡って記入しただけの線に過ぎないのですが、この線には「相場転換を暗示する」という素晴らしい性質があります。

実例で解説しましょう。次ページの上下のチャートは31ページで紹介したものと同じです。上のチャートの実線の矢印と点線の矢印を見てください。実線の矢印は実際の直近のレートの動き、点線の矢印は遅行線の動きです。現在の終値（実線円）に対応する遅行線は点線円のところにあります。

上のチャートを見ると分かるように、レートが下がるにつれ、それに対応する遅行線も下がってきます。このとき、下がった遅行線と前回の高値を確認します。どういう見方をするのかというと、下がった遅行線が前回の高値に接近してきたら、「そろそろ相場転換が近いかもしれない」と警戒を強めるわけです。

次ページの下のチャートで言うと、点線円で囲んでいる部分と波線円で囲んでいる部分になります。ローソク足の前回の高値と遅行線の谷が一致しています。

26本後ろのローソク足と遅行線の乖離が激しくなったところできれいに相場が反転しています。現在のローソク足の終値をただ26本後ろに描いただけなのに、このような素晴らしい威力を発揮してくれるのです。

レンジ相場からトレンド相場に変わる目安として、私は遅行線を見ています。

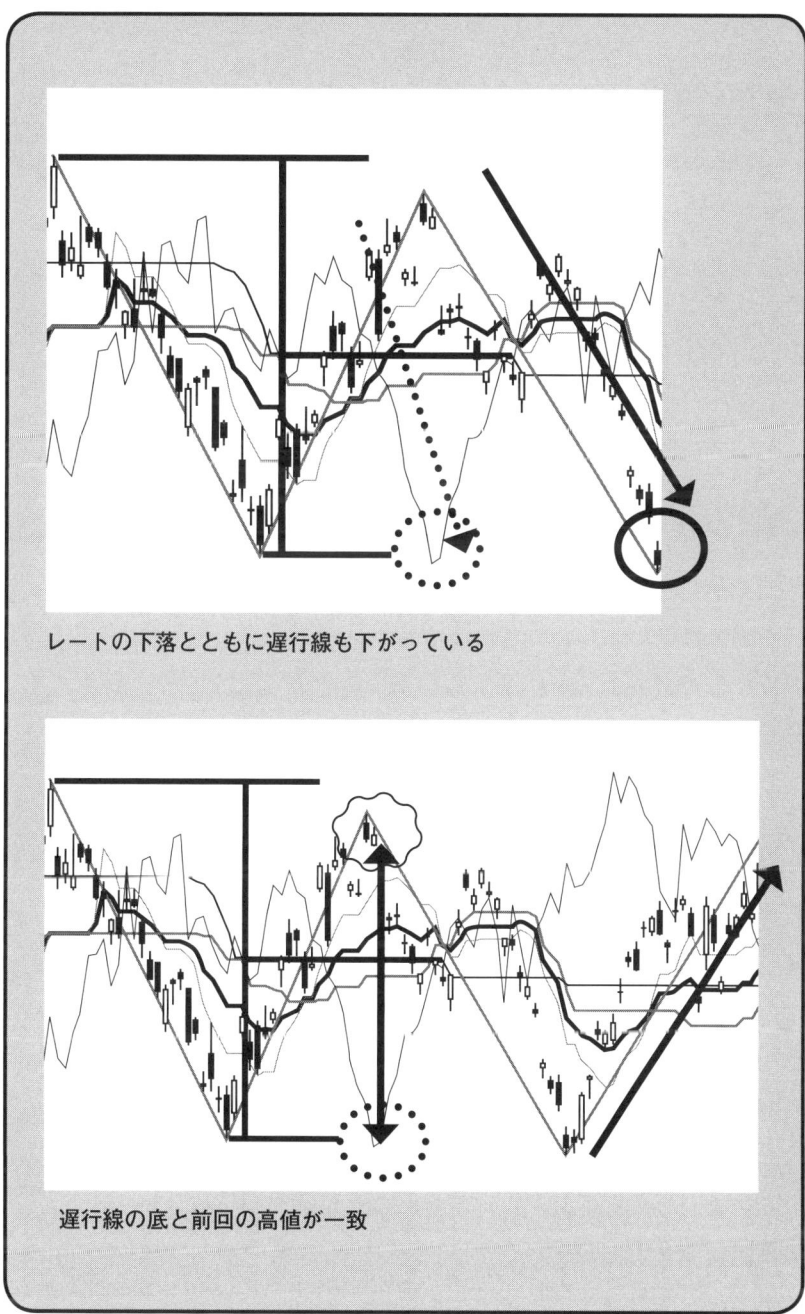

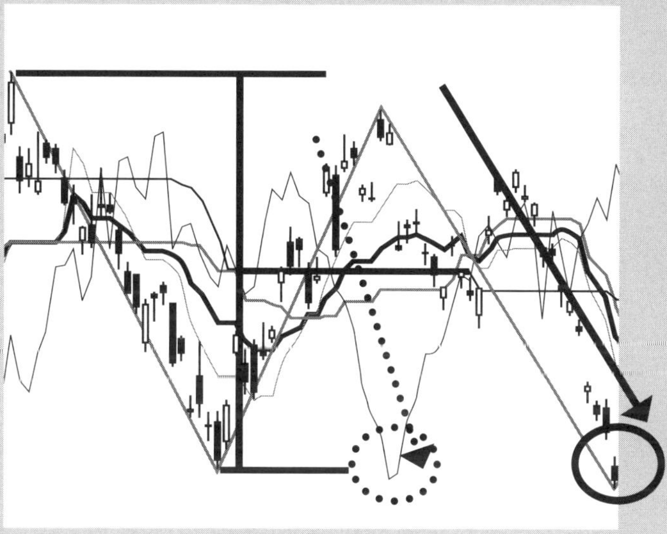

レートの下落とともに遅行線も下がっている

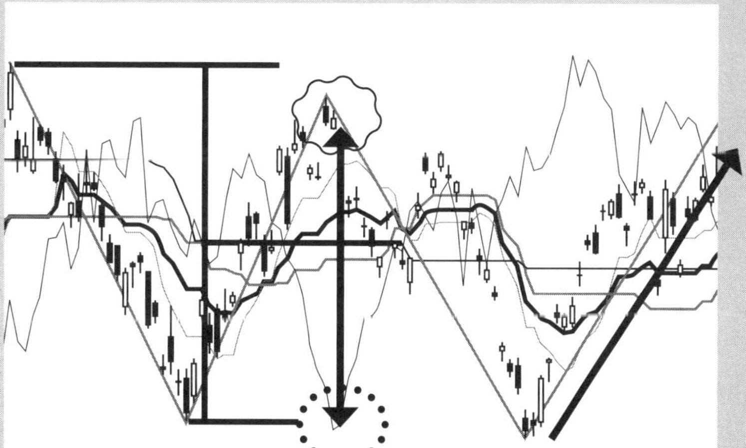

遅行線の底と前回の高値が一致

2 半値に気づいたきっかけ
～東京時間半値パズルの発見～

私が半値に気づいたのは、序章でお話ししたような独自 ADX の売買手法を使って東京時間終了後にドル円とユーロ円を取引していたときでした。このときは、ユーロ円とドル円に売りサインが出ていました。私は、ボラティリティが大きいユーロ円を選択することに……。

いつもは1回か2回に分けて売るのですが、ちょうど連勝中でしたので変な自信がありました。先物などで海千山千の経験を積んできたこの自分が、女性でも通用するＦＸで負けるなどありえないと本気で思っていたのです。

サインの通り、ロンドン時間から５回に分けてユーロ円を売りました。しかし、その後、思惑に反してユーロ円は上げ続けます。

当時の私はオシレーター使いでした。オシレーターを参考にしての売買では売買勢力分岐点がどこにあるのか分からなくなりがちです。結果的に、損切りポイントが遅れてしまいます。このときもご多分にもれず、損切りが遅れました。

一方、ドル円を見ると、東京時間終値で大天井となり暴落しはじめていました。

ドル円ではなく、ボラティリティが大きいユーロ円を売ったことを後悔しました。ドル円はその後、さらに暴落していきます。

でも、私はタダでは起きません。値洗いマイナスが膨らむ中、ユーロ円の値動きを見ていると、面白いことに気づきました。何と、東京時間高値安値の半値の整数倍で相場が動いていたのです。

「この値動きは何だ！」と思いました。「こんなにきれいに半値半値で動いているのか！」と思いました。東京時間半値パズル（後述）発見の瞬間です。

東京時間高値安値の半値の整数倍で動くことを、私は東京時間半値パズルと呼んでいます。通常、３日間続きます。このことを知っていると、目途が立てられますので、値動きに振り回されずに済みます。次ページに例を示しておきます。

為替相場は東京時間高値安値の半値を中心にして半値半値で動くことが多いのでパズルのように一致してきます。

先行スパン２も同じです。過去の東京時間高値安値の半値が、将来の先行スパン２とパズルのように一致してきます。一致したときは「強い節値」として機能します。

為替には東京時間半値と先行スパン２は必需品です。

■東京時間半値パズルのイメージ

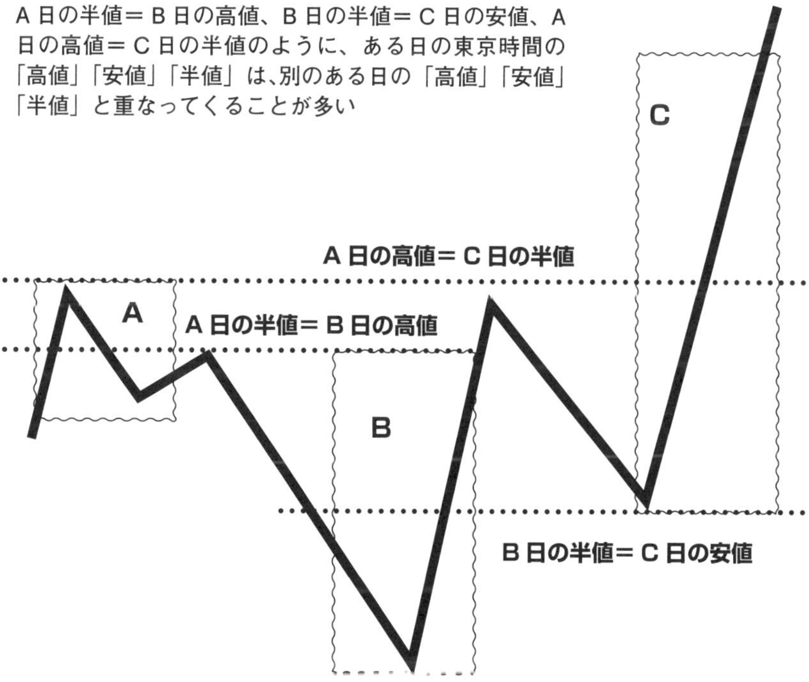
A 日の半値＝ B 日の高値、B 日の半値＝ C 日の安値、A 日の高値＝ C 日の半値のように、ある日の東京時間の「高値」「安値」「半値」は、別のある日の「高値」「安値」「半値」と重なってくることが多い
C
A 日の高値＝ C 日の半値
A
A 日の半値＝ B 日の高値
B
B 日の半値＝ C 日の安値

■東京時間半値パズル

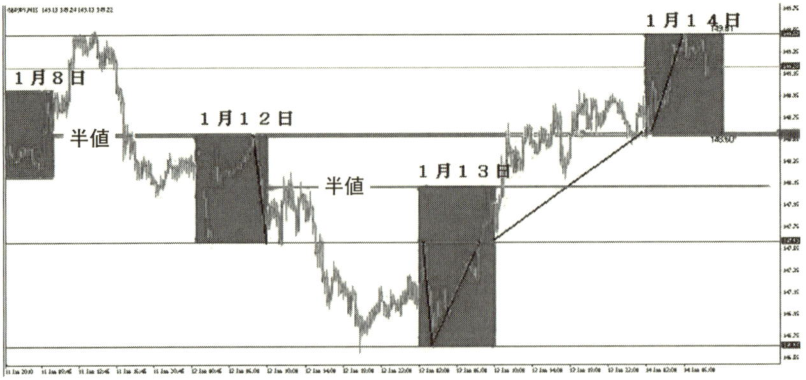

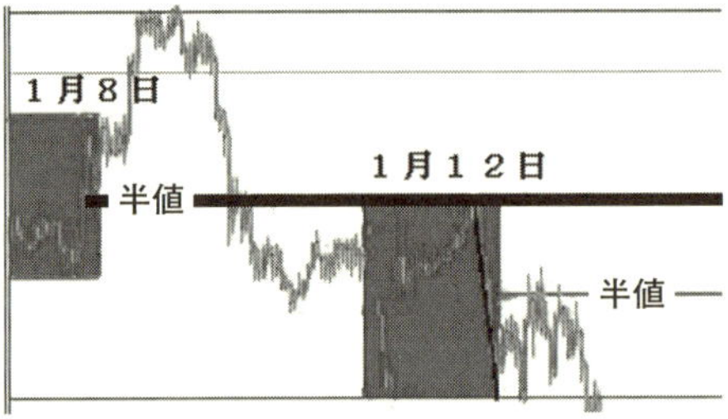

１月１２日東京時間高値は
１月８日東京時間高値安値の
半値です。

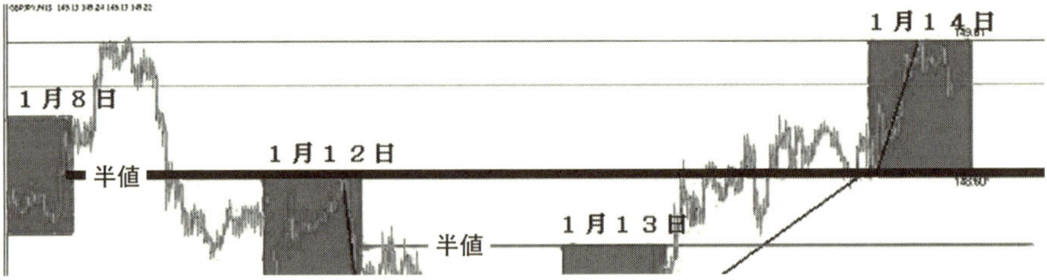

１月１４日東京時間安値は１月８日東京時間高値安値の半値です。

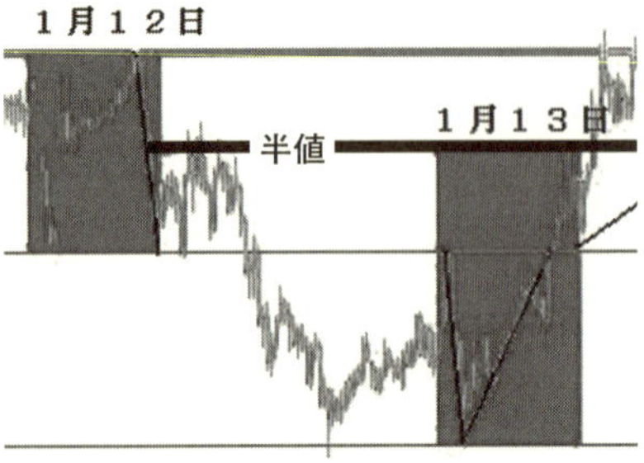

１月１３日東京時間高値は
１月１２日東京時間高値安値の
半値です。

3　根拠のある売買とは、半値トレードのことである

相場では「トレンドに逆らわずに、いかにうまくトレンドに乗るかが重要だ」とよく言われています。

でも、冷静になって考えてみてください。口で言うのは簡単ですけど、本当にできますか？

例えば、次ページの図を見てください。これは買いを検討している場合です。直近の高値（次ページ①の☆）をブレイクし、実際にトレンドが出ている状態のときにＡで買った経験はありませんか。結果はどうでしたか？　うまくトレンドに乗れましたか？　もちろん、うまく乗れたこともあったでしょうが、ここで高値掴みになってしまった経験もあるのではないかと思います。そればかりか、高値掴みになることを恐れて、エントリーすらできなかったという人もいるかもしれません。

なぜ、このようなことが起こるのかというと、序章でもふれたとおり、ブレイクアウトには定義がないからです。「どこまで動けばブレイクアウトなのか」が分からない以上、いつ反転してもおかしくはないのです。要するに、正しい根拠がないのです。

一方、39 ページの形になるまで待ってからのエントリーならどうでしょうか。

直近高値（39 ページ③の☆）からの調整で下がってきたローソク足が半値線（39 ページ③の★）で反発して、再び上昇し始めたとき（39 ページ③のＣ）、つまり買いが集まって上昇していくときであれば、トレンドに乗りやすいのではないかと思います。

半値トレードは、39 ページの③の形になるまで待つ売買です。長い時間足（１時間足）で大きな流れをつかみ、短い時間足（５分足）でエントリータイミングを探します。このやり方で進めれば、自然と順

①あなたは、この状況（A）で買ったことがありませんか？

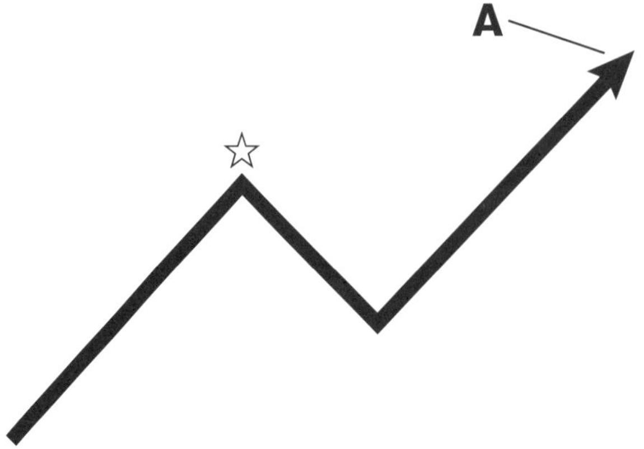

②結果として高値掴みになった経験がありませんか？

なぜならば、ブレイクアウトには定義がないからです

③この状況（C）になれば買いやすくなりませんか？

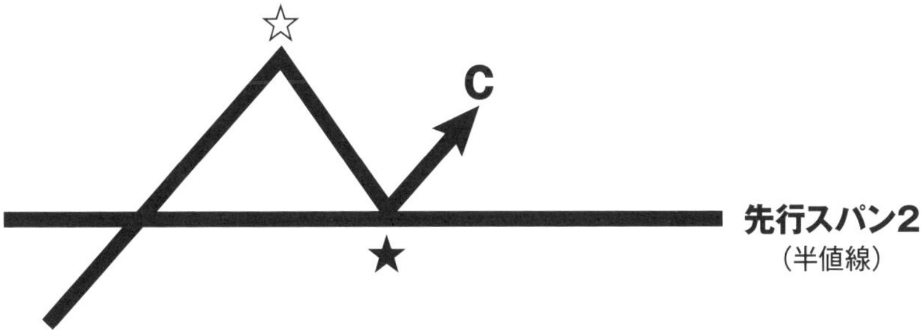

↓

半値線（★）で跳ね返される

↓

つまり、買いの勢力が強いという根拠になる

↓

余計なことを考えずに
トレンドに乗ることができる

張り相場の中の逆張りを狙うことができます。もっと分かりやすく言うならば、長い時間足と短い時間足を同時に監視する「半値トレード（別名もぐらトレード）」ならば、自然と39ページの③の形になるのです。なお、買いエントリーと売りエントリーの考え方は以下の通りです。

【買いエントリーの条件】

①１時間足の雲が陽転中であることを確認（上昇トレンド中）

②５分足の雲も陽転、もしくは陽転中であることを確認

③陽転中の５分足の先行スパン２（雲下限）にタッチしたら、ローソク足の形を見てエントリー（下げてきた状態、逆張り中）。ただし、エントリーは、先行スパン２がまっすぐのときのみにすること。さらに、陽転してから２回目までの「先行スパン２のまっすぐ」でエントリーすること。３回目以降の「先行スパン２のまっすぐ」については「いつ反転するか分からない」ので無視すること。

④追加でエントリーしてもよいのは、「③」の条件を満たしているにもかかわらず、反転せずに一時的に行き過ぎたとき。具体的には、１時間足の先行スパン１（雲上限）でエントリー。

【売りエントリーの条件】

①１時間足の雲が陰転中であることを確認（下降トレンド中）

②５分足の雲も陰転、もしくは陰転中であることを確認

③陰転中の５分足の先行スパン２（雲上限）にタッチしたら、ローソク足の形を見てエントリー（上げてきた状態、逆張り中）。ただし、エントリーは、先行スパン２がまっすぐのときのみにする

こと。さらに、陰転してから２回目までの「先行スパン２のまっすぐ」でエントリーすること。３回目以降の「先行スパン２のまっすぐ」については「いつ反転するか分からない」ので無視すること。
④追加でエントリーしてもよいのは、「③」の条件を満たしているにもかかわらず、反転せずに一時的に行き過ぎたとき。具体的には、１時間足の先行スパン１（雲下限）でエントリー。

なお、具体的なエントリーのやり方については、章を変えてお話しします。ここでは、大まかな流れだけ覚えてください。

コラム：勝率は「50%がよい」という発想

５ページでも少し紹介したように、４年間で３回しか負けなかったような、神がかり的な手法が私にはありました。本人には、「この手法さえあれば……」というような思いが少なからずあったのは事実です。しかし、世の中、うまい話はありません。それまで当たりまくっていた手法が、ある日、突然、当たらなくなったのです。それまでにも、諸先輩からは「勝率は50%でいい」という話を聞いたことがありましたが、私はそのアドバイスを素直に受け入れることができませんでした。でも、このとき、「当たりすぎる手法は、あるとき、急に当たらなくなる」ということを体で覚えたのです。今では、短期ならともかく、勝率が50%を超えることはまずないと感じています。

実際、欲張らずに、勝率は50%でいいのです。勝ててない人ほど、勝率の高いものを一生懸命研究して、それに膨大なエネルギーを使っていますよね。でもね、ありません、そんなものは。勝ててない人は相場に夢を求めてしまうんですよね。でも、本当は、夢は捨てて、「勝率は50%でよい」というところから始めないといけないのです。いや、もっとはっきり言うならば「勝率は50%がよい」という発想に変えないといけないわけです。

勝率50%の分岐点がわかれば、相場は簡単です。そこから上へ行くのか、下へ行くのかで判断すればよいだけですから。その分岐点でどういう動きをしたのか“だけ”を見ればよいわけです。

私が言い続けている半値押し50%の水準は売買勢力分岐点であり、勝率50%に近い水準であるといえます。この勝率50%のところの動き（買いなら下ヒゲに注目など）を極めることが大事だと思います。

コラム：“必勝法”は人それぞれ？

Ｋ市にＳさんという方がいらっしゃいます。３人家族で家族全員相場が大好きです。

この家族のすごいところは、家族全員、ポジションが違うこと。父親が「買い」なら、奥さんは「売り」で、娘さんは「鞘取り」といった具合です。

あるとき、奥さんが「相場で損するなんてありえない。“あれ”があるからね」と、私に言いました。

私は奥さんに「その必勝法を教えてくださいよ」と言いました。すると、奥さんは囁くように私に必勝法を教えてくれました。その“あれ”とは？

日本経済新聞で相場の過去の値動きを調べたところ、「相場が下がり出す前日は寄付き（始値）と大引け（終値）が 必ず同じ値段になる」と。 相場が上がり出す前日も「同じ」になると。

「それはトンボと言って相場転換時に出る足なんですよ」とは、とても言い出せませんでした……。

でも、私はこの奥さんのことを素晴らしいと思いました。他人の受け売りで、ときとして批評家になってしまう人が多い中、自分で値段を調べて検証し、実際に売買してみて、きちんと利益を出していたからです。私は感激してしまいました。

ちなみに、奥さん、この必勝法だけで売買しているそうです。本当に、それぞれですね。

4　半値トレードで守るべき３つの約束事

半値トレードでは、エントリーする前に守ってほしい約束事（注意してほしいこと）が３つあります。順に紹介していきます。

約束１：ダブル陽転＆ダブル陰転のときに仕掛けること

半値トレードの「肝」は、順張り中の逆張りを仕掛けることにあります。

このトレードを実現するために、最初に長い時間足でトレンドを見て、短い時間足でタイミングを計ります。具体的には、１時間足の雲を見て陽転しているか（陽転中か）、陰転しているか（陰転中か）を確認します。

次に、買いの場合は、短い時間足（５分足）の雲も陽転中（あるいは陽転したとき）かを、売りの場合は、短い時間足（５分足）の雲も陰転中（あるいは陰転したとき）かを確認します。

ひとことでいうと、買いの場合はダブル陽転（１時間足の雲も５分足の雲も陽転）のとき、売りの場合はダブル陰転（１時間足の雲も５分足の雲も陰転）のときに仕掛ける、ということになります。これは、とても大事な要素なので、常に意識してください。

約束２：先行スパンがまっすぐなときに売買すること

次の約束事は、「５分足の先行スパン２がまっすぐのときに仕掛ける」です。

30ページでもお話ししたように、先行スパン２がまっすぐのときは、多くの場合、先行スパン２を中心にした持ち合いになっています。

■ダブル陰転の例

◎1時間足の雲が陰転

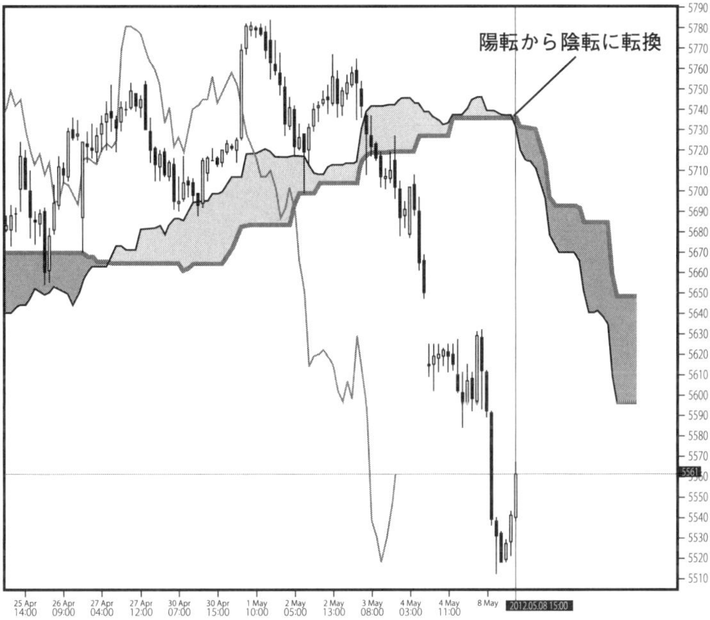

◎5分足の雲も陰転

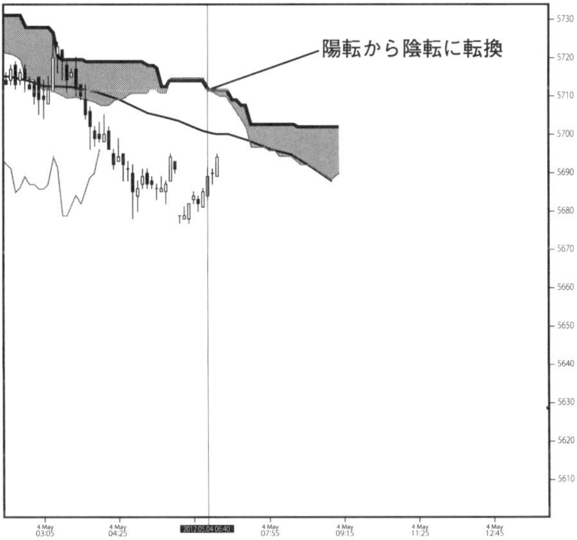

つまり、「買い」と「売り」が均衡している状態です。この先行スパン２がまっすぐなときに、レートが上がり、一時的に下がってきたとしても、先行スパン２で跳ね返される（＝先行スパン２までは調整であること）が多いのです。

逆もまたしかりです。先行スパン２がまっすぐなときに、レートが下がり、一時的に上がってきたとしても、先行スパン２で跳ね返されることが多くなります。

なぜなら、半値線である先行スパン２が売買勢力分岐点になっているからです。だからこそ、先行スパン２付近が押し目や戻り目のポイントになるのです。

先行スパン２に吸い寄せられたローソク足が先行スパン２で跳ね返されたのであれば、まだ跳ね返されたほうへと向かう勢力が強いと判断できます。絶好の押し目 or 戻り目となるわけです。具体的には、先行スパン２がまっすぐになったときのレートを意識して、そこで反発したらエントリーします。エントリーの詳細については、章を変えてお話ししますので、ここでは、「先行スパン２がまっすぐのときのみ売買する」ことだけ覚えてください。

約束３：「先行スパン２がまっすぐ」は５分足の雲が変わってから２回目まで有効

「約束２」のところで、「5分足の先行スパン２がまっすぐのときのみ売買する」というお話をしました。しかし、これにはひとつだけ、補足しなければならないことがあります。それは、「５分足（短い時間足）の雲が変わってから、２回目までの先行スパン２のまっすぐまでが有効」ということです。

もう少し分かりやすく説明します。仮に今、目の前に自陣の「城壁」があり、「敵の攻撃を受ける直前」としましょう。よほどの大きな攻

◆まっすぐな先行スパン２

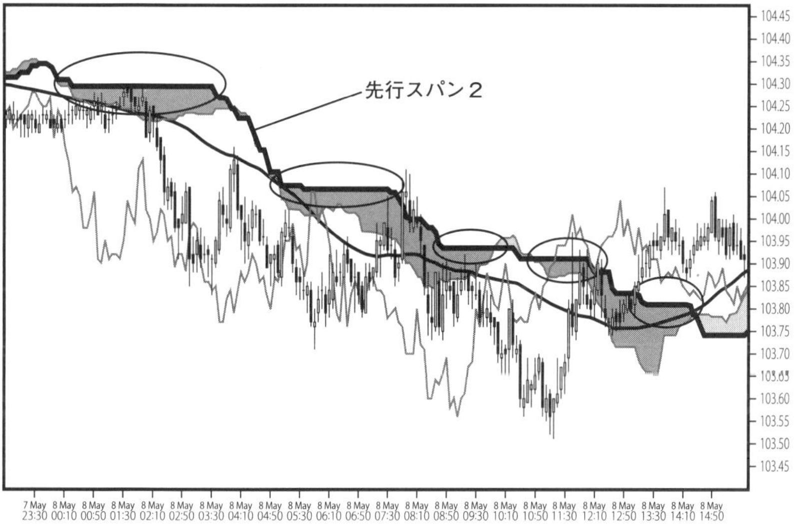

丸で囲んでいるようなところが
先行スパン２のまっすぐなところ

撃を受けない限り、数回程度の攻撃なら跳ね返せるだけの力が城壁にはあります。しかし、何度も何度も攻撃を受けてしまえば、徐々に城壁にも穴が開いてきます。そして、もろくなった城壁は、いずれ、敵に突破されてしまいます。

先行スパン２（半値線）へのタッチもこの話に似ています。城壁を「先行スパン２」、敵の攻撃を「先行スパン２にタッチしようと向かってくるローソク足（レート）の動き」と仮定すれば分かりやすくなると思います。最初のうちは、先行スパン２に向かってくるローソク足を跳ね返すことができても、何度も何度もタッチされるうちに、いずれは突破されてしまいます。その跳ね返せる回数が、経験則から言うと「２回目まで」なのです。

理想を言うならば、1時間足の雲が変わり、さらに5分足の雲が変わってから“最初のまっすぐな先行スパン２（5分足）へのタッチ”でのエントリーが望ましいです。さらに、これも理想ではありますが、できることなら**買いの場合は、周期的に見て、直近安値から２６本以内、売りの場合は直近高値から３３本以内のエントリーを心掛けてください。**それ以上の本数になってしまうと雲の形が変わってきてしまいます。経験則上、特に買いの場合は、直近安値から13本目、17本目、26本目での先行スパン２タッチに注目してください。

どんなものであれ、世の中に出ているテクニカル指標で使えないものはないと思います。もし使えないとしたら、それはテクニカル指標自体に問題があるのではなく、使い手のほうに問題があるのです。事実、半値トレードが使えないという人の多くは２回目まででではなく、3回目、もしくは4回目でのまっすぐな先行スパン２（５分足）へのタッチでエントリーしてしまっています。このように、テクニカル指標が機能するかどうかはあくまで使い方次第だと思います。

◆２回目までのタッチが有効

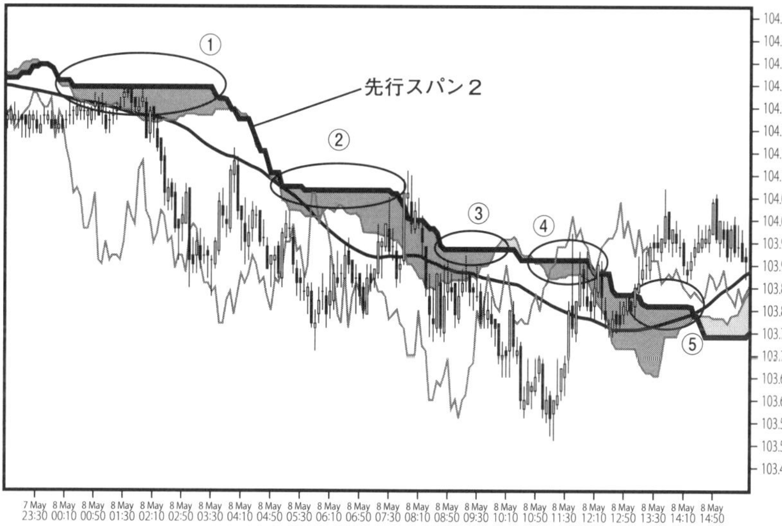

①でエントリーするのが理想
②陰転に転換して１回目
③陰転に転換して２回目
④陰転に転換して１回目
⑤陰転に転換して２回目

5 東京時間の高値と安値の半値を先行スパン2に加味してみる

主なマーケットには東京(日本)、ロンドン(欧州)、ニューヨーク(米国)があります。そのうち東京のマーケットが開く9時～17時を東京時間、欧州のマーケットが開く16時～0時30分をロンドン時間、米国のマーケットが開く22時30分～5時をニューヨーク時間といいます。

この3つの時間(東京時間足&ロンドン時間足&ニューヨーク時間足)を検証すると、それぞれの足に特徴があると分かります。例えば、東京時間が下げ相場のときはロンドン時間から上げ相場が始まり、ニューヨーク時間から再び下げ相場になることが多いなどに気づきます。

半値トレードをするうえで注目すべき特徴は「値動きの始まりは東京時間のことが多い」ことです。つまり、**売買勢力分岐点として一番機能しやすいのが東京時間高値安値の半値になる**というわけです。以上のことから、半値トレードでの基準はニューヨーク時間でもなく、ロンドン時間でもなく、東京時間にしています。

ロンドン時間開始16時と東京時間終了17時の売買パターンが一番明確で堅く取れます。ロンドン時間足は16時から大きく動き出すことが多く順張り向きと言えます。この動きに注目しています。

これには相場の歴史が関係していると思われます。アメリカには板寄せという時間で区切られる売買がありません。

一方、時間で区切る取引は日本独自のものになります。夏時間で取引時間が変わることもありません。9時から17時と明確です。東京時間足は窓埋めもきれいに決まることが多いのです。

私は、東京時間を東京ちゃんねー、ロンドン時間をロンドンちゃんねー、ニューヨーク時間をニューヨークちゃんねーと呼んでいます(笑)。東京のきれいなお姉さん、ロンドンのきれいなお姉さん、ニューヨークのきれいなお姉さんです。この3人は基本的に仲が悪いです。

◆見えない節目（2011 年 11 月 10 日　豪ドル 5 分足）

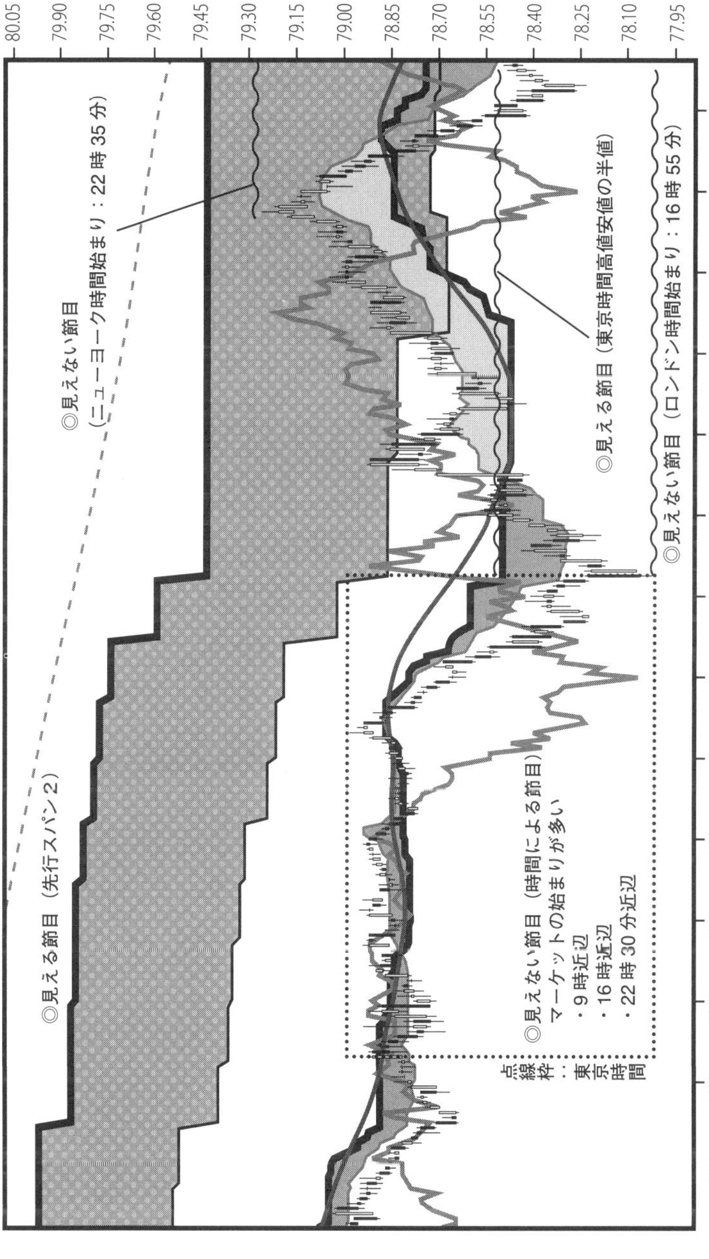

6　トレードは17時以降に行うこと

その日の一番明確な売買勢力分岐点が東京時間高値安値の半値になります。東京時間高値安値の半値は17時に確定します。

以上を踏まえて、**トレードは17時以降に行う**ように心掛け、その日の一番明確な売買勢力分岐点。つまり**東京時間高値安値の半値線**〔以降、55ページまでに出てくる半値（線）は、特に断りがない場合、東京時間高値安値の半値（線）を指します〕を意識するようにします。

なぜなら、以下のような流れで「17時からの半値線」に気に留めて相場を見ると、今日は買いが優勢なのか、売りが優勢なのか、少なくともロンドン時間からニューヨーク時間までの大まかな方向性がわかるからです。

①為替相場特有の値動きを意識する

東京時間が下げていたのならロンドン時間からは上げることが多い、東京時間が上げていたのならばロンドン時間からは下げることが多いという、為替相場特有の動きを意識しておきます。

②半値線を抜けたかどうかに注目

次に、売買勢力分岐点として一番明確な「半値線」を抜けたかどうかに注目します。例えば、次ページの上の図を見てください。東京時間は下げていて、ロンドン時間から上げたレートが「A」のところで半値線を超えています。ここで「買いが優勢かな」とわかります。また、同時に、基本パターン（後述）になることもわかります。

③抜けた半値で再び反発

半値線を抜けたレートが調整され、その後、半値線までレートが戻っ

◆ロンドン時間（16 時）からの値動き　基本パターン

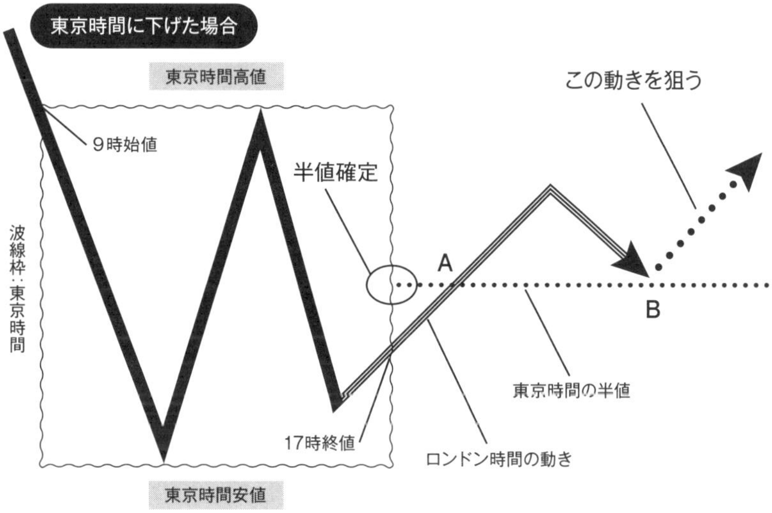

◆ロンドン時間（16 時）からの値動き　基本パターン

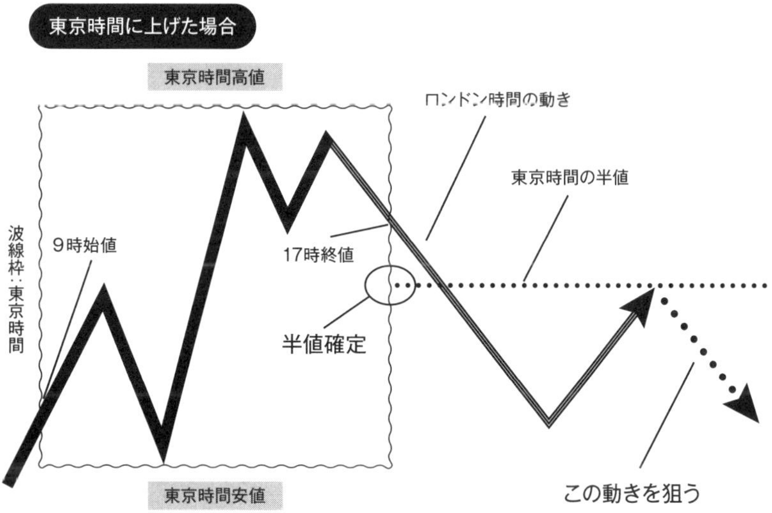

◆ロンドン時間（16時）からの値動き　例外パターン

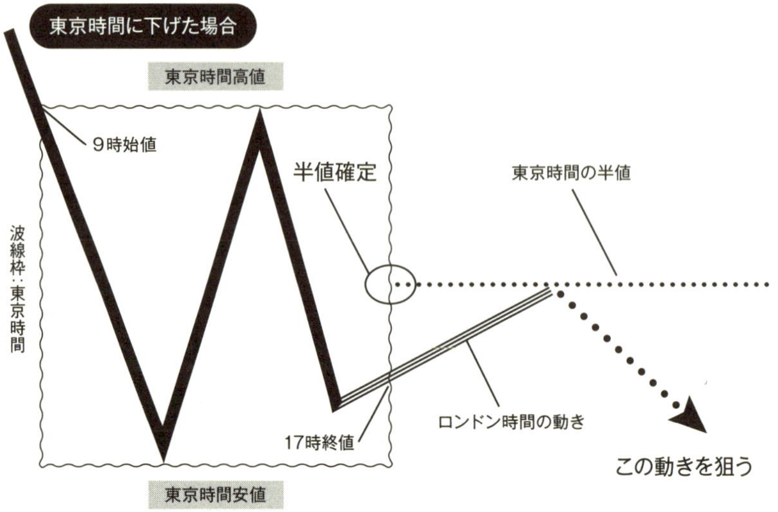

◆ロンドン時間（16時）からの値動き　例外パターン

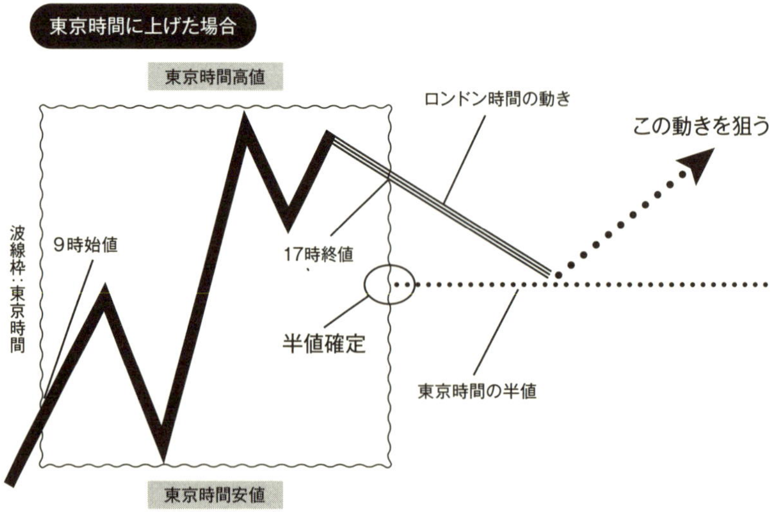

てきたところで再び反発されたとしたら（B）、正しい根拠のある形になったわけですから、「買いの優勢」が確定したと判断します。

このように、半値線を一度抜けてくるパターンを「基本パターン」としています。基本パターンではロンドン時間から始まった値動きに合わせてポジションを作ります。

なお、54 ページに載せている例のように、半値線を抜けないこともあります。その場合は抜けずに戻った方向が強いということになります。便宜上、例外パターンとします。例外パターンでは東京時間の値動きに合わせてポジションを作る、ということになります。

基本パターンと例外パターンの見分け方は、半値タッチの攻防（どういうローソク足が出たかなど）で予測します。普通は、基本パターンになることが多いです。

「17 時からの半値線」には、相場の方向性を読む以外にももうひとつ、狙いがあります。「17 時」というのは東京時間からロンドン時間へ変わってすぐの時間なので、もし「17 時近辺」に相場を見ることができて、かつ基本パターンになった（もしくは、なっている）のであれば、相場の底もしくは天井を捉えることができる、という点です。本来はダブル陽転もしくはダブル陰転がエントリー時の基本条件（第２章で紹介）ですが、このときは転換点になりますので、１時間足の雲の色と５分足の雲の色が違ってもエントリー可になります。雲の色が違うという“イレギュラー”を「17 時」という要素が補うイメージです。

7　東京時間の半値のラインは２週間ほど続く

東京時間高値安値の半値がどのくらいの期間機能するのかを検証してみたところ、２週間ほど続くことが多いと分かりました。ということは、２週間以上前の半値は意識しなくてもよいということになります。

私は、東京時間高値安値の半値を20日分（20本）表示していますが、雲との相性もあり、実際に売買に使えるのは２週間までが限度です。半値の線が多すぎると逆に迷ってしまうことにもなります。

◆イメージ図

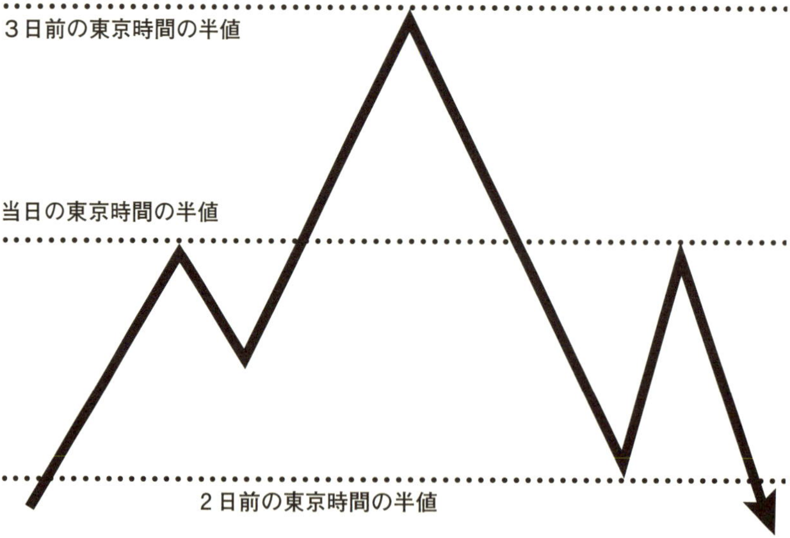

8　半値の優先順位について

ここまで、過去52本分のローソク足の高値安値の半値となる先行スパン2と、東京時間高値安値の半値について紹介してきました。
実際にチャートを見るとき、どちらの半値を優先すべきか、疑問を持たれた方もいるかもしれません。

優先順位のつけ方は簡単です。**現在レートに近いほうの半値を重視**してください。例えば、現在レートが「80」で、先行スパン2のレートが「85」、東京時間高値安値の半値が「90」とします。このとき、意識する半値は現在レートに近い先行スパン2です。逆に、現在レートが「95」で、先行スパン2が「85」、東京時間高値安値の半値が「90」であるならば、東京時間高値安値の半値を重視します。

◆イメージ図

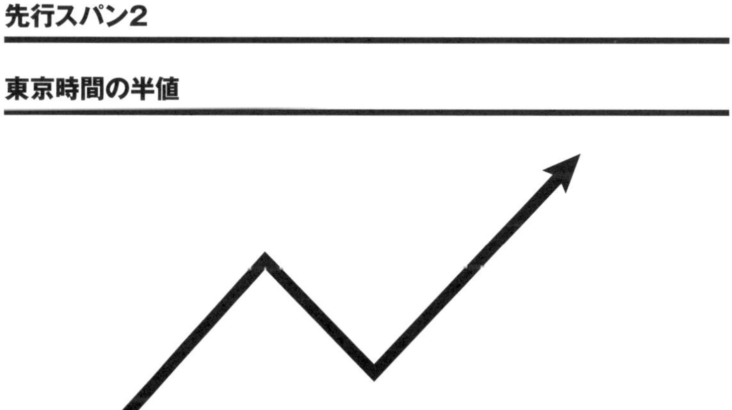

この場合、現在レートに近い東京時間の半値をより重要視する

9　ローソク足の位置と半値トレードの関係

半値トレードを実践するうえで、必ず覚えておいてほしいことがあります。これを意識していないと、おそらく半値トレードを繰り返しても資産が減るいっぽうになると思います。

それは何かというと、今までのローソク足の動きを考慮するということです。

例えば、半値トレードで「買いを検討するとき」はどういうときなのかを例にお話しします。答えを言う前に、まずみなさんに考えていただきましょう。以下の３つの選択肢の中から、正解と思われるものを選んでください。

①半値押しである以上、指標発表の時間が近づいているなどのような「イレギュラーな動き」が想像されるとき以外はいつでも買いを検討できる
②半値押しとはいっても万能ではない。買いで入るときは、下げトレンドから上げトレンドに変わってすぐの半値戻しのときがよい
③順張りを狙うのだから、トレンドフォロー的に考えて、ある程度、トレンドが成熟してから終盤にかけての半値戻しのほうがよい

みなさんの答えは決まりましたか。本当にその答えで後悔しませんか。では、正解を発表します。「②」です。これが買いを検討するときの条件です。

なぜだか、その理由が分かりますか。先ほど44～48ページで「エントリーするときは先行スパン２がまっすぐのときで、かつ、理想は

◆半値トレードの買いを検討する場面

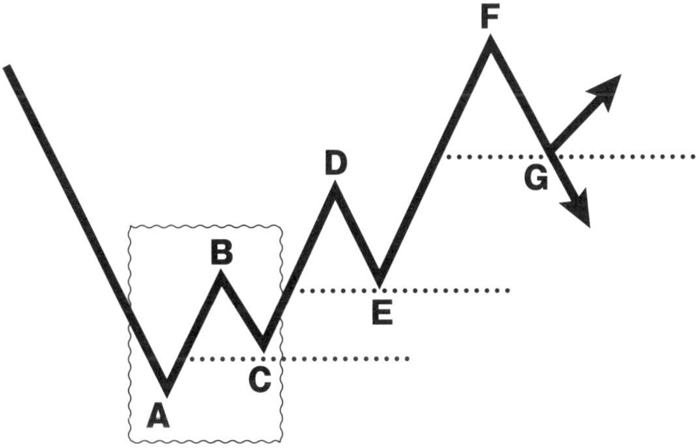

Ａ（安値）とＢ（最初の高値）の半値であるＣや、Ｃ（２回目の安値）とＤ（２回目の高値）の半値であるＥでエントリー。Ｅ（３回目の安値）とＦ（３回目の高値）の半値であるＧでは相場転換の可能性が高いためエントリーしない。

◆半値トレードの売りを検討する場面

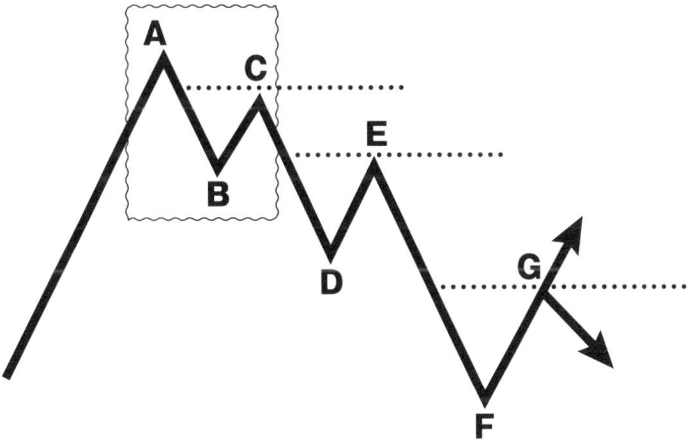

Ａ（高値）とＢ（最初の安値）の半値であるＣや、Ｃ（２回目の高値）とＤ（２回目の安値）の半値であるＥでエントリー。Ｅ（３回目の高値）とＦ（３回目の安値）の半値であるＧでは相場転換の可能性が高いためエントリーしない。

１回目、多くても２回目までの先行スパン２へのタッチ」というお話をしました。この話と関係してきます。

先ほどは、イメージをわかりやすくするために「先行スパン２＝城壁」を例えにして話を展開しました。この話をもっと相場の動きに忠実に焼き直しするならば、「波動（時間の経過）」という概念になります。

どういうことかというと、第１波動（前ページのAB）を経由して第２波動（BC）を形成し、第３波動（CD）、第４波動（DE）、そして第５波動（EF）を形成したあとは、それまでとは状況がガラリと変わってしまう可能性が高くなるのです。つまり、相場がいつ転換してもおかしくない（＝城壁が突破される）状況になっていると言えるのです。

以上を踏まえると、**買いの場合であれば、理想は下げたあと（下降トレンドのあと）の最初の半値押しでのエントリー**になります（前ページ上図のC）。上げトレンド中盤から終盤にかけて半値押しがあったとしても、それはリスクの高いエントリーになります。少なくとも、私は推奨しません。

売りの場合であれば、理想は上げたあと（上昇トレンドのあと）の最初の半値戻しでのエントリーになります（前ページ下のC）。下げトレンド中盤から終盤にかけて半値戻しがあったとしても、それはエントリーの対象にはなりません。

このことを押さえておかないと、半値トレードをやってはみたものの「コツコツドカン」になるおそれがあります。ここは、しっかり理解しておいてください。

コラム：遅行線の変わった見方について

◆52遅行線と26遅行線の一致には要注意！

先述したように遅行線（遅行スパン）は終値を26本後に表示しただけの線になります。レンジ相場からトレンド相場に変わる判断として有効です。

遅行線には、26本以外にも、21本（21本遅行線）や52本（52本遅行線）もあります。いずれも相場との相性は抜群です。

次ページのチャート（上段）は2012年6月6日のポンド円東京時間足です。52本遅行線が高値と一致、26本遅行線がその次の高値と一致しました。

このように、52本の遅行線も、26本の遅行線も同時に高値（もしくは安値）と一致する場合は、相場転換を示す非常に強いサインになります。

◆マルチタイム遅行線（遅行スパン）で大きな動きを予測

次ページのチャート（下段）はユーロ円の5分足になります。これは、5分足に1時間足遅行線を表示しています（マルチタイム遅行線）。黒太線が1時間足遅行線になります。

チャート上に出来た壁（四角枠で囲んでいるところ、急落したり、急騰しているような場面）に1時間足遅行線が接近すると要注意です。このような状況が見られたあとは、大きく動く可能性が高くなります。

■52本遅行線と26本遅行線の一致

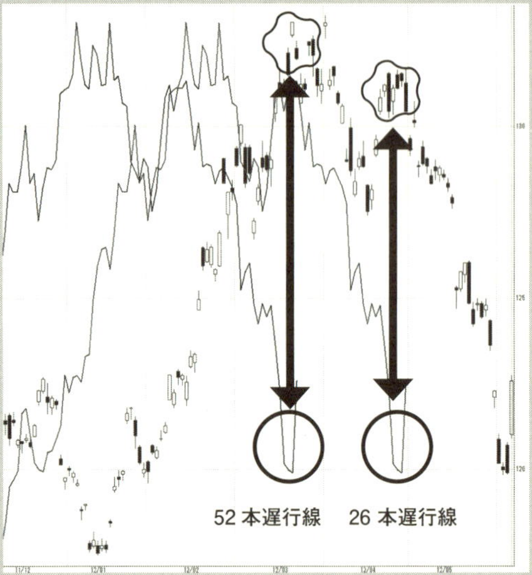

52本遅行線と26本遅行線が同時に、ローソク足の高値の位置に来ている

相場転換を示す強いサイン

■チャートの壁と遅行スパンのぶつかり

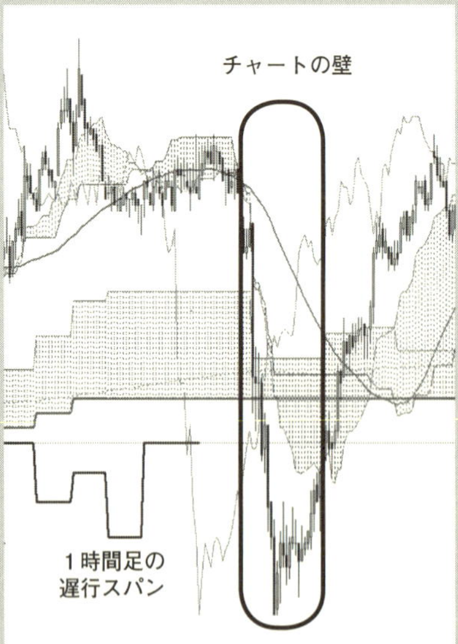

「チャートの壁」に1時間足の遅行スパンがぶつかると、その後、大きく動くことが多くなる。

この例は遅行線が横向きからローソク足に接近した時だが、遅行線が上向きから（下から上に）ローソク足に接近した時も同じである。

遅行線が下向きから（上から下に）ローソク足に接近したときも同じである。

第2章

半値トレードでの
ポジションの作り方

半値トレードの考え方から、エントリー、
ロスカット、エグジットまで

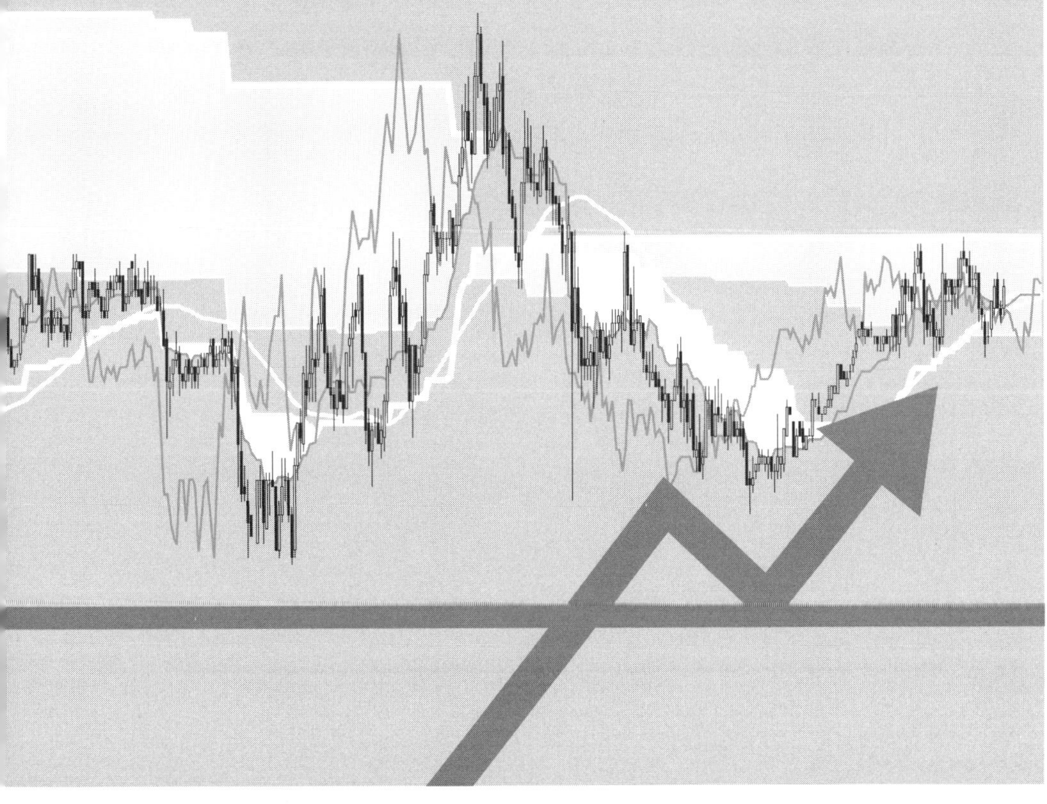

1　買いポジションの作り方　～考え方編～

ここでは、実例を交えながら、半値トレードでの買いポジションの作り方のロジック（考え方）を解説していきます。

ステップ１：１時間足の雲が陽転

ＦＸだけでなく、ＮＹ原油、ＦＴＳＥ、ＤＡＸなどを観察していたところ、１時間足の雲の陽転、陰転によってトレンドが変わる現象をよく見かけるようになりました。１時間足の雲の陽転、陰転はトレンド形成の最小単位と言えるかもしれません。したがって、「１時間足の転換」という要素を加えます。

具体的に言うと、買いポジションを作る場合は**１時間足の雲が陰転から陽転に変わったとき、もしくは、すでに陽転中であることを確認**します。実例を見ながら紹介しましょう。

次ページのチャートは豪ドル円１時間足です。丸囲みの部分を見てください。１時間足の雲が陽転しました。このように１時間足雲が陰転から陽転に変わったときは、「上昇トレンドの始まりの可能性が強くなった」と意識してください。

～ステップ１のポイント～

１時間足の雲が陰転から陽転に転換したことを確認する

陽転：先行スパン２が先行スパン１よりも下にある状態

陰転：先行スパン２が先行スパン１よりも上にある状態

◆１時間足の雲が陽転（豪ドル円１時間足）

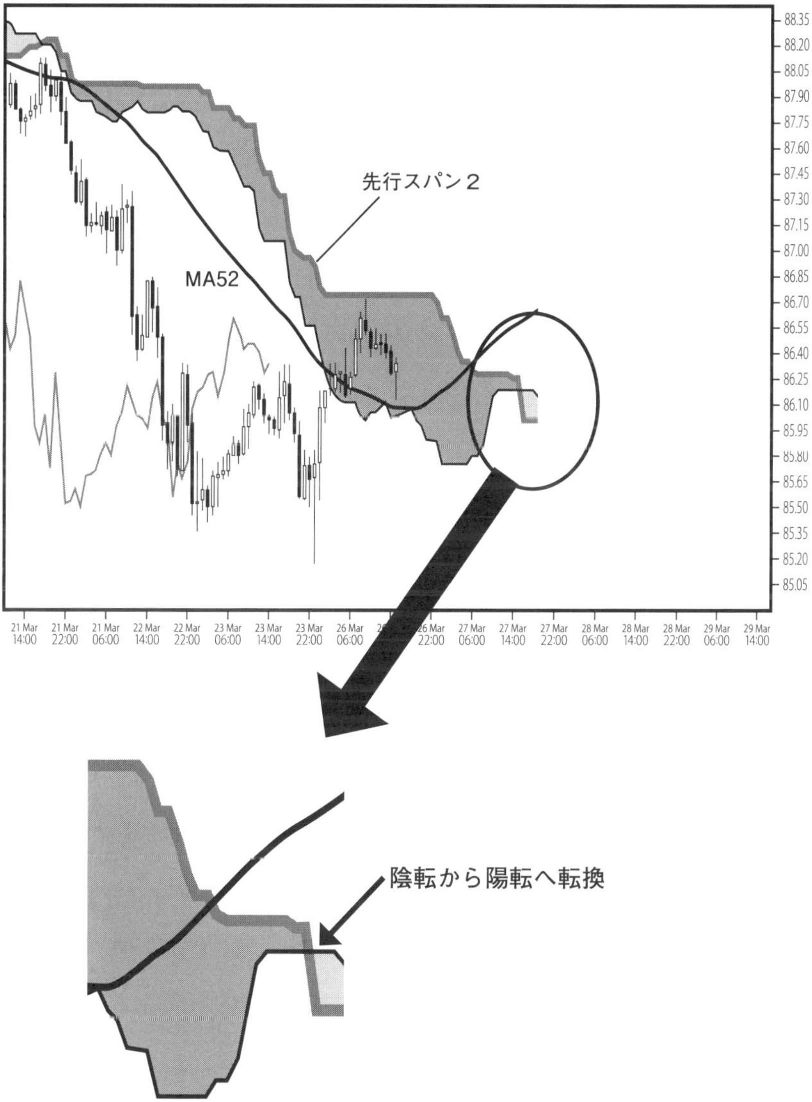

ステップ2：1時間足の雲の上にローソク足が出てくる

1時間足の雲が陽転したことを確認したら、次に雲とローソク足の位置関係を見ます。

普通、雲は現在のローソク足よりも26本先行して表示されますので、そのままでは現在のローソク足との位置関係が少し分かりにくいと思います。そこで、1時間足の先行スパン1のレートに横線を当てます。**横線よりも現在のローソク足が上にあるかどうかを確認**してください。上にあれば、ステップ2の条件を満たしていると判断できます。

では、実例で紹介します。次ページの上のチャートは豪ドル円1時間足です。現在のローソク足に対応する雲はあくまでも一番右端です（26本先、点線円）。見てもらうと分かるとおり、26本先の雲（先行スパン1）と現在のローソク足（実線円）の位置関係が一瞬では判断しにくくなっています。実際、一見すると、雲の中に入り込んでいるように見えるなど、このチャートでは、ローソク足が現在の雲の上に出ているかどうか、分かりにくいと思います。

そこで、確認しやすくするために、次ページの下のチャートのように先行スパン1のレートに横線を当てます。引いた線の上にローソク足が出ていれば、ステップ2の条件を満たしていると考えられます。

～ステップ2のポイント～

1時間足の雲とローソク足の位置を確認。このとき、買いポジションを作る場合には、雲の上にローソク足が出ているかどうかを見ること

◆先行本数 26 本の雲でローソク足の位置を確認（豪ドル円 1 時間足）

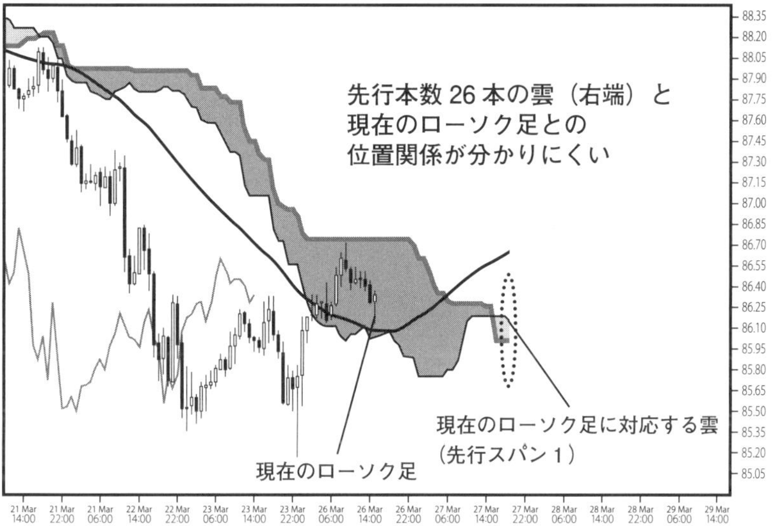

そこで、先行スパン 1 のレートに
横線を当ててみる

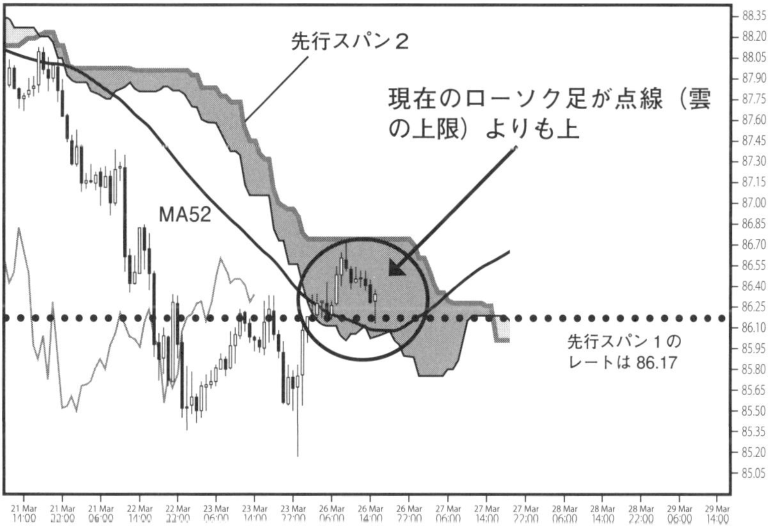

ステップ3：遅行線がローソク足を上抜けている

遅行線は終値を26本後に表示した線になります。32ページでも紹介したように、遅行線は持ち合いが終わって、トレンドが始まりそうなこと、つまり相場の転換点を教えてくれます。

買いの場合には、5分足（短い時間軸の足）の遅行線がローソク足の上に抜けているかどうかに注目します。上に抜けていれば、ステップ3の完了です。もしチャートを見たときに上に抜けていなければ、抜けるまで待ちます。なお、これから紹介する「ステップ4」と、この「ステップ3」については順不同です。

次ページのチャートは豪ドル円5分足です。丸囲みのところで遅行線がローソク足の上に抜けました。

なお、26本以外にも52本後や21本後に表示した遅行線も相性は抜群です。

〜ステップ3のポイント〜

買いポジションを作る場合は、遅行線がローソク足の上に出たかどうかを確認すること。遅行線がローソク足を上抜けしたのであれば、「買い」の勢力が強まったと解釈できる

遅行線　＞　ローソク足

◆遅行線上抜け（豪ドル円５分足）

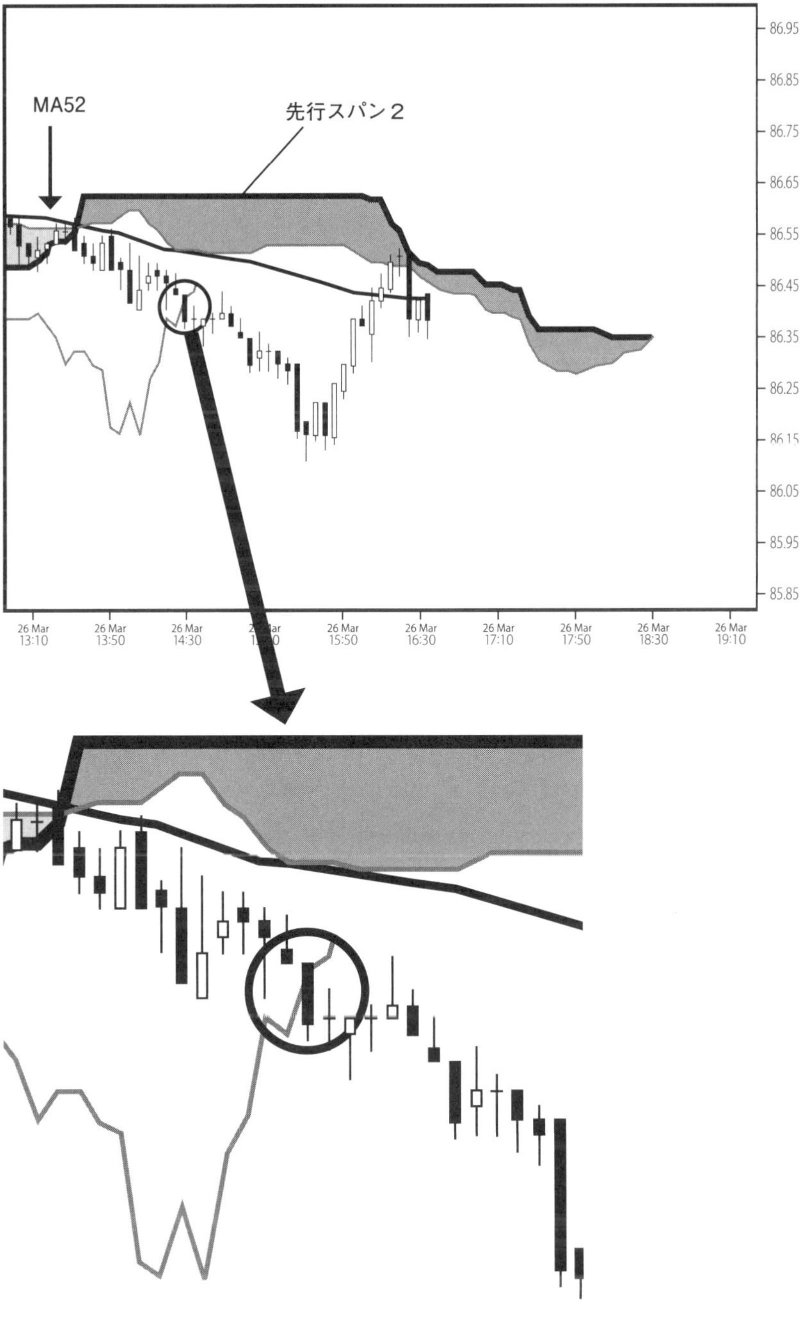

ステップ4:5分足の雲が陽転（5分足の雲が陽転中でも可）

ステップ4はエントリータイミングの準備の話になります。40ページですでにお話ししているように、順張り中の押し目を狙うため、買いポジションを作るときは**「ダブル陽転であること」**が条件になります。具体的には、1時間足の雲同様、**5分足の雲が陰転から陽転へとはっきり変化したかどうかを確認**します。

なお、チャートを開いたときに、5分足の雲がすでに陽転していたときであっても（＝陽転中であっても）、買いポジションを作るときの条件を満たしていると考えます。

次ページのチャートは豪ドル円5分足です。丸囲みのところで5分足の雲が陽転しました。1時間足の雲はすでに陽転していますので、この5分足の雲の陽転をもって、ダブル陽転となりました。

今回は1時間足の雲がすでに陽転していて、そのあとから5分足の雲が陽転するパターンでしたが、5分足の雲がすでに陽転中になっていて、あとから1時間足の雲が陽転するパターンもあります。大事なのは、1時間足の雲も、5分足の雲も、**両方とも陽転していることを確認する**ことです。

～ステップ4のポイント～

1時間足と同じトレンドの方向になったときにエントリーするため、5分足の雲が陰転から陽転に変わったことを確認すること

◆豪ドル円５分足の雲が陽転

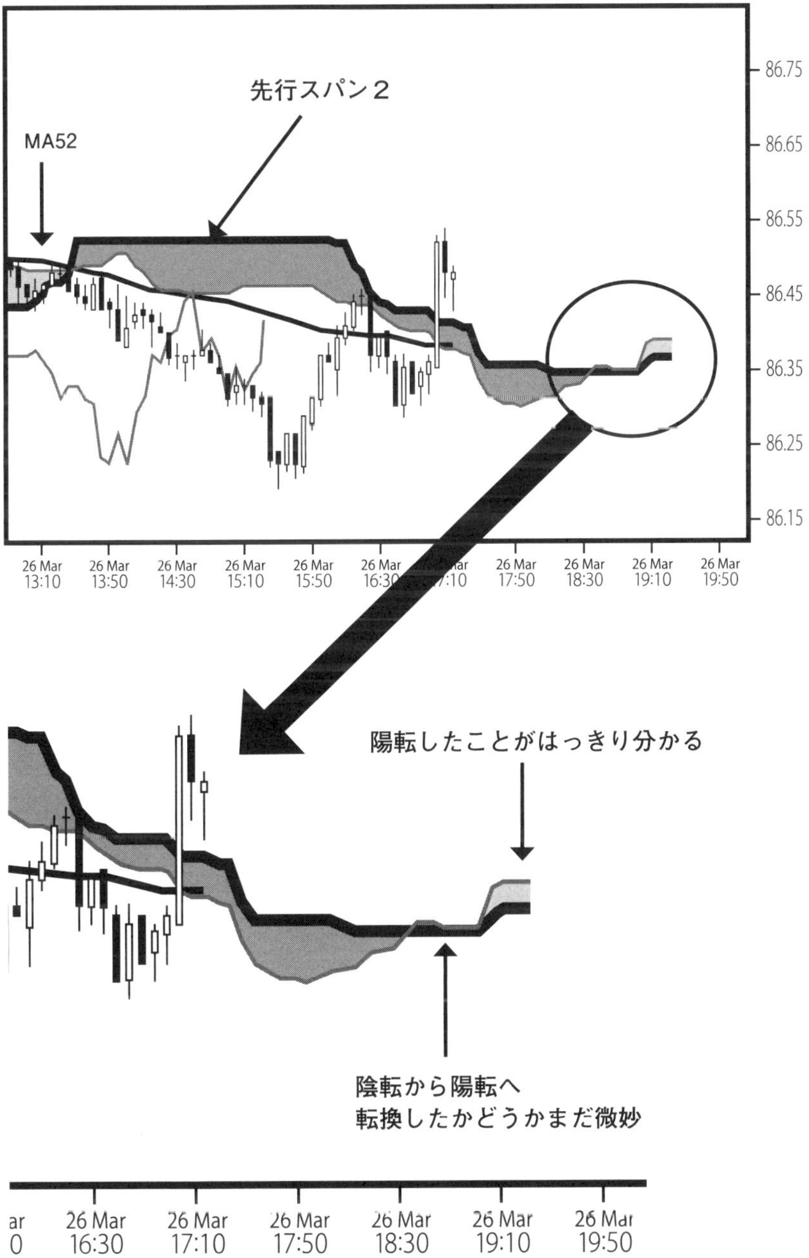

ステップ5：エントリー

ステップ5はエントリーの話になります。注目すべきものは、以下の3つです。

◎（ローソク足が）5分足のまっすぐな先行スパン2にタッチ＋ローソク足の形
◎（ローソク足が）5分足のMA 52にタッチ＋ローソク足の形
◎（ローソク足が）1時間足の先行スパン1にタッチ＋ローソク足の形

それぞれ解説します。

①5分足のまっすぐな先行スパン2にタッチ＋ローソク足の形

44～48ページでもお話ししたように、半値トレードでは**5分足の先行スパン2がまっすぐのときで、かつ、はっきり陽転に変わってから1回目のまっすぐのとき（最高でも2回目まで）に、ローソク足の形を加味しながらエントリー**します。これがあくまでも基本です。

まずはダブル陽転後（ダブル陽転中）の5分足の雲を見て、先行スパン2がまっすぐになっているところを探します（74ページのチャート、豪ドル円5分足）。

このとき、大事な約束事があります。それは、ステップ2でも紹介したように、“26本先行している現在の雲”と“現在のローソク足”の位置関係を見ることです。このとき、“両者の関係性”を分かりやすくするために5分足の先行スパン2に横線を引いてください（75ページのチャートの点線部分、豪ドル円5分足）。

そのあとで、現在のローソク足と横線（先行スパン2）の位置関係を調べます（76ページのチャート、豪ドル円5分足）。ローソク足が横線（1本目のまっすぐな先行スパン2）にまだタッチしていない場合は、タッチするまで待ちます。横線にタッチしたら、エントリー条件をひとつ満たしたことになります。

ここで、最終的にエントリーするかどうかを決めます。実際にエントリーすべきかどうかには、裁量の余地が入ります。私はどうしているかというと、ローソク足の形を見ます。買いの場合は、５分足の先行スパン２のところで下ヒゲ（長いほど良い）が出ているかどうか、陽線（長いほどよい）が出現しているかどうかを確認します。現れていれば、エントリーします（77ページのチャート、豪ドル円５分足）。

なお、私は「1時間足の雲が陽転したばかり」の１回目のまっすぐな5分足の先行スパン２にタッチした場合には、ローソク足の形を見ずに「タッチだけ」でエントリーしています。なぜなら、“1回目”であれば、一時的にそこを突き抜けても戻ってくる可能性が高いからです。ただし、２回目の５分足のまっすぐな先行スパン２にタッチした場合は、必ずローソク足の形を見ています。ちなみに、言うまでもなく、1時間足の雲がずっと陽転中のときの、１回目のまっすぐな５分足の先行スパン２へのタッチのときは無条件ではなく、ローソク足の形を加味します。

エントリー後、そこ（エントリーしたポイント）からきれいに反発することもよくありますが、場合によっては５分足の先行スパン２を少し割ってから反発することも同じようによくあります。ですので、エントリーと同時に、ストップロスを置いて、しばし静観します。ストップロスについては後述します。

～ステップ５ー①のポイント～

エントリーは、５分足のまっすぐな先行スパン２へのタッチと、そのときのローソク足の形（下ヒゲが出ているか、長い陽線が現れているかなど）を見て判断

◆ダブル陽転してから１回目のまっすぐな先行スパン２を探す（５分足）

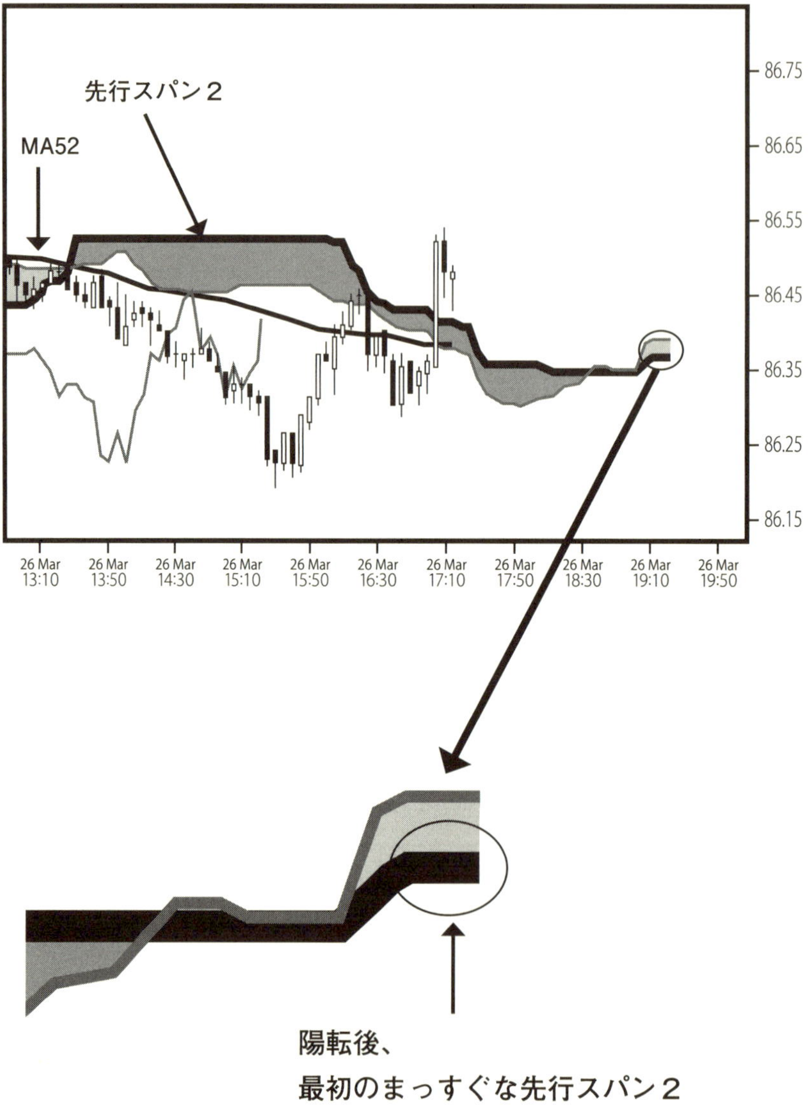

◆１回目のまっすぐな先行スパン２に横線を引く（５分足）

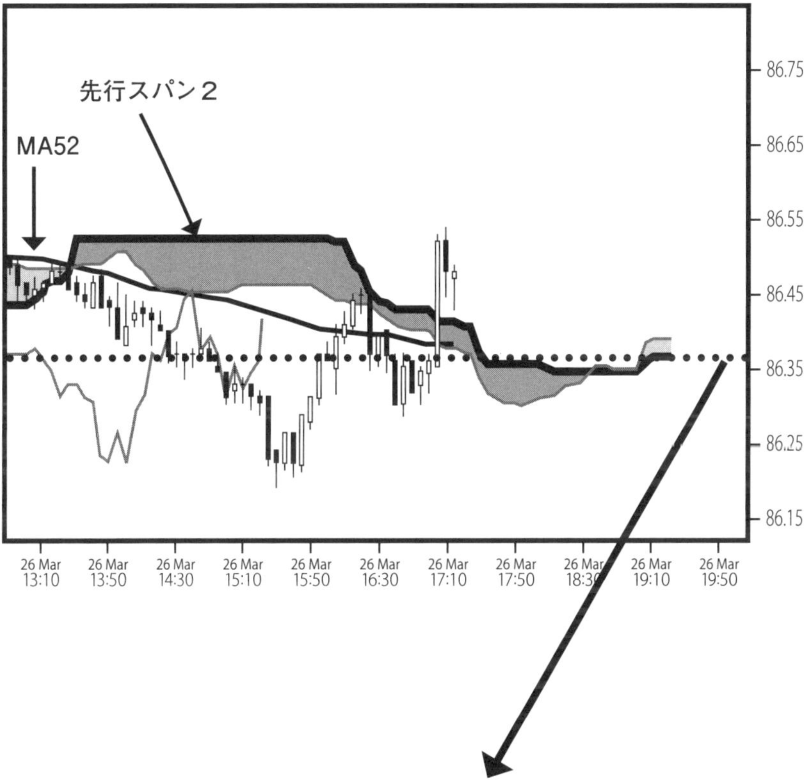

まっすぐな先行スパン２の上に横線（点線部分）を引く。
この横線が待ち伏せライン！

◆ローソク足と横線の位置関係を見る（５分足）

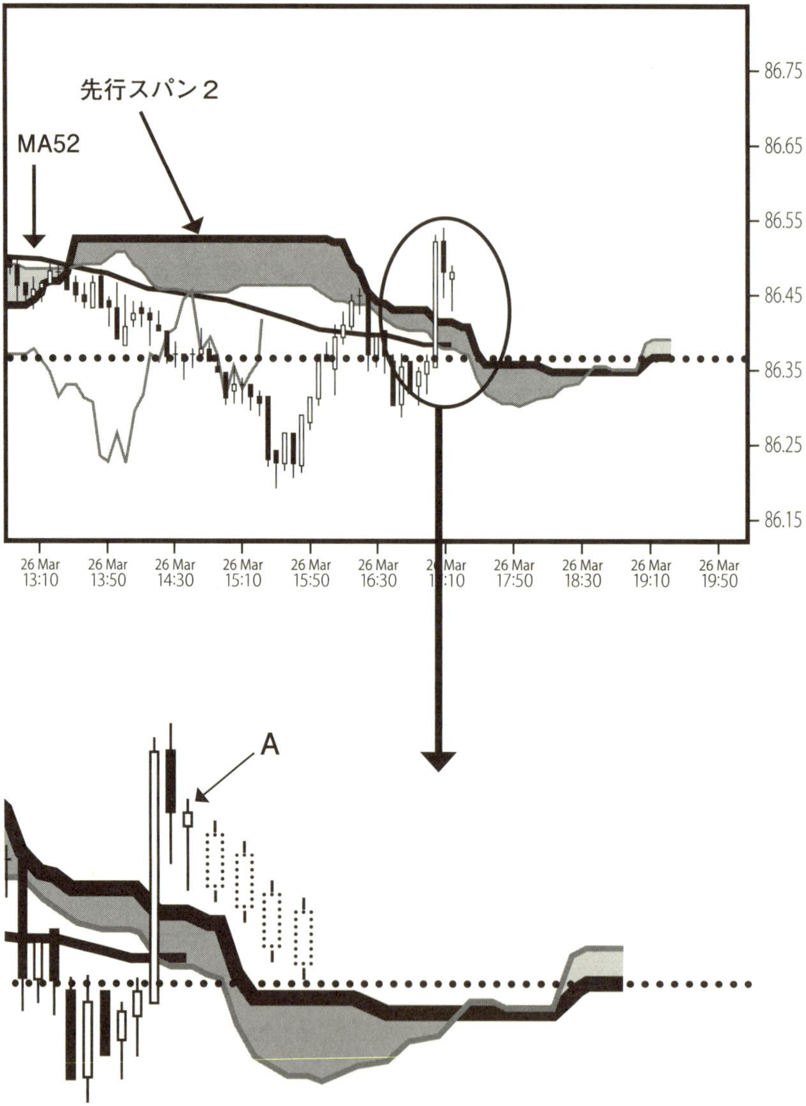

現在のローソク足（A）と横線の位置関係を把握する。ローソク足が先行スパン２（点線）にタッチするまでひたすら待つこと

◆先行スパン２にタッチ＆ローソク足の形を見てエントリー（５分足）

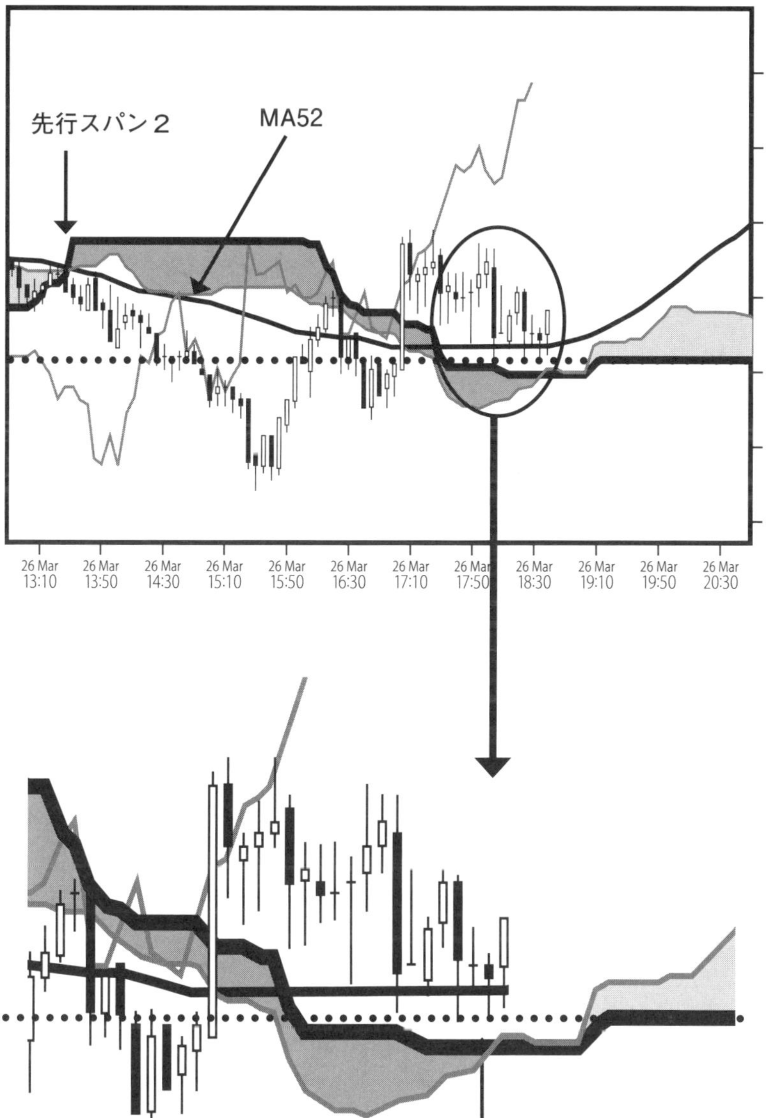

先行スパン２（点線）にタッチ後、下ヒゲのローソク足出現

②5分足のMA52にタッチ＋ローソク足の形

エントリー条件の基本のひとつは、先述したとおり、「5分足のまっすぐな先行スパン2へのローソク足のタッチ」ですが、ときには、ローソク足が“そこ”まで届かずに盛り返すこと（＝再上昇すること）もあります。

そのときによく見られる特徴が「MA 52タッチ後に再上昇」です。**MA 52近くで下ヒゲのローソク足がたくさん出るようになったら買いのサイン**です。

具体的に説明します。次ページのチャートを見てもらうと分かるように、5分足のまっすぐな先行スパン2にタッチする前に、MA 52近くで下ヒゲを伴ったローソク足が多数出現しています。このようなケースになったときには、MA 52タッチ&ローソク足の形を見てエントリーしても構いません。

～ステップ5ー②のポイント～

5分足の先行スパン2にタッチしないで盛り返す場合がある。そのときは、多くの場合、MA52で反発している

↓

MA52付近で下ヒゲのローソク足が何本か出現した場合には、先行スパン2へのタッチを待たずにエントリー

◆MA52にタッチ＆ローソク足の形を見てエントリー

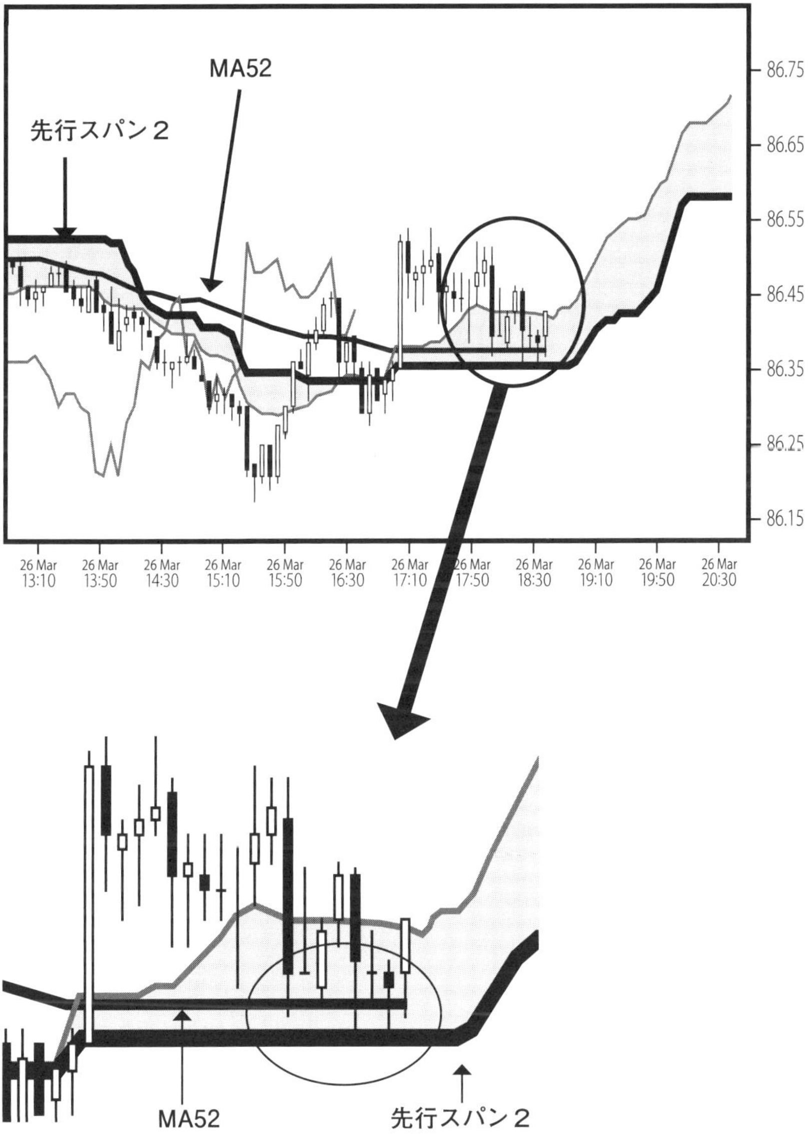

最終的に先行スパン２にタッチしたが、その前に丸印内でMA52にタッチ＆下ヒゲの出たローソク足が多数出現している

③１時間足の先行スパン１タッチ＋ローソク足の形

相場全体に勢いがあるときは５分足の先行スパン２を突き抜けていくことがあります。経験則上、頻繁にあります。そのときは、**「５分足の先行スパン２がまっすぐの状態である」という条件付きで、陽転中の１時間足の先行スパン１で、再び、買います。**なぜなら、５分足の先行スパン２がまっすぐのときは、５分足の先行スパン２を中心にしたレンジ相場になることが多いため、５分足の先行スパン２を割っても１時間足の先行スパン１で反発する確率が高くなるからです。

付け加えるならば、買いの場合には、５分足の直近安値から26本以内に、１時間足の先行スパン１にタッチするのが“理想”です。検証したところ、この「26本以内」というのが、大変有効だと分かりました。覚えておいて損はないと思います。

次ページの上のチャートはユーロ円です（分かりやすい例を用意しました）。このチャートだけでは分かりませんが、５分足の雲だけでなく、１時間足の雲も陽転中です。丸囲みを見てください。点線が５分足の先行スパン２、波線が１時間足の先行スパン１です。５分足の先行スパン２を突き抜けたローソク足が１時間足の先行スパン１で跳ね返されています。

なお、この方法は、５分足のチャートを見ながら１時間足の先行スパン１のレートを常に意識することになります。かなり面倒な作業になりますので、実際には付録の「kumo_mtf_.ex4」というインジケータを使います（次ページ下のチャート）。設定の仕方は後述します。

～ステップ５－③のポイント～

５分足の先行スパン２を突破しても、１時間足の先行スパン１で反発することがよくある。このやり方は、５分足の先行スパン２がまっすぐのときだけ有効

◆1時間足の先行スパン1で反発（普通の一目均衡表）

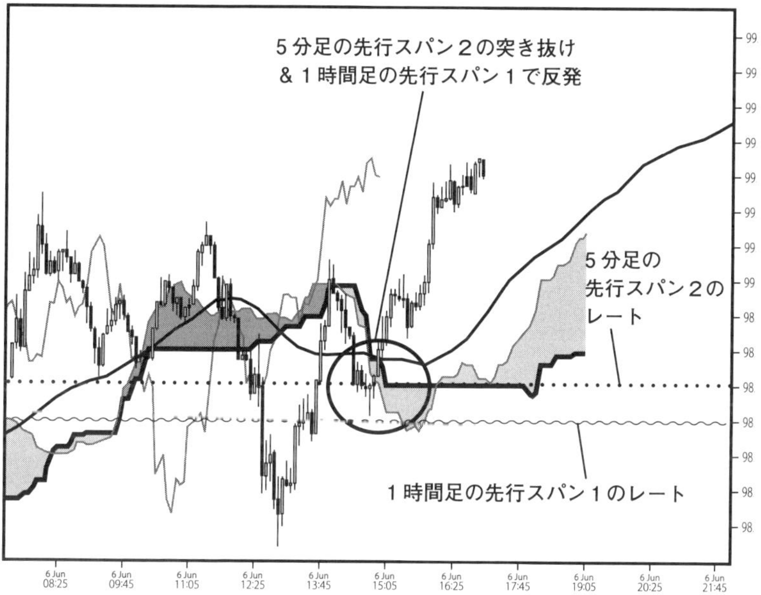

◆1時間足の先行スパン1で反発（kumo_mtf_.ex4利用）

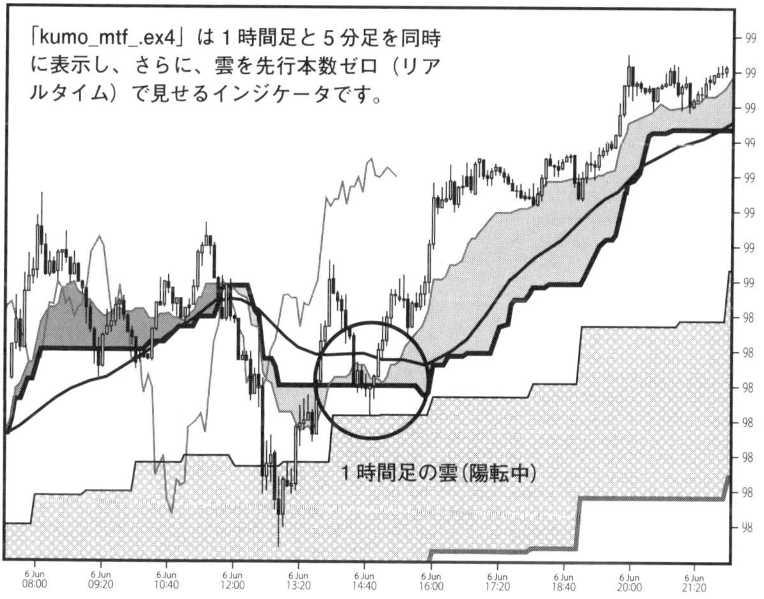

ステップ6：ロスカット設定＆利益確定

エントリーした後にすべきことは、急な逆行に備えてロスカットを設定することです。ロスカットの設定と利益確定については、読者のみなさん各々で基準があると思いますので、私のやり方は参考程度に考えてみてください。

まずはロスカットについてお話しします。私は、**エントリーしたときの５分足の先行スパン２のレートと、同じくエントリーしたときの１時間足の先行スパン１のレートの中間値から30pips逆行したところにロスカットを置いています。**

例えば、買いポジションを作る場合のロスカットについて具体的にお話しします。仮に、エントリーしたときの５分足の先行スパン２のレートが「100」で、１時間足の先行スパン１のレートが「90」とするならば、その平均値は「（100 ＋ 90） ÷ ２ ＝ 95」になります。そこから逆に30pipsのところ、つまり「65」をロスカットポイントにする、ということになります。

MA52にタッチしたときがエントリーポイントのときは、エントリーしたときのレートと、そのときの１時間足の先行スパン１のレートの中間値を出して、そこから30pips逆行したところにロスカットを設定します。

もうひとつ例を挙げます。５分足の先行スパン２を突き抜けて、１時間足の先行スパン１でエントリーするときも考え方は一緒です。例えば、エントリーしたときの５分足の先行スパン２のレートが「100」で、１時間足の先行スパン１のレートが「60」とするならば、その平均値は「（100 ＋ 60） ÷ ２ ＝ 80」になります。そこから逆に30pipsのところ、つまり「50」をロスカットポイントにする、ということになります。このときは、仮に１時間足の先行スパン１のレート（60）でエントリーしたとすると、ロスカットまで10pipsということにな

◆ロスカットの考え方（豪ドル円５分足）

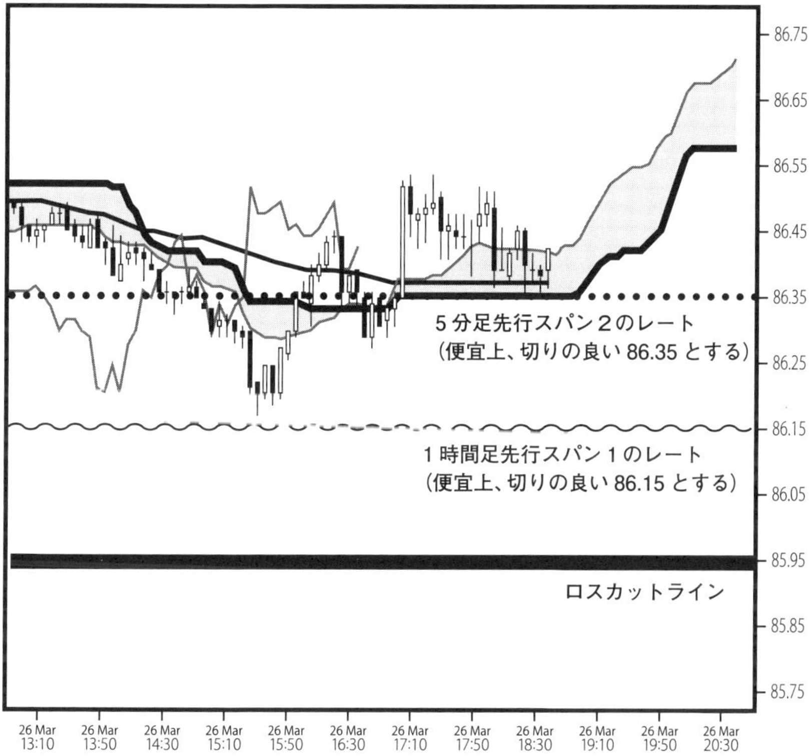

86.35（エントリーしたときの５分足の先行スパン２）と
86.15（エントリーしたときの１時間足の先行スパン１）の
中間値は（86.35 ＋ 86.15）÷２＝ 86.25
そこから、30pips 逆行したところは 85.95。
ここがロスカットの目安

公式：（５分足の先行スパン２のレート＋１時間足の先行スパン１のレート）÷２＝A
A － 30pips ＝ロスカットの目安

ります。

なお、5分足の先行スパン2と1時間足の先行スパン1が30pips以上離れているときは、5分足の雲だけで設定します（5分足の先行スパン2のレートから30pips下に設定）。このときは、枚数を少なくしてトレードするのもひとつの方法です。

次に、利益確定についてです。利益確定はケース・バイ・ケースで、以下のように設定しています。

◎雲の色が変わるまでが理想。しかし現実的には、ローソク足で長い上ヒゲや長い陽線が出たとき

◎雲の色が変わった初めの高値を第1波動として、その第1波動の高値をフィボナッチの61.8%にしたときの、フィボナッチの0%を利益確定ポイントにする

ロスカットも利益確定も私の経験則から生み出した方法です。ただし、あくまでも“基本設定”であって、実際はローソク足の動きを見るのが重要です。相場は生き物ですから、その生息はローソク足で見るしかありません。ローソク足の動きは重要です。

～ステップ6のポイント～

◎ロスカットは5分足の先行スパン2と1時間足の先行スパン1の中間値から逆に30pipsのところ

◎利益確定はローソク足を見る。もしくはフィボナッチを使う

◆利益確定の考え方（ローソク足＆フィボナッチ）

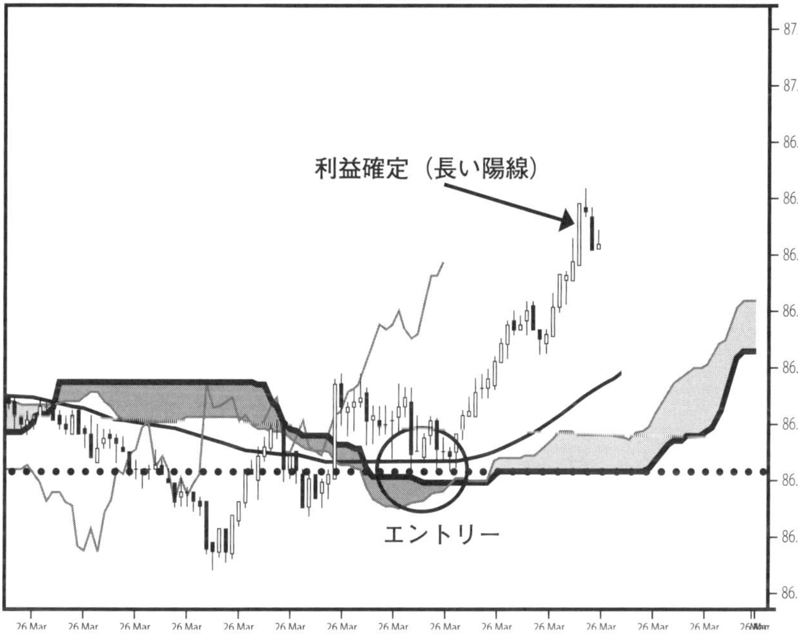

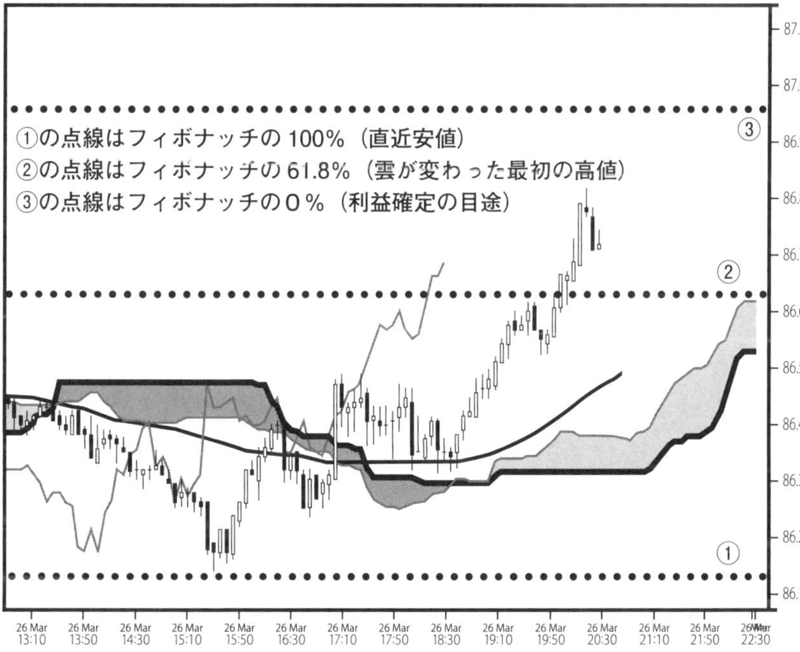

2　売りポジションの作り方　～考え方編～

ここからは、買いポジションの作り方同様、実例を交えながら、半値トレードでの売りポジションの作り方を解説していきます。

基本は、買いポジションの作り方で解説したことの「逆」になります。そこで、“買いポジション”のときとは異なる部分を重点的に解説します（編集部注：買いポジションと手順が同じようなところについては、対比して分かりやすいように買いポジションのところと同じような表現にしてあります）。

ステップ1：1時間足の雲が陰転

買いポジションの作り方のところでは、買いの場合は「1時間足の雲が陰転から陽転に変化したときに注目」というお話をしました。

売りの場合は、逆に**1時間足の雲が陽転から陰転に変わったとき、もしくは、すでに陰転中であること**を確認します。

次ページのチャートはNY原油1時間足です。丸囲みのところで1時間足の雲が陰転しました。このように1時間足の雲が陽転から陰転に変わったときは、「下落トレンドの始まりの可能性が強くなった」と意識してください。

～ステップ1のポイント～

1時間足の雲が陽転から陰転に転換したことを確認する

陽転：先行スパン2が先行スパン1よりも下にある状態

陰転：先行スパン2が先行スパン1よりも上にある状態

◆１時間足の雲が陰転（NY 原油）

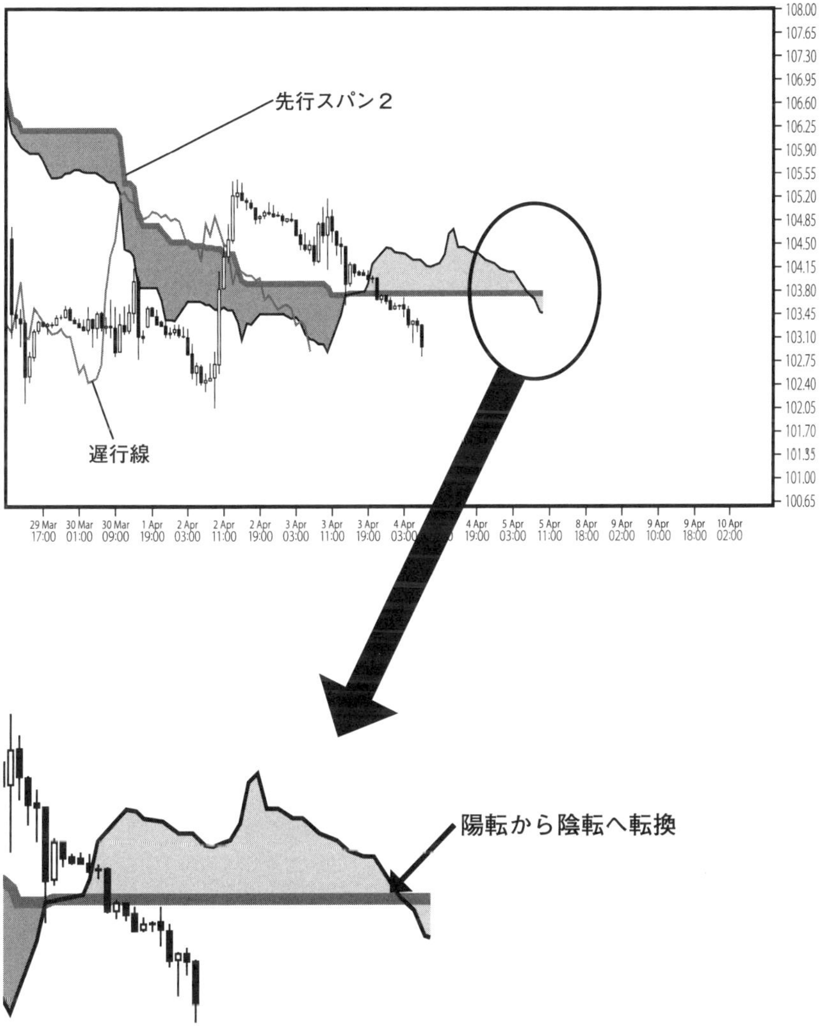

ステップ2：１時間足の雲の下にローソク足が出てくる

ステップ２についても見るべきポイントは買いポジションを作るときと同じです。順に説明します。

１時間足の雲が陰転したことを確認したら、次に、現在の雲とローソク足の位置関係を見ます。ここでも、両者（雲とローソク足）の関係を分かりやすくするために、１時間足の先行スパン１のレートに横線を当てます。売りポジションを作る場合は、**横線よりも現在のローソク足が下にあるかどうかを確認**してください。

では、実例で紹介します。次ページの上のチャートも下のチャートもNY原油の１時間足です。

上のチャートですと、現在のローソク足に対応する26本先の雲と現在のローソク足との位置関係がイメージしにくいと思います。そこで、買いポジションを作るときと同様、１時間足の先行スパン１のレートに横線（次ページの下段のチャートでいうと点線部分）を当てます。引いた線の下にローソク足が出ていれば、ステップ２の条件を満たしたことになります。

～ステップ2のポイント～

１時間足の雲とローソク足の位置を確認。売りポジションを作る場合には、雲の下にローソク足が出ているかどうかを見ること

◆先行本数26本の雲でローソク足の位置を確認（NY原油1時間足）

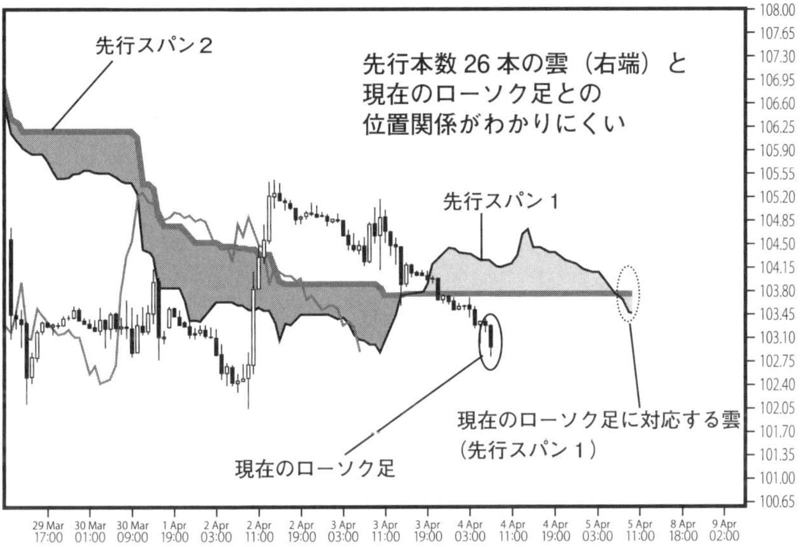

そこで、先行スパン1のレートに
横線を当ててみる

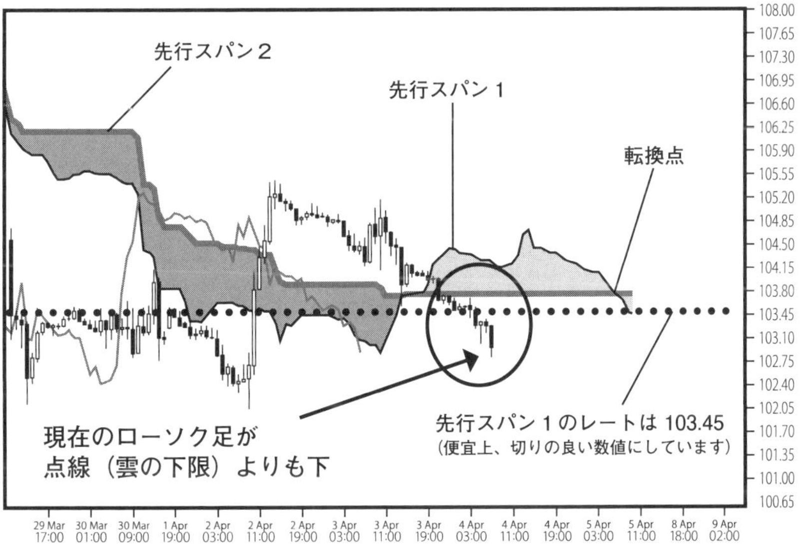

ステップ3：遅行線がローソク足を下抜けている

売りの場合には、**5分足（短い時間軸の足）の遅行線がローソク足の下に抜けているかどうかに注目**します。チャートを見たときに、遅行線がローソク足の下に抜けていなければ、抜けるまで待ちます。なお、売りポジションを作る場合でも、これから紹介する「ステップ4」とこの「ステップ3」については順不同です。

次ページのチャートはNY原油の5分足です。丸囲みのところで遅行線がローソク足の下に抜けました。

～ステップ3のポイント～

売りポジションを作る場合は、遅行線がローソク足の下に出たかどうかを確認すること。遅行線がローソク足を下抜けしたのであれば、「売り」の勢力が強まったと解釈できる

遅行線　＜　ローソク足

◆遅行線下抜け（NY 原油５分足）

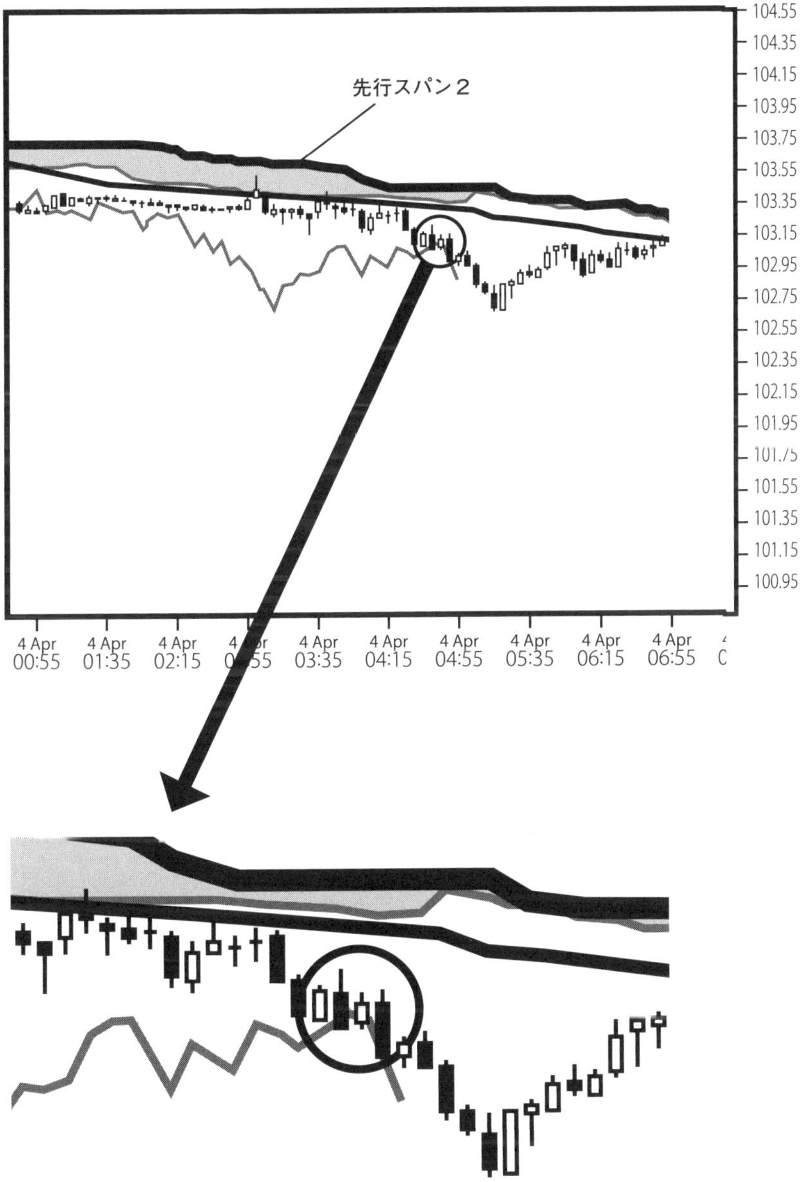

ステップ4:5分足の雲が陰転（5分足の雲が陰転中でも可）

順張り中の戻り売りを狙うため、売りポジションを作るときは**「ダブル陰転であること」**が条件になります。具体的には、1時間足同様、5分足の雲が陽転から陰転へとはっきり変化したかどうかを確認します。

なお、チャートを開いたときに、5分足の雲がすでに陰転していたときであっても（＝陰転中であっても）、売りポジションを作るときの条件を満たしていると考えます。

次ページのチャートはNY原油5分足です。もうすでに陰転中になっています（このチャートでは見えませんが4月3日の14時30分ごろからずっと陰転しています）。1時間足は4月4日の6時に陰転しています（次ページのチャートの縦の点線部分）ので、このとき（4月4日の6時）をもってダブル陰転となりました。

今回は5分足の雲がすでに陰転中で、あとから1時間足の雲が陰転するパターンでしたが、1時間足の雲が陰転してから5分足の雲が陰転することも頻繁にあります。大事なのは、**両方とも陰転になっていること**を確認することです。

～ステップ4のポイント～

1時間足と同じトレンドの方向になったときにエントリーするため、5分足の雲が陽転から陰転に変わったことを確認すること

◆ NY 原油５分足雲が陰転

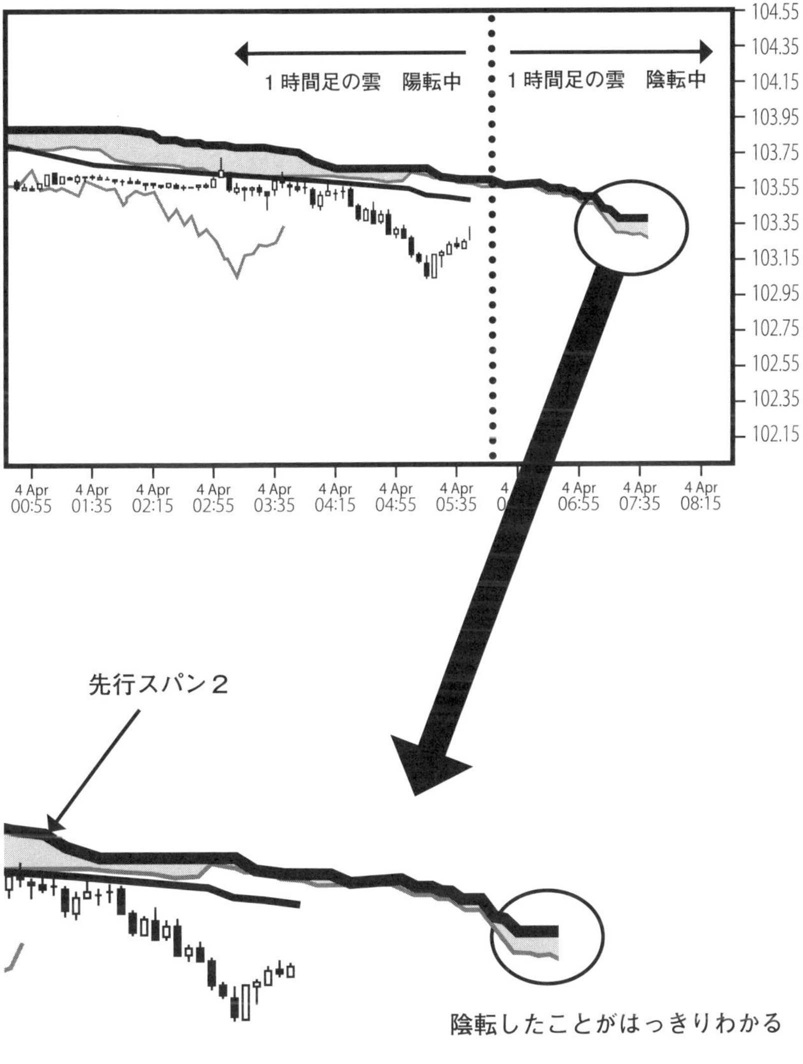

ステップ５：エントリー

ステップ５はエントリーの話になります。注目すべきものは、買いポジションを作る場合とは少し違い、以下の２つになります。

◎（ローソク足が）5分足のまっすぐな先行スパン2にタッチ＋ローソク足の形
◎（ローソク足が）１時間足の先行スパン１にタッチ＋ローソク足の形

それぞれ解説します。

①５分足のまっすぐな先行スパン２にタッチ＋ローソク足の形

売りポジションを作る場合も、基本は、**５分足の先行スパン２がまっすぐのときで、かつ、はっきり陰転に変わってから１回目のまっすぐのとき（最高でも2回目まで）に、ローソク足の形を加味しながらエントリー**します。

まずダブル陰転後（ダブル陰転中）であることを確認した後、５分足の先行スパン２がまっすぐになっているところを探します。

実例で紹介しましょう。今回例では、５分足の雲が先に陰転していて、１時間足の雲があとから陰転しましたので、１時間足の雲が陰転後、つまりダブル陰転したことを確認後、最初の５分足のまっすぐな先行スパン２を探します（96 ページのチャート、NY 原油５分足）。

まっすぐな先行スパン２が見つかったら、買いポジションのところでも紹介したように、“26 本先行している現在の雲”と“現在のローソク足”の関係を見ます。最初のうちはすぐには判断しにくいと思いますので、まずは５分足の先行スパン２に横線を引いてください（97 ページのチャートの点線部分、NY 原油５分足）。

そのあとで、現在のローソク足と横線（先行スパン２）の位置関係を調べます（98 ページのチャート、NY 原油５分足）。

この横線にローソク足がタッチするまで待ちます。横線（5分足の1回目のまっすぐな先行スパン2）にタッチしたら、エントリー条件をひとつ満たしたことになります。

ローソク足の形を見ながら最終的にエントリーするかどうかを決めるのも買いポジションのときと同じです。売りの場合は、5分足の先行スパン2のところで上ヒゲ（長いほど良い）が出ているかどうか、陰線（長いほど良い）が出現しているかどうかを確認します。現れていれば、エントリーします（99ページのチャート、NY原油5分足）。

なお、「1時間足の雲が陰転したばかり」の5分足の“1回目のまっすぐな先行スパン2”にタッチした場合には、ローソク足の形を見ずに「タッチだけ」でエントリーしても構いません。

～ステップ5ー①のポイント～

エントリーは、5分足のまっすぐな先行スパン2へのタッチと、そのときのローソク足の形（上ヒゲが出ているか、長い陰線が現れているかなど）を見て判断

◆ダブル陰転してから１回目のまっすぐな先行スパン２を探す（５分足）

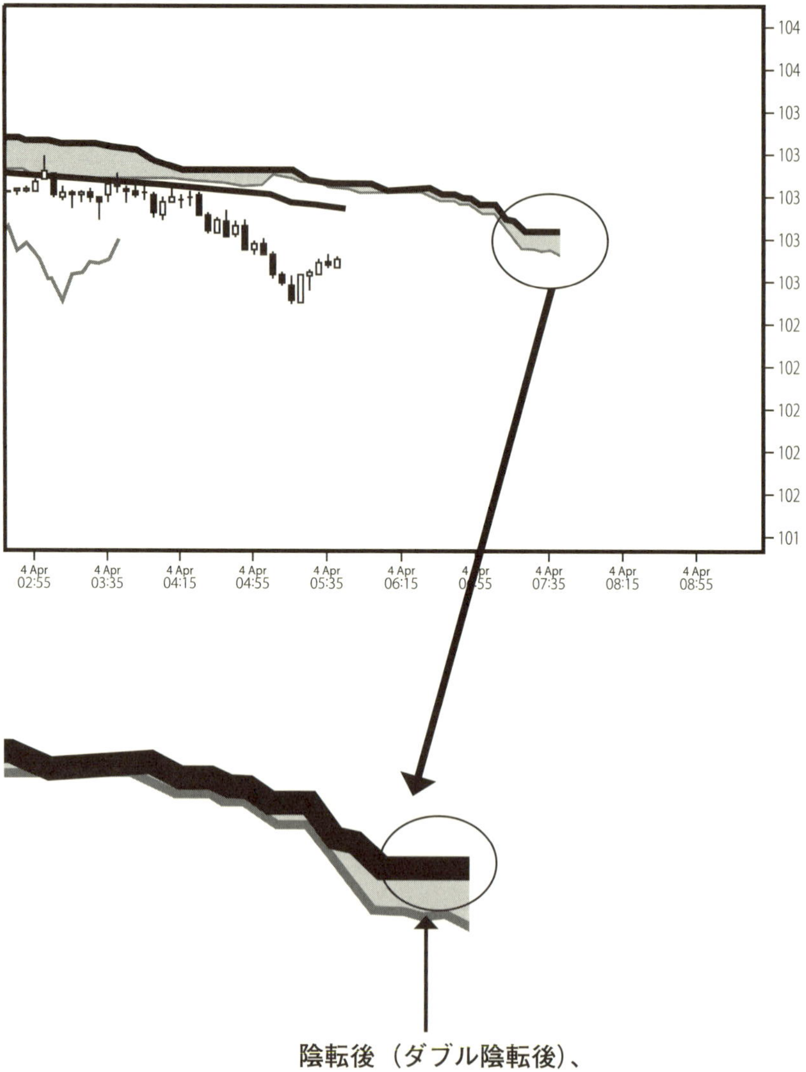

◆１回目のまっすぐな先行スパン２に横線を引く（５分足）

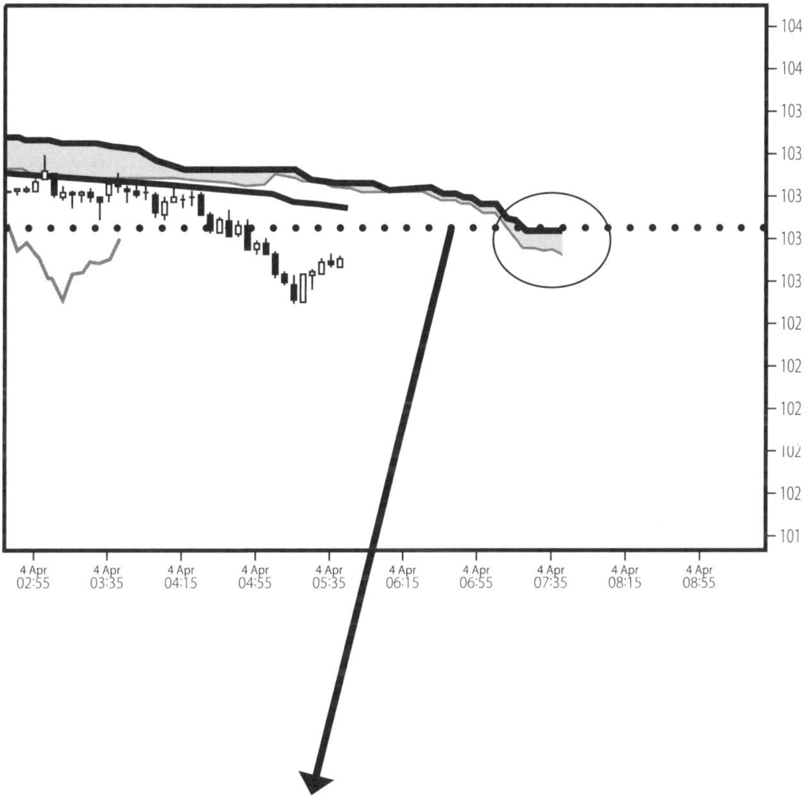

まっすぐな先行スパン２の上に横線（点線部分）を引く。
この横線が待ち伏せライン！

◆ローソク足と横線の位置関係を見る（５分足）

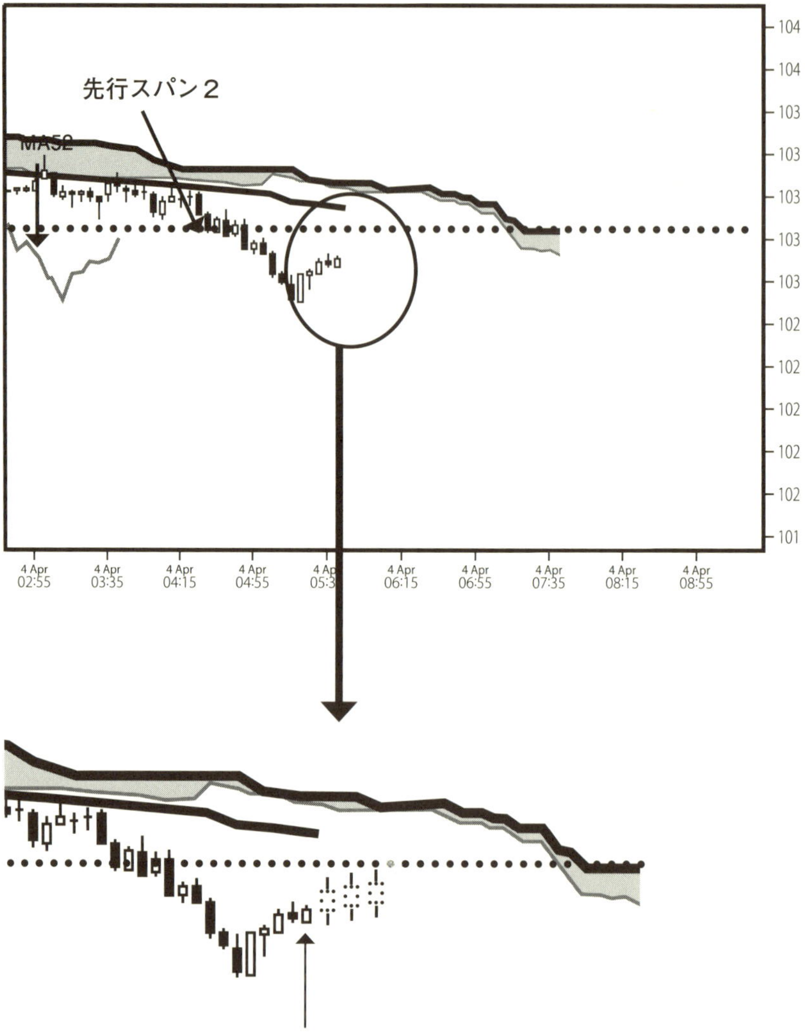

現在のローソク足（A）と先行スパン２（点線部分）の位置関係を把握する。ローソク足が横線（先行スパン２）にタッチするまでひたすら待つこと

◆先行スパン２にタッチ＆ローソク足の形を見てエントリー（５分足）

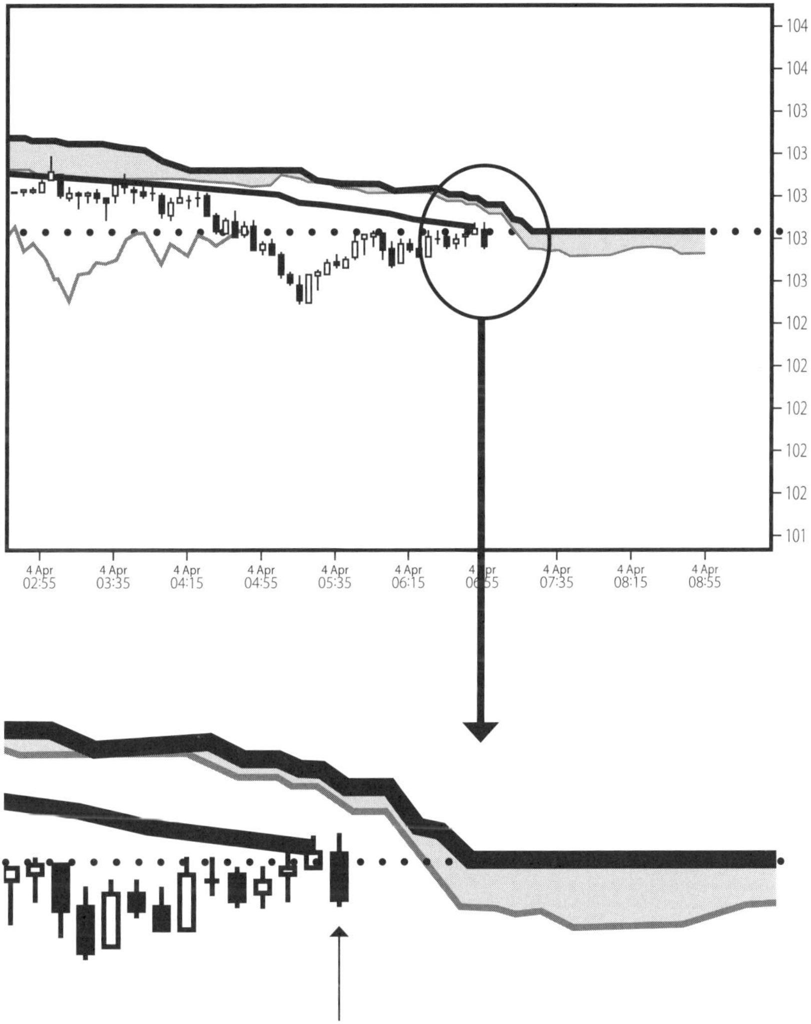

横線（先行スパン２）にタッチ＆陰線のローソク足出現

②１時間足の先行スパン１にタッチ＋ローソク足の形

相場全体に勢いがあるときに、ローソク足が５分足の先行スパン２を突き抜けていくことは、売りポジションを作る場合でもよく見られます。そのときは、**「５分足の先行スパン２がまっすぐの状態である」という条件付きで、陰転中の１時間足の先行スパン１で、再び、売りポジションを作ります。**その理由については80ページでも説明していますので、そちらを参照してください。

80ページにおいて、「買いの場合には、５分足の直近安値から26本以内に１時間足の先行スパン１にタッチするのが理想」と書きました。これと同じことが、売りポジションを作る場合にも言えます。ただし、48ページでも触れたように、買いのときとは違って「26本以内」ではなく、「(５分足の）直近高値から33本以内に１時間足の先行スパン１にタッチするのが理想」となります。

次ページのチャートはユーロ円です。１時間足の雲も５分足の雲も陰転中です。丸印に注目してください。点線が５分足の先行スパン２、波線が１時間足の先行スパン１です。５分足の先行スパン２を突き抜けたローソク足が１時間足の先行スパン１で跳ね返されているのが分かります。

なお、80ページでもお話ししたように、作業の簡略化を図る意味から、この方法では「kumo_mtf_.ex4」という付録のインジケータを使います。

～ステップ５ー③のポイント～

５分足の先行スパン２を突破しても、１時間足の先行スパン１で反落することがよくある。このやり方は、５分足の先行スパン２がまっすぐのときだけ有効

◆１時間足の先行スパン１で反発（普通の一目均衡表）

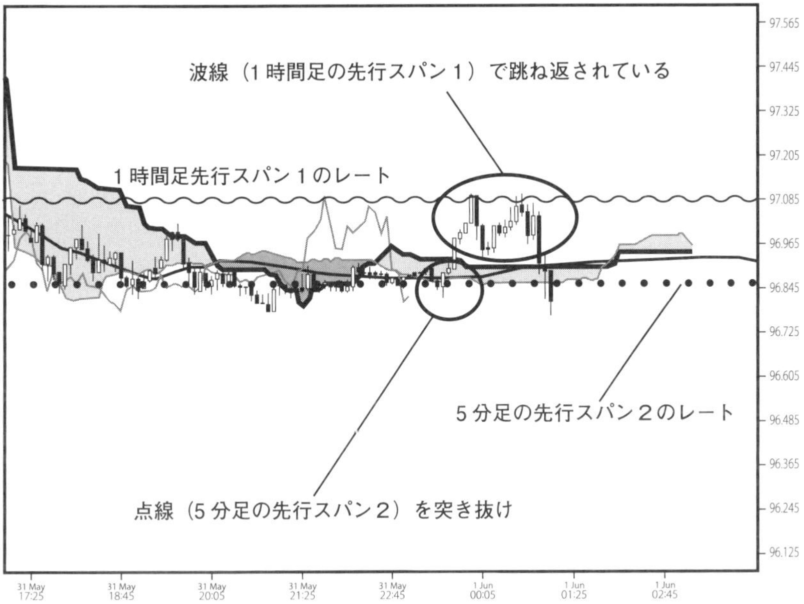

◆１時間足の先行スパン１で反発（kumo_mtf_.ex4 利用）

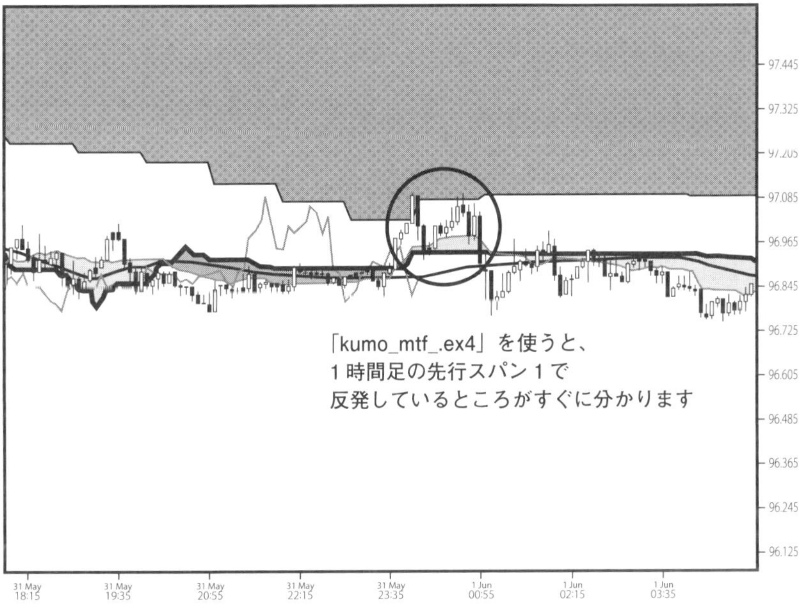

ステップ6：ロスカット設定&利益確定

エントリーした後は、急な逆行に備えてロスカット設定&利益確定の設定を行います。考え方の基本は82～84ページで紹介した通りです。

【ロスカット基準】

◎５分足の先行スパン２のレートと、１時間足の先行スパン１のレートの中間値から30pips逆行したところにロスカット

◎（5分足の先行スパン２を突き抜けて）１時間足の先行スパン１でエントリーするときも考え方は同じ

【利益確定基準】

◎雲の色が変わるまでが理想。しかし現実的には、ローソク足で大きな下ヒゲや長い陰線が出たとき

◎５分足の先行スパン２がまっすぐのままだったら高値（直近）からフィボナッチを当てて、さらにフィボナッチの50%（※買いと売りでは周期が違うので、買いのときとはやり方も数値も微妙に違う。次ページ参照）を先行スパン２に重なるようにしたときの、フィボナッチの０%を利益確定ポイントにする

ここでも、ローソク足を見ることが重要なのは言うまでもありません。

～ステップ6のポイント～

◎ロスカットは５分足の先行スパン２と１時間足の先行スパン１の中間値から逆に30pipsのところ

◎利益確定はローソク足を見る。もしくはフィボナッチを使う

◆ロスカットの考え方

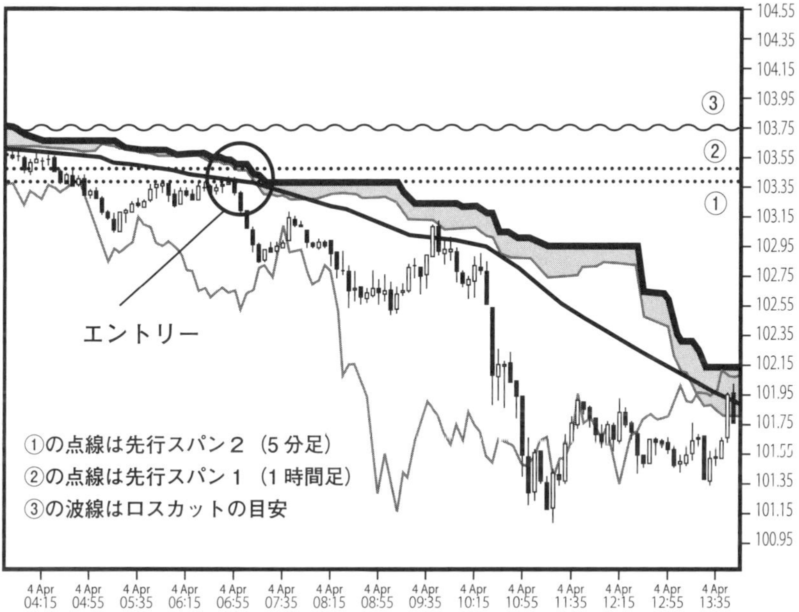

◆利益確定の考え方

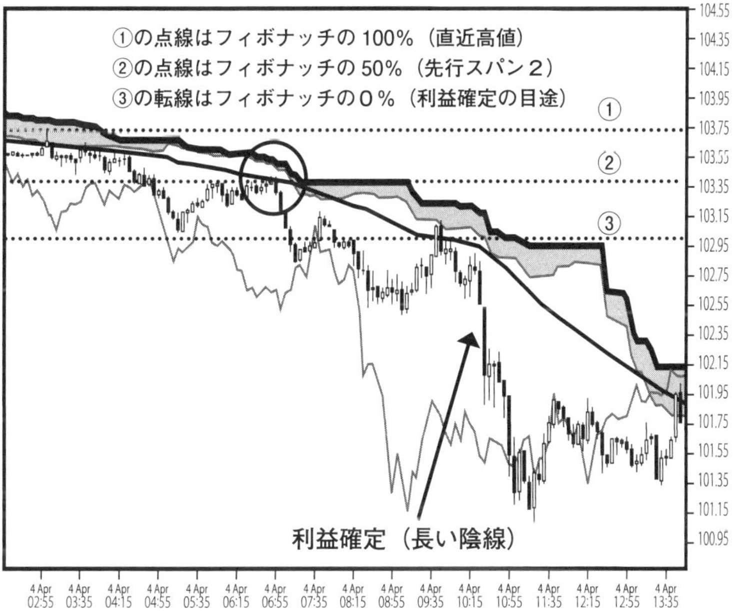

コラム：売りの場合には MA52 は必要ないのか

78ページで、買いポジションを作る場合は「ローソク足が5分足のまっすぐな先行スパン2まで届かずに盛り返すこともあります。そのときによく見られる特徴が『MA 52タッチ後に再上昇』です。MA 52近くで下ヒゲのローソク足がたくさん出るようになったら買いのサインです」というお話をしました。

当然、売りポジションの場合にも、そういう話があるのではないかと思った読者もいるかと思います。その疑問にお答えします。

買いではローソク足26本で1周期と言われていますが、売りの場合はローソク足33本で1周期と言われています。買いよりも1周期の本数が多いため、MA 52で反発せずに5分足の先行スパン2まで到達することが多くなります。さらに、“33本”の関係上、横に長くなるという特徴があります。

もちろん、売りポジションを作る場合でも、ローソク足が5分足の先行スパン2まで届かずに切り返すこと（＝再下落すること）もあります。ただし、そのときは、5分足のMA 52に1、2本タッチしてから急落することが多いです。下降角度の急なときが多く、5分足の先行スパン2まで届かずにMA 52に1、2本タッチしてから再度急落するパターンです。

このようなケースになったときには、MA 52タッチ&ローソク足の形を見てエントリーしても構いません。ただし、通常は、5分足の先行スパン2へタッチする場面が多くなると思います。

コラム：先行スパン２（５分足）の数え方

実際に、半値トレードをやっていくと、先行スパン２の数え方について、「これは１回目として数えていいのかな」という場面が出てくるかと思います。そこで、ここでは「どういう状態になれば１回目（もしくは２回目）としてカウントしてよいのか」について紹介しておこうと思います。

結論から言うと、先行スパン２がローソク足10本分以上の長さでまっすぐなときには「１回目（もしくは２回目）」としてカウントできます。ある程度の長さがあるほうが信頼できるからです。

逆に、ローソク足が10本未満のときは「１回目（もしくは２回目）」としてカウントしません。

また、まっすぐな先行スパン２が現れたあと、斜めになってからすぐにまっすぐになることがあります。そのときは両方を足してカウントします。

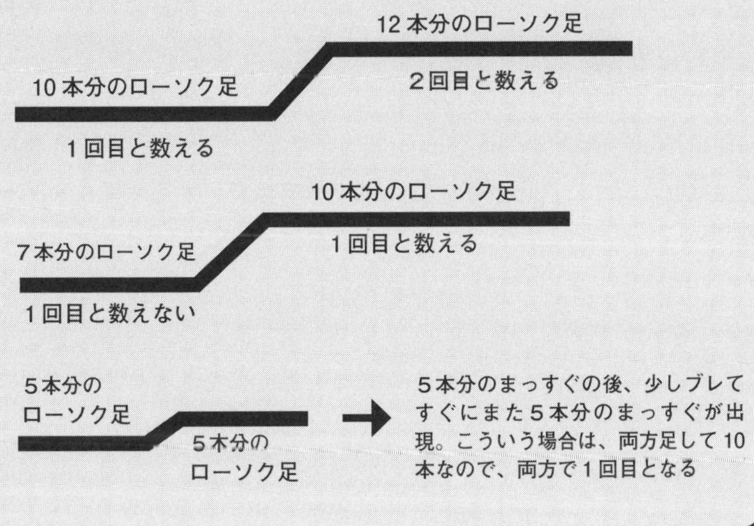

3　ポジションの作り方　～実戦編～

前々節ならびに前節では、「買いポジションの作り方」と「売りポジションの作り方」について、その考え方（ロジック）を紹介しました。

なぜ、長々と解説したかというと、半値トレードという手法の根底にあるものをきちんと理解してほしかったからです。

「やり方」だけ分かればよいという人もなかにはいるでしょう。しかし、うわべだけを理解して、本当に満足できるでしょうか。本当に、この先も半値トレードを使いこなすことができるでしょうか。

私は、「どういう考えのもとで半値トレードを行っているのか」が分かっていなければ、イレギュラーな動きになったときに「迷い」が出てくると思っています。つまり、応用が利かないと思うのです。保有し続けるのか、損切るのか。迷いが出てきたら、この判断も鈍ります。だからこそ、最初に「何を狙っているのか」「何が売買の根拠になっているのか」を理解しておく必要がある、と考えています。

そのいっぽうで、考え方が分かったとしても、やり方自体が複雑であっては、実戦に生かせないのも事実です。考え方を理解したうえで、やりやすい方法でなければ長続きしません。

そこで、本節では、64～103ページで語ってきたことを、特典に付けたインジケータを利用することで簡単に実現する手順をお話しします。

一目均衡表では「時間」という概念を取り入れているため、現在のローソク足に対応する雲は26本先に表示されるのが普通です。そのことによって、ダマシを回避することも可能になりますから、理にかなった、素晴らしいやり方であることは間違いありません。

私の半値トレードでは、一目均衡表の理論に加えて、“現在の半値”と“現在のローソク足”の関係が重要になってきます。そこで、66ページや77ページなどで、現在の半値を知るために「1時間足の先行スパン1に横線を当ててください」とか、「5分足の先行スパン2がまっすぐなとき、そこに合わせた横線を引いてください」というような作業を課しました。

昔、私も実際にやってみて感じたのですが（あくまでも私の感じ方です）、何本も線を引くとどうしてもチャートが見にくくなります。また、簡単ではあっても、作業工程がひとつ増える関係上、少々、面倒くささを覚えます。1時間足と5分足を交互に見ないといけないことにも煩わしさが……。

こうした問題を解消し、もっと簡単にエントリーできるように考えて作成したのが「kumo_mtf_.ex4」というインジケータです。これは、雲を先行本数ゼロ（＝リアルタイム）で表示できます。さらに、5分足の雲と1時間足の雲を同時に見ることも可能になっています。

買いの場合ならば「ダブル陽転になっているかどうか」、売りの場合ならば「ダブル陰転になっているかどうか」、さらには「現在のまっすぐな5分足の先行スパン2と、そのときのローソク足の動きがどうなっているのか」が、ひと目で分かるようになっています。

それでは、「kumo_mtf_.ex4」というインジケータを使った具体的な手順を次ページ以降で紹介していきます。

買いポジションの作り方　～実戦編～

「kumo_mtf_.ex4」というインジケータを使って、どのように買いポジションを作るのか、順を追って紹介します。

①ダブル陽転であることを確認

ダブル陽転になっているかどうかを最初に確認します。下のチャートを見てください。大きな雲は1時間足の雲です。小さな雲は5分足の雲です。

見てもらうと分かるように、1時間足の雲は陽転（先行スパン2が先行スパン1よりも下に位置）しています。

5分足の雲はどうでしょうか。最初のうちは陽転していましたが、途中で陰転になり、その後、また陽転になっています。現在はそのまま陽転中ですので、ダブル陽転の条件を満たしています。

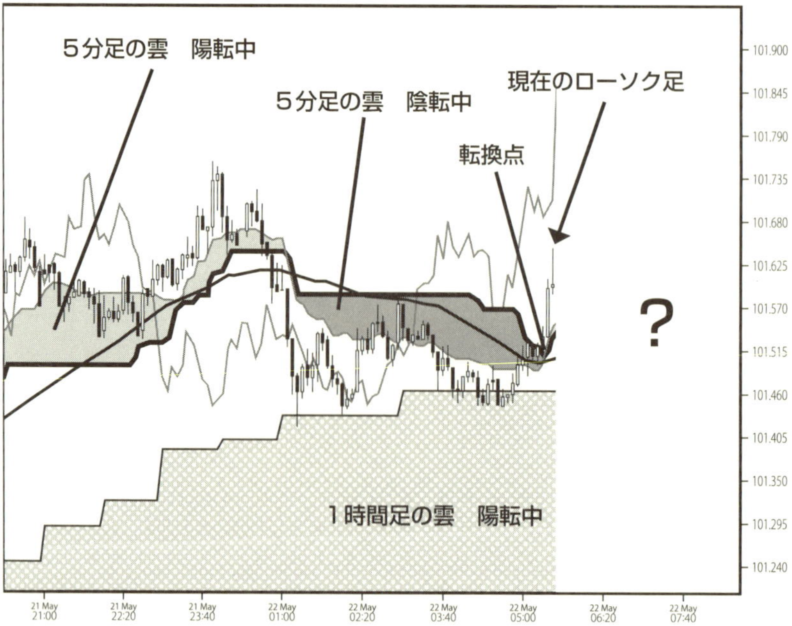

②まっすぐになっている５分足の先行スパン２を探す

ダブル陽転であることを確認したら、次に５分足の先行スパン２がまっすぐになっているところを探します。

下のチャートを見てください。前ページのチャートから少し時間が進んだものです。丸囲みの部分に注目してください。ここで５分足の先行スパン２がまっすぐになっています。しかも、５分足の雲が陽転後、１回目のまっすぐな先行スパン２です。こういうところをチェックします。

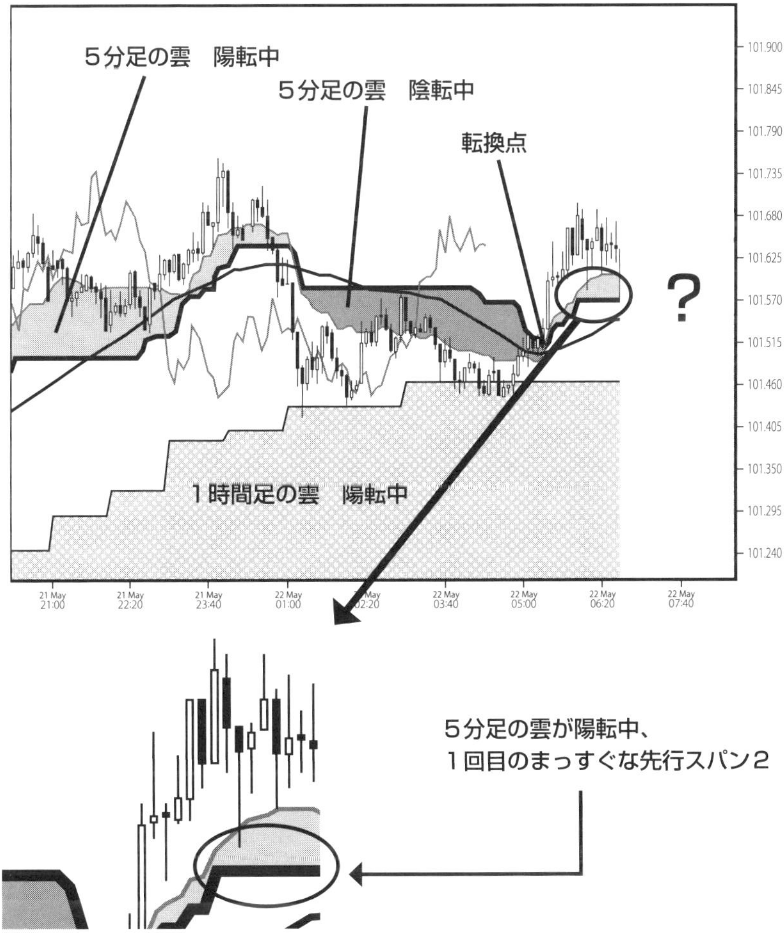

③５分足のまっすぐな先行スパン２にタッチ＋ローソク足の形を見る

５分足のまっすぐな先行スパン２を見つけたら、ローソク足がそこ（先行スパン２）にタッチするまで待ちます。

５分足の先行スパン２にタッチしたら、そのときのローソク足の形を見ます。下ヒゲ（長いほど良い）が出ていたり、陽線（長いほど良い）が現れていたならば、エントリーです。

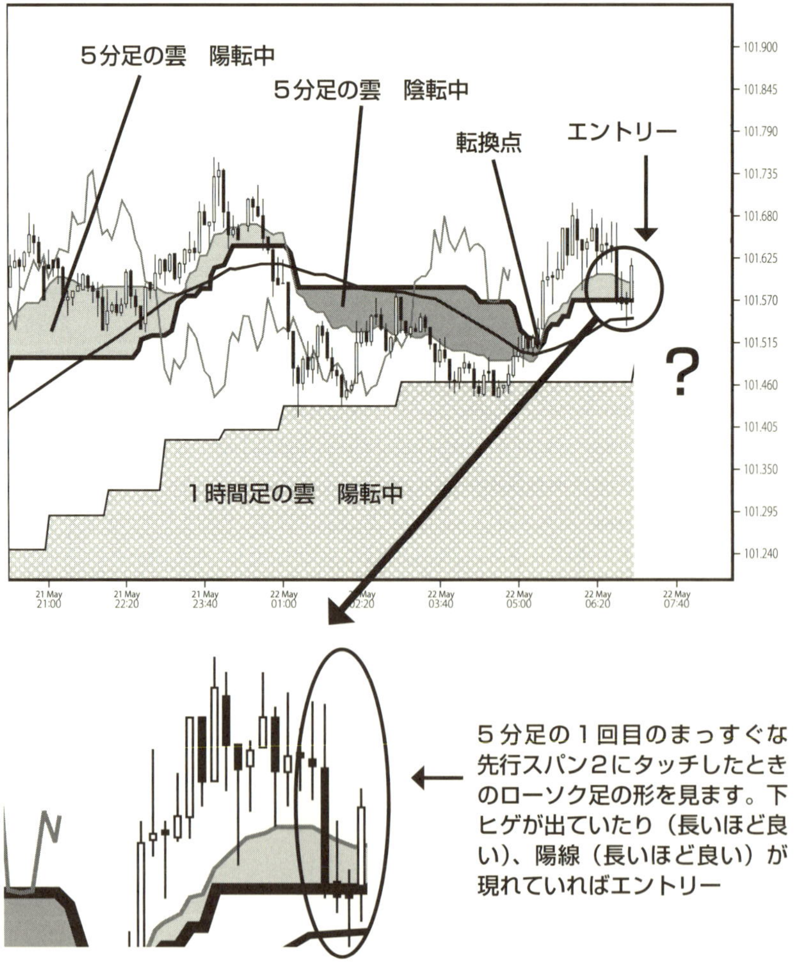

④ロスカットを設定しながら、利益確定ポイントになったら利益確定

　エントリーした後は、自分の基準でロスカットを設定しつつ、利益確定ポイントになるまで待ちます。

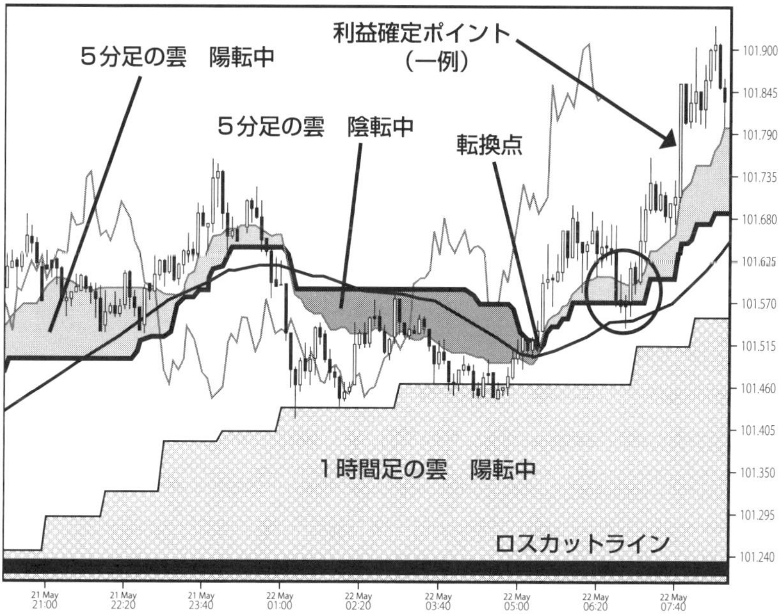

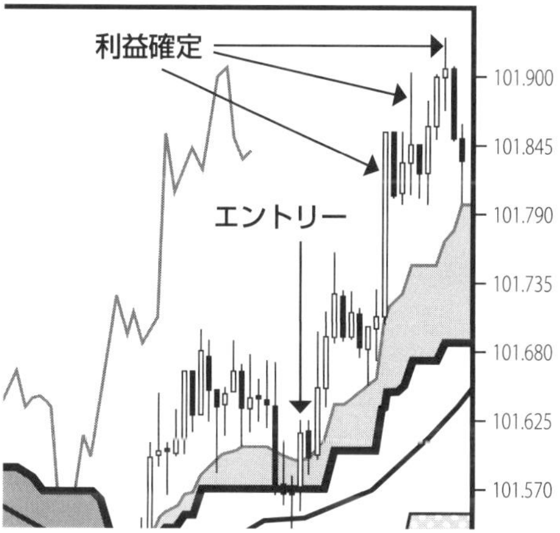

利益確定では、長い陽線や上ヒゲの出現に注目！

売りポジションの作り方　～実戦編～

ここからは、「kumo_mtf_.ex4」というインジケータを使った売りポジションの作り方を紹介します。

①ダブル陰転であることを確認

最初に確認すべきことは、ダブル陰転になっているかどうかです。下のチャートを見てください。大きな雲は１時間足の雲、小さな雲は５分足の雲です。

１時間足の雲は陰転(先行スパン２が先行スパン１よりも上に位置)しています。

次に、５分足の雲を見てください。最初のうちは陰転していた雲が途中で陽転に変わり、再び転換点で陰転しています。現在は陰転しているので、ダブル陰転の条件を満たしていると判断できます。

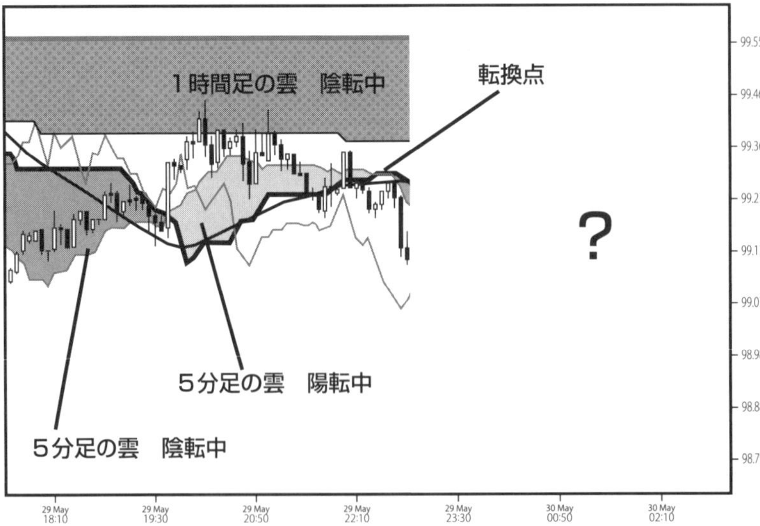

②まっすぐになっている５分足の先行スパン２を探す

ダブル陰転であることを確認したら、次に５分足の雲を見て、先行スパン２がまっすぐになっているところを探します。

下のチャートは、前ページのチャートから少し時間が進んだものです。丸囲みの部分に注目してください。５分足の先行スパン２がまっすぐになっています。５分足の雲が陰転後、１回目のまっすぐな先行スパン２です。こういうところが狙い目です。

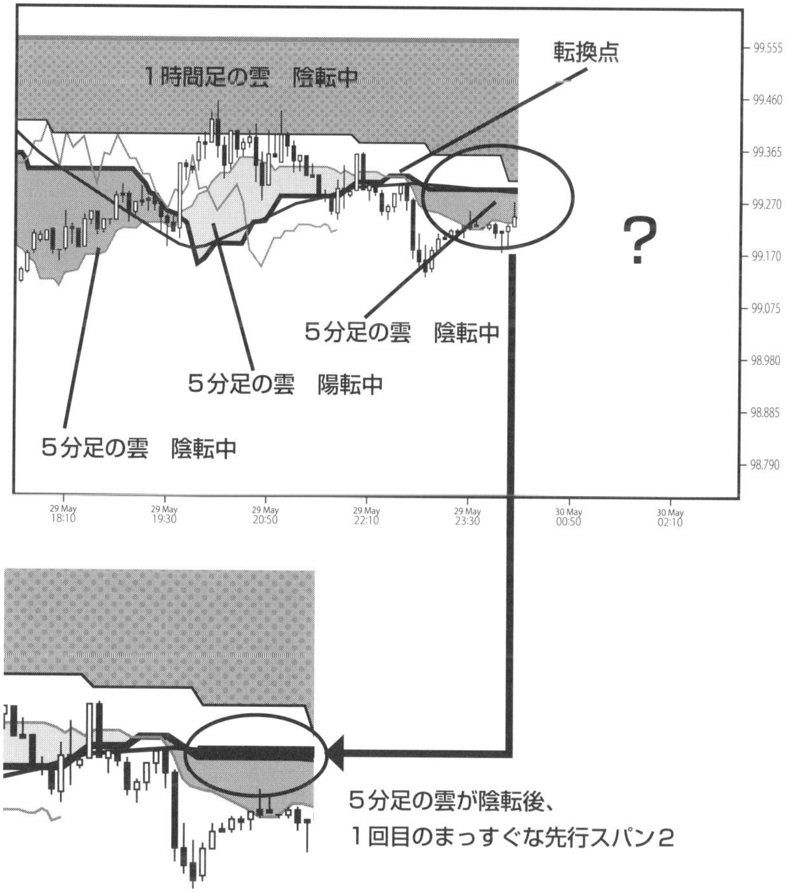

③５分足のまっすぐな先行スパン２にタッチ＋ローソク足の形を見る

５分足のまっすぐな先行スパン２を見つけたら、ローソク足がそこ（先行スパン２）にタッチするまで待ちます。

５分足の先行スパン２にタッチしたら、そのときのローソク足の形を見ます。上ヒゲ（長いほど良い）が出ていたり、陰線（長いほど良い）が現れていたならば、エントリーです。

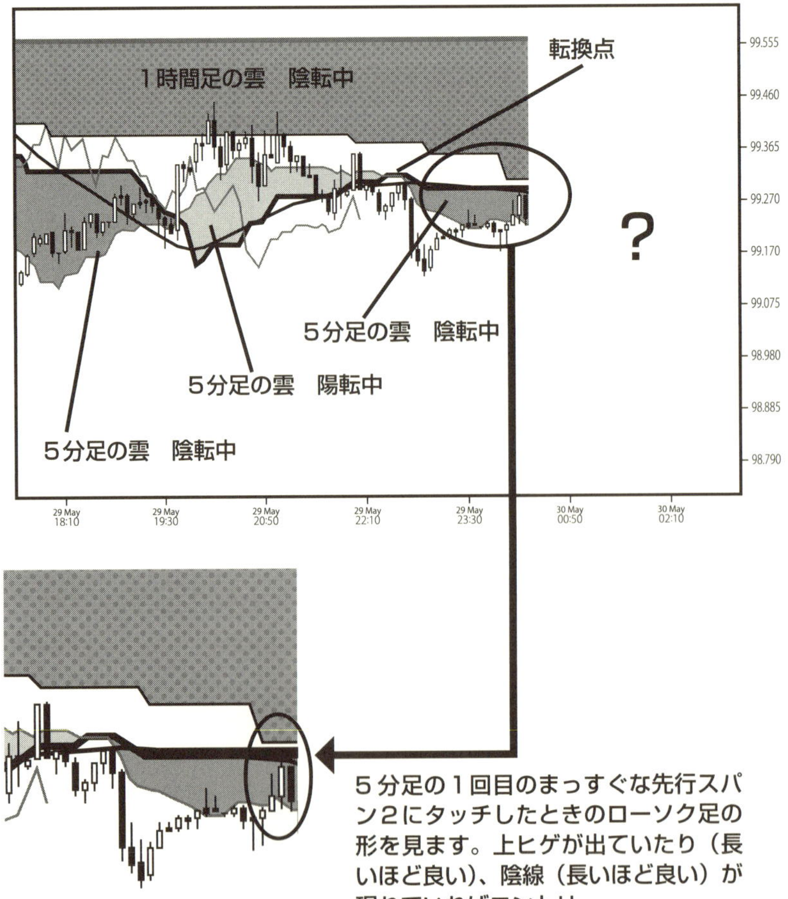

④ロスカットを設定しながら、利益確定ポイントになったら利益確定

エントリーした後は、自分の基準でロスカットを設定しつつ、利益確定ポイントになるまで待ちます。

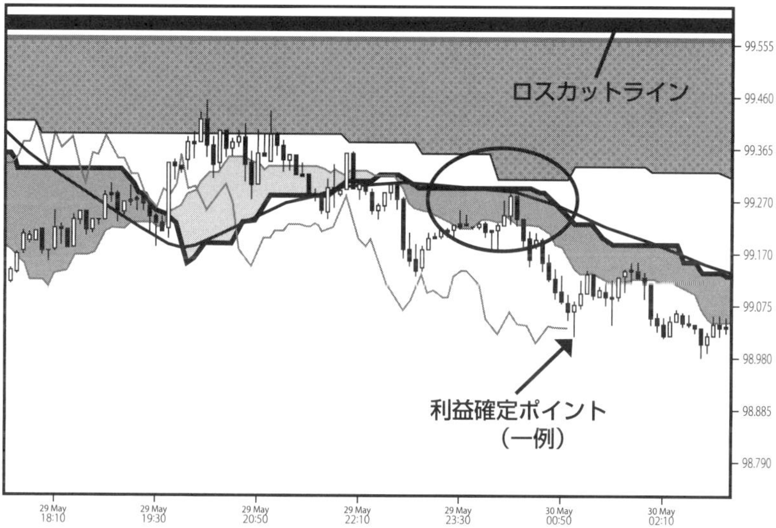

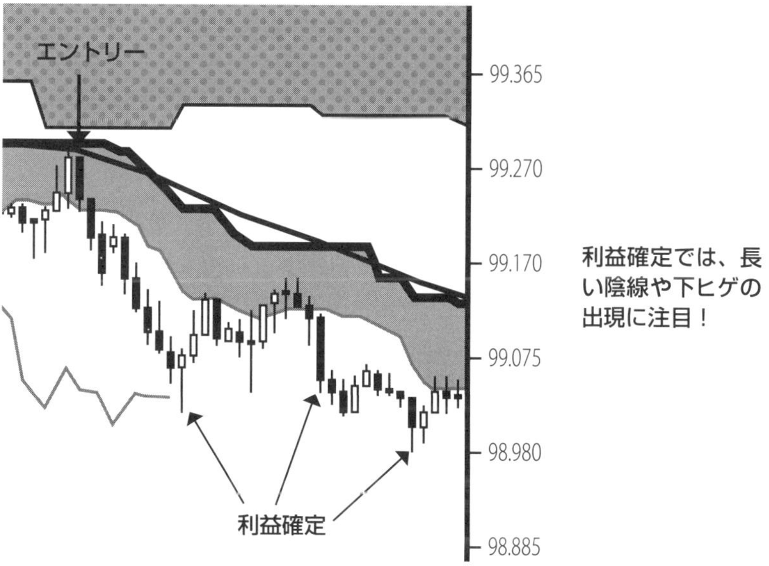

利益確定では、長い陰線や下ヒゲの出現に注目！

コラム：例外パターン　１時間足の雲が薄いとき

ダブル陽転、ダブル陰転であることがエントリーの時の基本条件であるとお話ししていたと思います。

ただ、何事にも例外があるように、半値トレードにおいても例外があります。それは、１時間足の雲が薄いときに限っては、５分足の先行スパン２がまっすぐであれば、エントリーしても構わないというルールです。

１時間足の雲が薄いということは、近いうちに転換する確率が高いことの裏返しでもあります（もちろん、転換しない場合もあります。あくまでも確率が高いという話です）。つまり、もし、そういう状況のときにエントリーできれば、１時間足の雲の転換を契機に一気に動く可能性がある、ということなのです。転換しないリスクさえきちんと把握しておけば、絶好の狙い目になるといっても過言ではありません

以上の理由から、私は、１時間足の雲が薄くなってきたときには、いつチャンスが来ても良いように細心の注意を払っています。

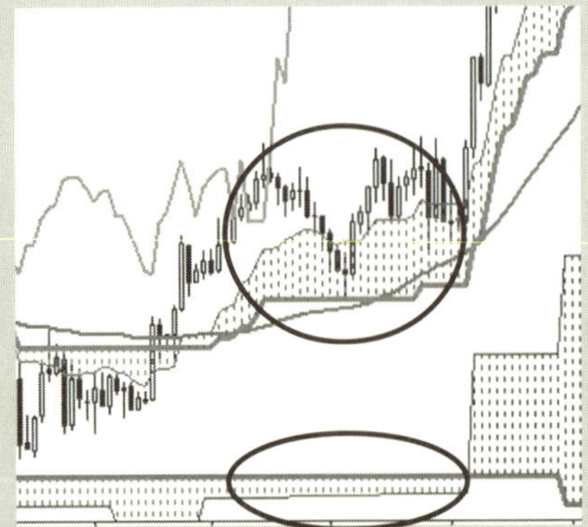

１時間足の雲は陰転中だが薄い。５分足の雲は陽転中で、まっすぐな先行スパン２にローソク足がタッチしている。こういうときは、例外パターンでエントリー OK。ちなみに、このあと、相場は一気に上昇した

4　東京時間足（東京時間の半値）の作成法

半値トレードにおいて重要な役割を持つ「東京時間足（東京時間の半値）」については、自分で作らないといけません。慣れないうちは少し面倒かもしれませんが、慣れてしまえば数分でできる作業です。以下、手順を紹介します（手作業になるため、実際の画像を使って説明します）。

①東京市場の開始時間＆終了時間に縦線を引く

東京時間足は9時から17時までのローソク足になります。5分足上に表示するので9時と16時55分に縦線を引きます。

まず、メタトレーダー4のメニューの下にある縦線マークをクリックしてください。

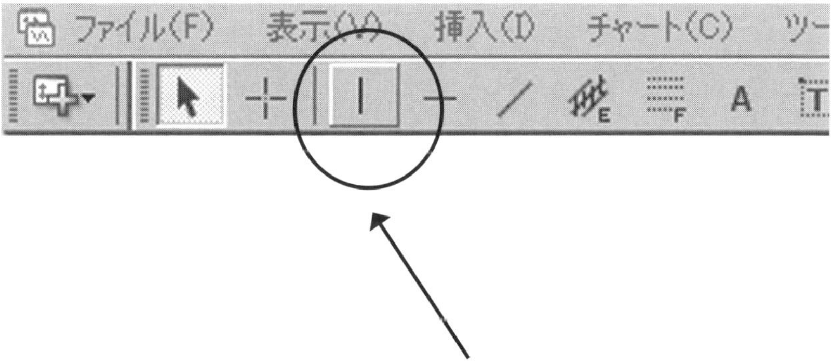

下のチャートは2012年7月11日の豪ドル円5分足になります。9時に縦線を引きます。

9時の縦線

さらに、16時55分にも縦線を引きます。

②高値安値に横線を引く

次に、9時と16時55分に引いた2本の縦線間の高値と安値に横線を引きます。

メニューの下にある縦線マーク隣りの横線マークをクリックしてください。

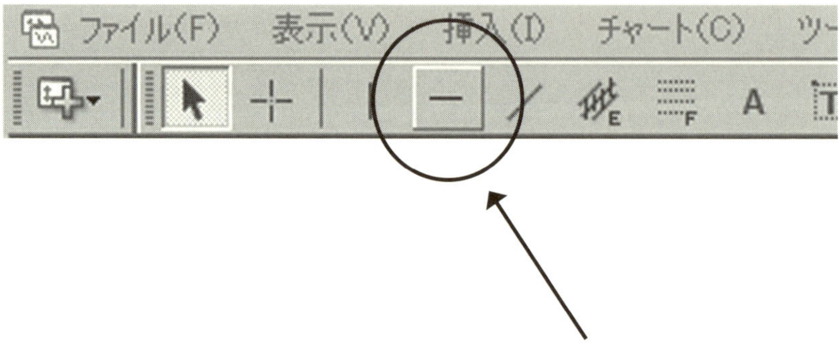

このマークをクリックすると
横線が引ける

メタトレーダー４の基本的な使い方については巻末付録にも載せています。参考までに、そちらもご覧ください

この日の高値は81.27になります。そのレートに横線を引きます。

この日の安値は 80.67 になります。そのレートに横線を引きます。

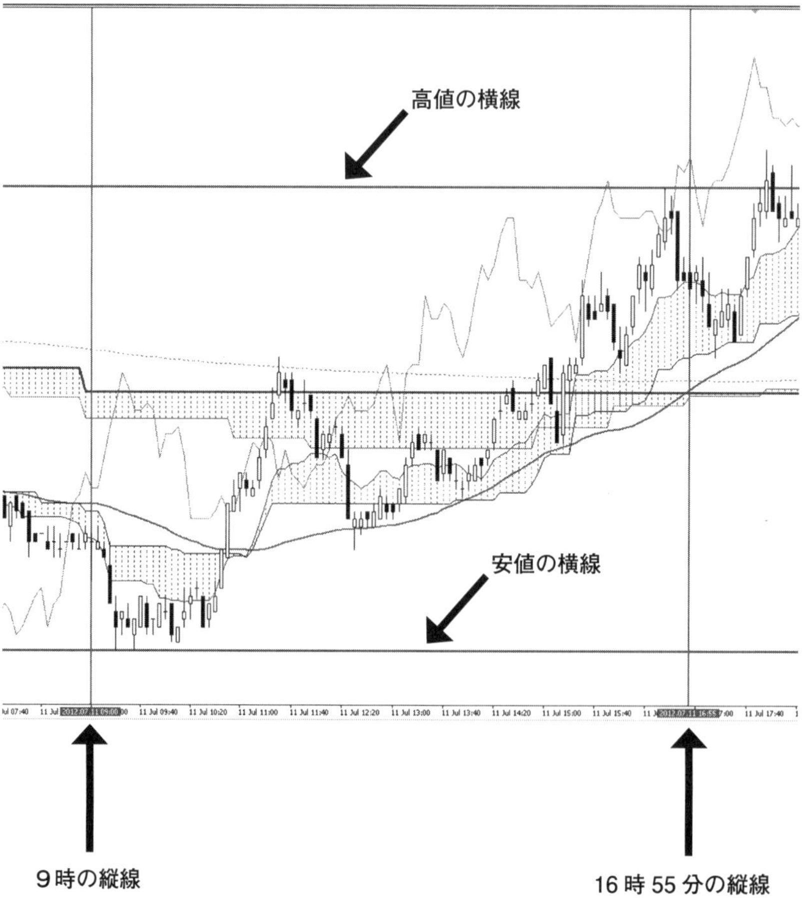

③半値を引く

東京時間高値安値の半値は(81.27 + 80.67) ÷ 2 = 80.97 になります。そのレートに線を引きます。東京時間足、東京時間半値チャートが完成しました。

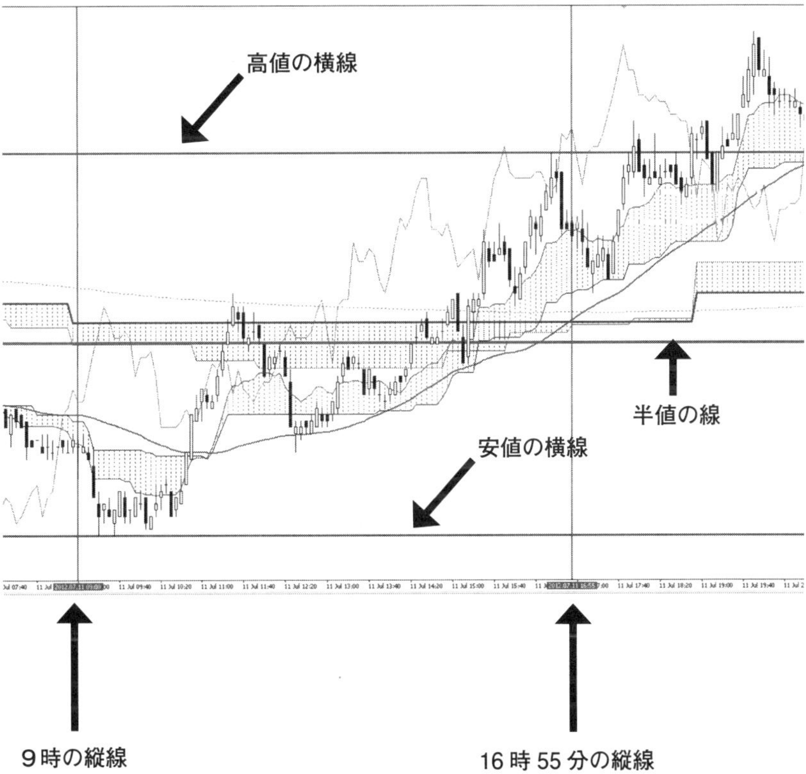

コラム：38.2%の法則

暴落後の戻りは半値(50%)で止まらずに、直近安値を起点とし、先行スパン2を50%に設定したときの「フィボナッチの38.2%」まで上げてから急落することがあります。

また、暴騰後の押しも同様に、半値（50%）で止まらずに38.2%まで下げてから上昇することがあります。

私は、これを「38.2%の法則」と呼んでいます。この状況のときは、多くの場合、38.2%の地点に先行本数26の普通の雲があります（下記の拡大図参照)。暴落、暴騰後の半値（50%）売買についてはこの「38.2%の法則」を知っていると有利です。

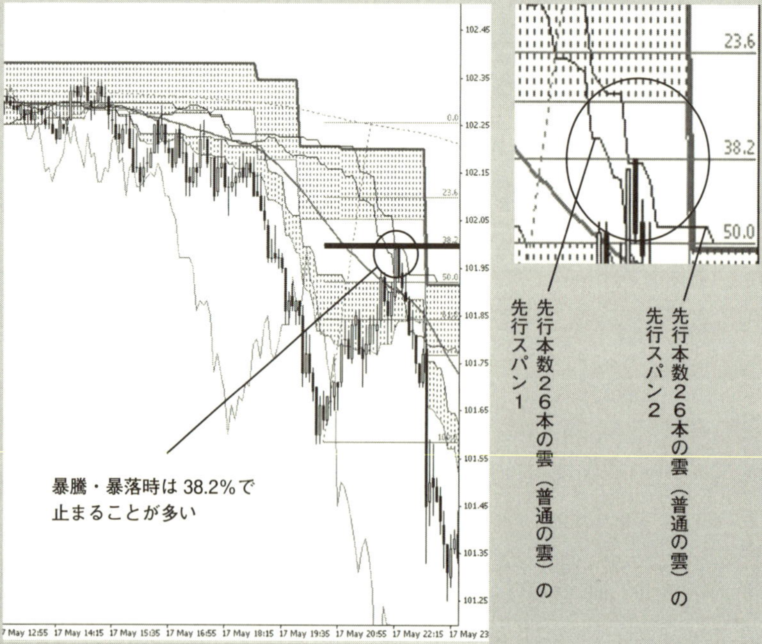

第3章

半値トレード

鉄板パターン集

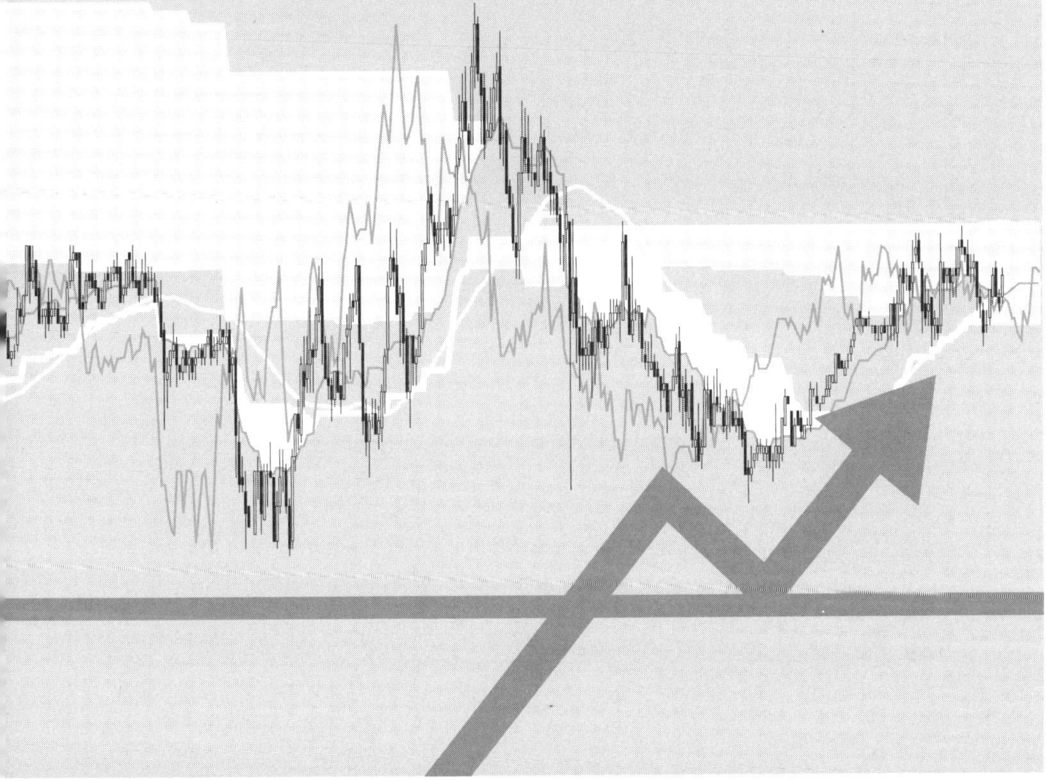

1　1時間足と5分足の先行スパン2が重なる ～鉄板パターン1～

半値使いの私がよく注目しているサインがあります。それは、**1時間足の先行スパン2と5分足の先行スパン2の重なり（ダブル半値）**です。この2本が一致すると、非常に強いサポート&レジスタンスとして機能することが多いのです。この「ダブル半値」を鉄板パターン1と呼んでいます。

実例を見てみましょう。次ページのチャートは2012年5月17日のユーロ円5分足です。陰転中の1時間足の先行スパン2と、陰転中の5分足の先行スパン2が非常に近いレートで平行に並んでいます。このように、同じトレンドの向き（5分足と1時間足が両方とも陽転、もしくは両方とも陰転）の先行スパン2が非常に近いところで重なったときは大注目してください。なお、1時間足の先行スパン2と5分足の先行スパン2が必ずしも完全に一致していなくてもOKです。さらに、実際にエントリーするときはローソク足の形も加味します。

先行スパン2同士の組み合わせは、ほかにも日足の先行スパン2と4時間足の先行スパン2の一致、4時間足の先行スパン2と1時間足の先行スパン2の一致などが挙げられます。これらが出現すると相場転換になる可能性がとても高いです。

相場の値動きは半値で動くことが多いので、パズルのように一致してきます。パズルが一致するところを探してみましょう。

～ポイント～

長い時間足と短い時間足の先行スパン2が重なるときは、強いサポート&レジスタンスになる可能性が高い

◆１時間足の先行スパン２と５分足の先行スパン２の重なり

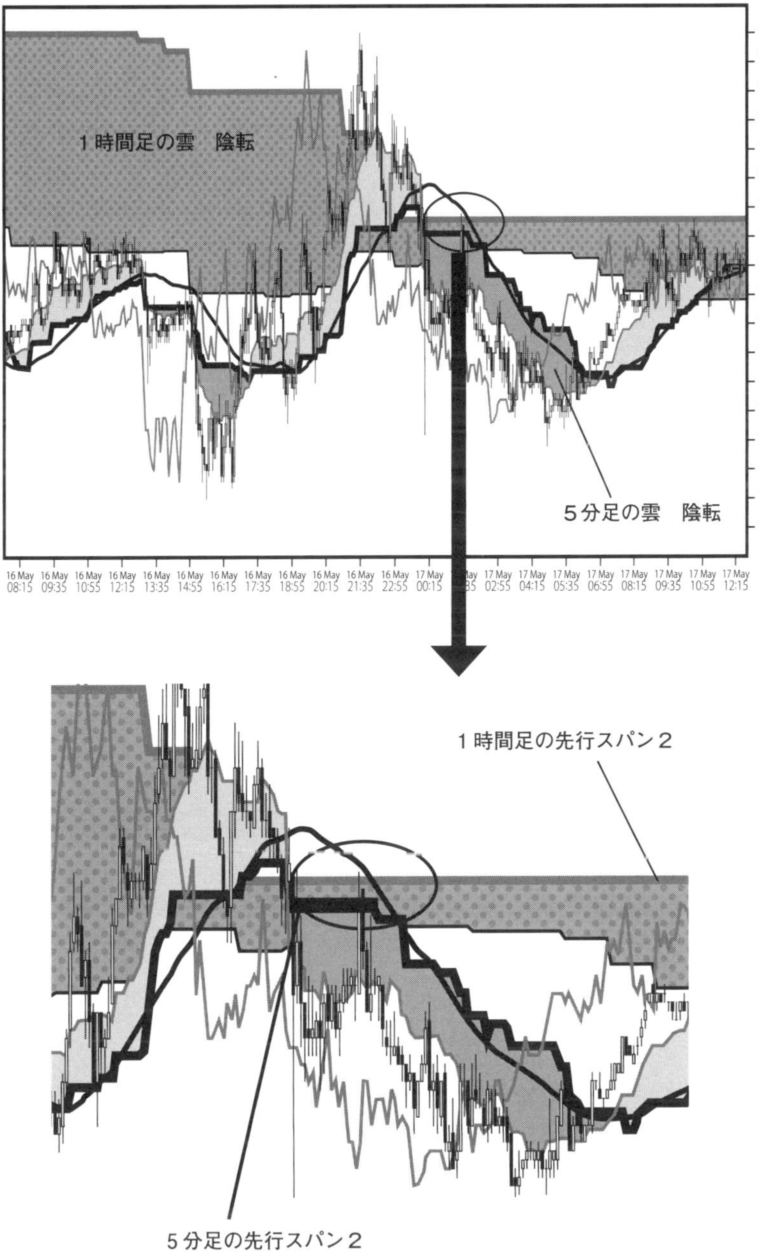

2　1時間足雲陰転（陽転）中に5分足雲陰転（陽転）中の先行スパン2にタッチ　～鉄板パターン2～

1時間足の雲が陽転中に、同じく陽転中の５分足のまっすぐな先行スパン2にローソク足がタッチ＋ローソク足の形で買うパターンと、1時間足の雲が陰転中に、同じく陰転中の５分足のまっすぐな先行スパン2にローソク足がタッチ＋ローソク足の形で売るパターンは基本中の基本です。基本だけに、よく登場します。そこで、これを鉄板パターン２と呼んでいます。

特に、１時間足の雲が陰転中に、陰転中の５分足のまっすぐな先行スパン２にローソク足がタッチして売られるパターンは、暴落前に毎回のように出現する形です。この状況になったら「買い」でのエントリーは禁物です。なぜなら、このパターンの後に急落することが多いからです。

次ページのチャートを見てください。これは、2012年5月17日のユーロ円５分足です。四角で囲んだところに注目してください。

1時間足の雲は陰転中､5分足の雲も陰転中です。この状態のときに、少しデコボコしていますが、ほぼまっすぐな５分足の先行スパン２に上ヒゲのローソク足や陰線のローソク足がタッチしています。その後の相場は大きな急落を迎えています。

～ポイント～

ダブル陽転中、ダブル陰転中の５分足のまっすぐな先行スパン2にタッチでエントリーは基本中の基本

◆１時間足陰転中に、陰転した５分足の先行スパン２でエントリー

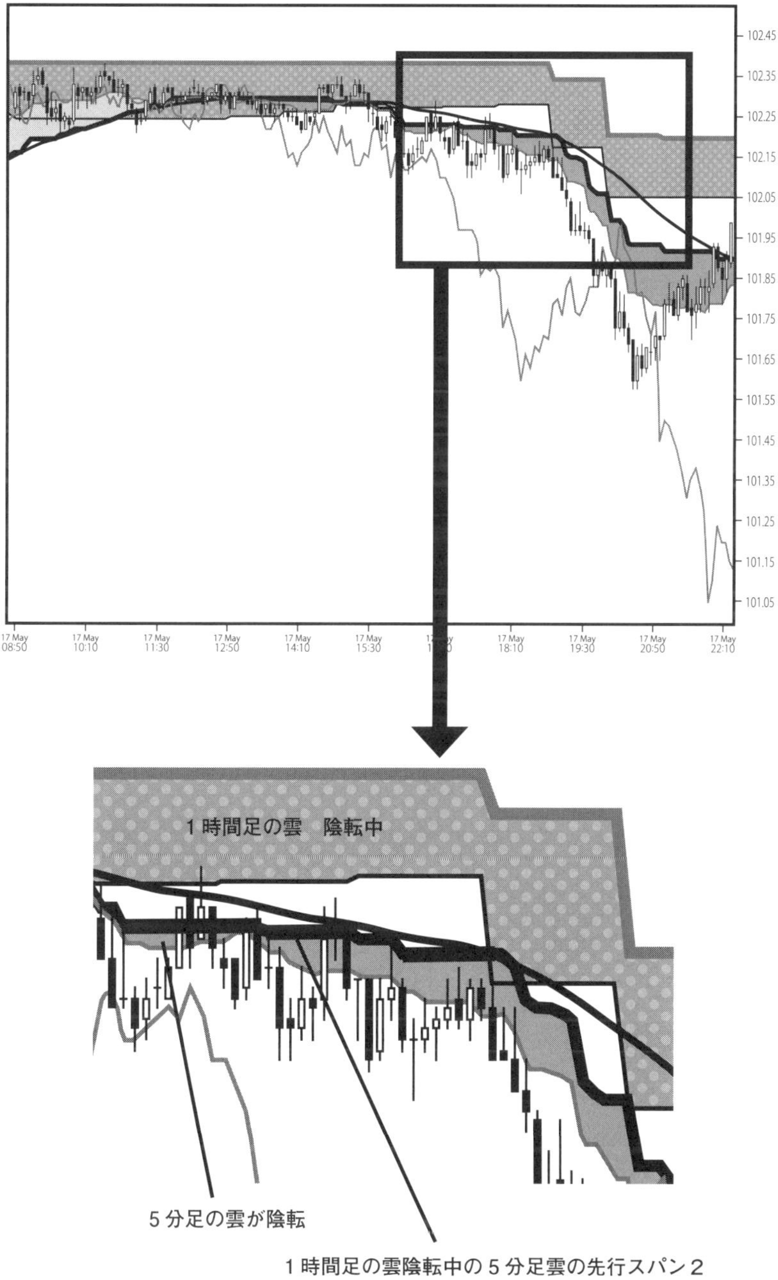

3 先行スパン2と東京時間の半値が重なる ～鉄板パターン3～

半値には、先行スパン2（1時間足＆5分足）を指す半値と、東京時間高値安値の半値があることを26ページでお話ししました。

この**先行スパン2と東京時間高値安値の半値が重なったとき**を鉄板パターン3と呼んでいます。

もう少し詳しくお話しします。半値売買で使う半値には以下の5つがあります。

①日足先行スパン2　　**②4時間足先行スパン2**
③1時間足先行スパン2　　**④5分足先行スパン2**
⑤東京時間高値安値の半値

このうち、現在のレートに一番近い半値が“一番重要な半値”になります。

以上を踏まえたうえで私がお勧めするのは17時過ぎのトレードです。なぜなら、東京時間高値安値の半値は17時に確定するからです。17時近辺（ロンドン時間は16時スタート）からの値動きを見て東京時間高値安値の半値で売買するのが一番堅いと言えます。東京時間高値安値の半値は2週間ほど機能します。

その日の17時に確定した半値がベスト（一番新鮮）ですが、2週間以内ならどの日の半値でもＯＫです。2週間以上前の半値が機能するときもありますが、線が多くなり、チャートが見にくくなるのでチェックする必要はないです。私は20日分を表示していますが、みなさんは2週間分で十分です。

次ページのチャートは2012年5月29日ポンド円5分足になります。132ページのチャートはそれを拡大したものになります。

◆東京時間高値安値の半値と先行スパン２

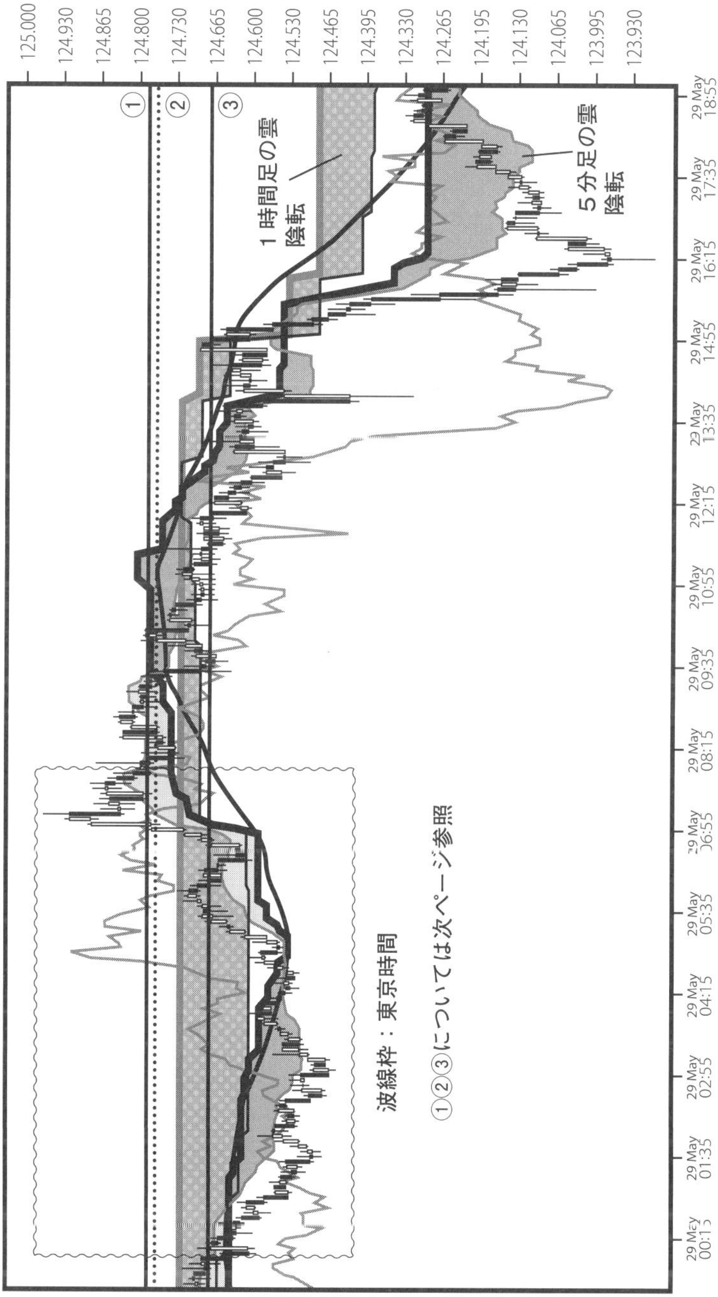

◆ポンド円５分足　拡大（５月２９日）

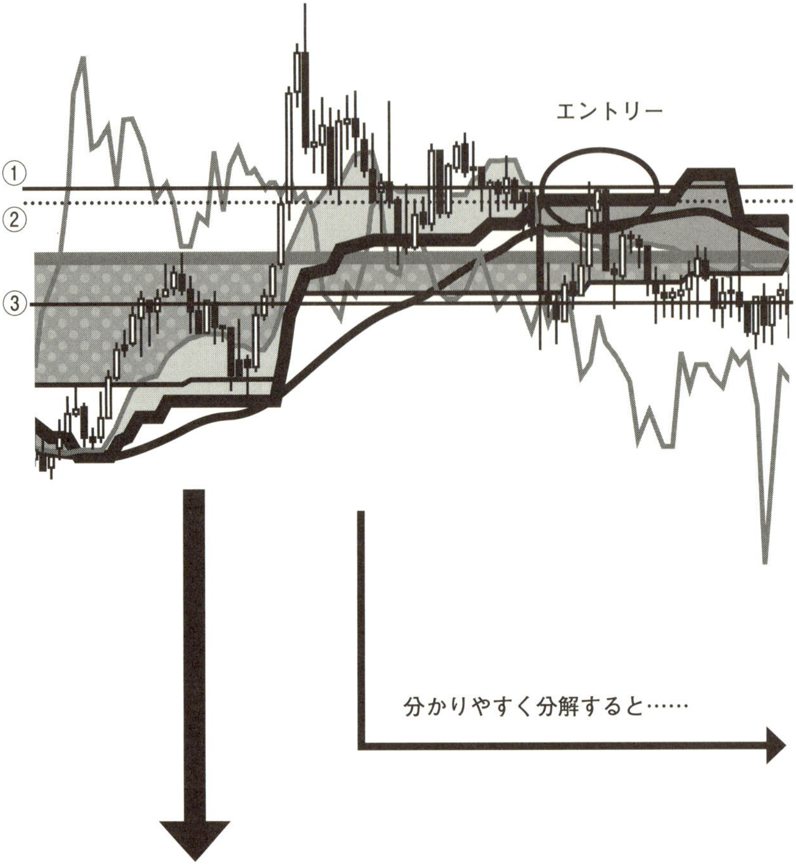

分かりやすく分解すると……

①は５月25日の東京時間高値安値の半値

②は５分足先行スパン２

③５月28日＆２９日の東京時間高値安値の半値（一致）

◆ポンド円　１時間足の雲のみ（５月２９日）

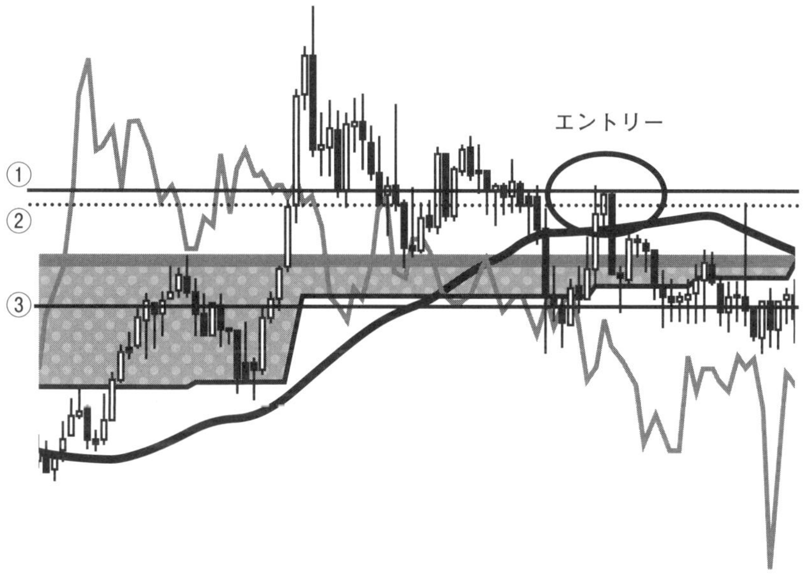

◆ポンド円　５分足の雲のみ（５月２９日）

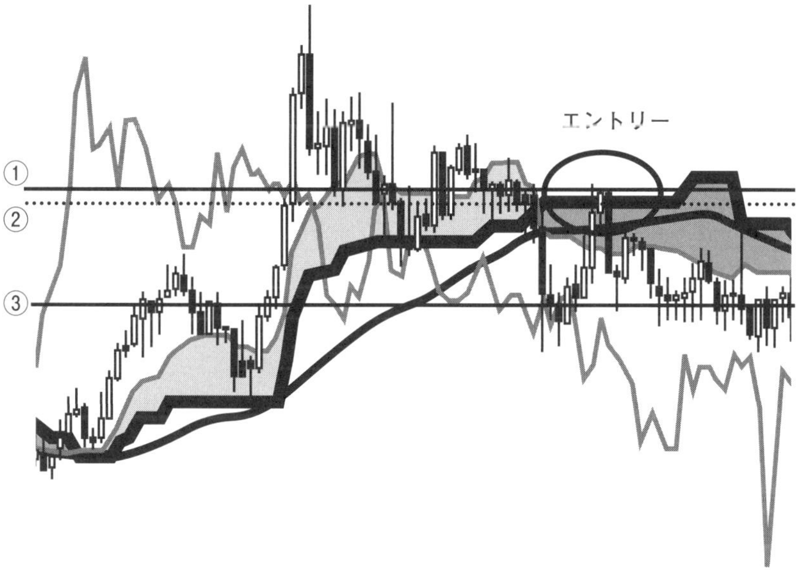

5月25日東京時間高値安値の半値と5分足の先行スパン2が一致しました。1時間足の雲も、5分足の雲も、両方とも陰転した丸囲みのところで売りました。

結果は131ページの通りです。エントリーポイントを起点に大きく下落しています。鉄板パターン3はこのように大きな威力を発揮することが多くなります。

～ポイント～

先行スパン2（1時間足 or 5分足）と東京時間高値安値の半値が一致したときは強いサポート&レジスタンスになる

コラム：東京時間の半値を見るときも雲の色に注意

東京時間の半値と、先行スパン２（１時間足＆５分足）が重なってくると「来たな！」と、気持ちが高ぶってくるかと思います。

でも、こういうときこそ、落ち着いて相場を見てください。浮き足立っていると、例えば、下記のチャートの点線円のところで「上がったレートが下がってきて東京時間の半値と１時間足の先行スパン２が重なってきた、チャンスだ」のような間違いを犯すことになります。

エントリーの基本は、１時間足と５分足の雲の色が同じになったときです。となると、点線円はNGなわけで、実線円のところでエントリーするのが正しい、ということになります。

５分足雲が陽転中のときは陰転中の１時間足先行スパン２を少しブレイクしてから急落することがよくあります。この騙しを克服してくれるのが５分足の雲の色になります。

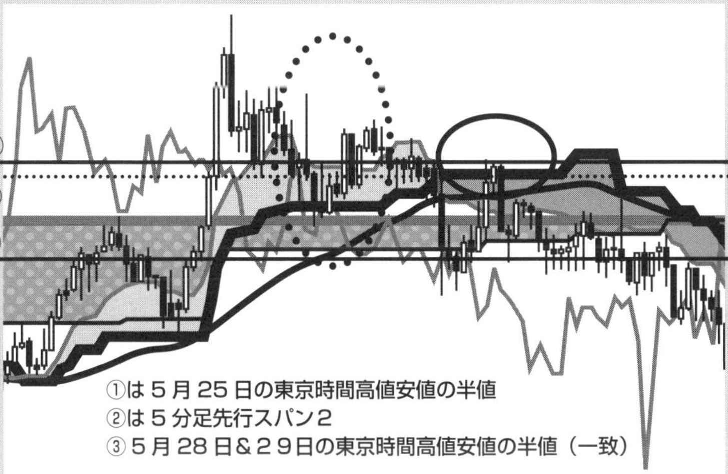

4 先行スパン２とネックラインが重なる ～鉄板パターン４～

※この鉄板パターンは時間軸を限定しません（どの時間軸でも考え方は同じ）

「正確な売買勢力分岐点」は、ほかの「正確な売買勢力分岐点」と一致してくるという特徴があります。その典型的なパターンが**先行スパン２とネックライン（サポートライン＆レジスタンスライン）の重なり**です。これを鉄板パターン４とします。

ネックラインは、言うまでもなく、売買したい人が集まっている明確なポイントといえます。多くのトレーダーが注目しているところに、先行スパン２という売買の勢力ポイントが重なれば、そこから大きな動きが生まれる可能性は高くなります。

次ページのチャートは2012年１月10日の豪ドル円５分足です。実線の部分がネックライン（サポートライン＆レジスタンスライン）で、点線部分が５分足の先行スパン２です。見ると分かるように、完全一致ではありませんが、重なっていると判断できます。この“重なり”が出現した後、相場は勢いを持って上昇しています。

このパターンは上昇相場の初期に出現することが多く、トレンド相場開始の合図とも言えます。

この形は上昇相場の初期に出現するため、５分足が陽転なら、１時間足の雲が陰転中でも買いになります。ただし、薄い雲であることが特徴です。

下落相場の場合も、売りと買いの違いはあれ、考え方は同じです。なお、実際にエントリーするときはローソク足の形も考慮します。

～ポイント～

先行スパン２とネックラインの重なりは注目ポイント

◆豪ドル円５分足　半値（先行スパン２）とネックライン

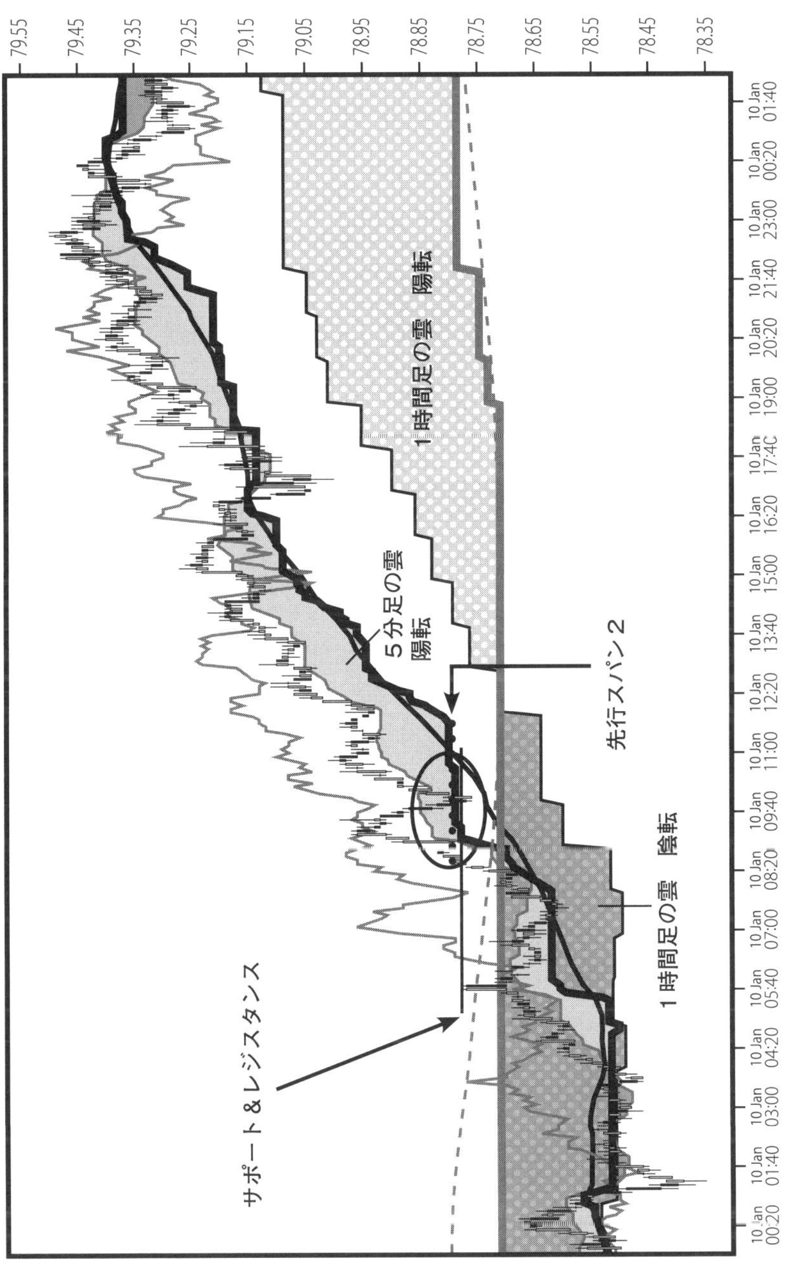

5　先行スパン２と 45 度ラインが重なる ～鉄板パターン５～

※この鉄板パターンは時間軸を限定しません（どの時間軸でも考え方は同じ）

罫線上には、価格（縦軸）と時間（横軸）の情報があります。しかし、相場はそれだけで成り立っているわけではありません。罫線として目には見えませんが、「人気」という情報もあります。

人気がある状態かどうかはローソク足の角度を見ると分かります。**人気があるときは上昇角度が 45 度、もしくは 67.5 度になることが多くなります。この状態になったときに、先行スパン２を確認し、一致していれば、ローソク足の形を見ながらエントリー**します。これが鉄板パターン５です。

具体的に説明します。次ページを見てください。2012 年 1 月 10 日の豪ドル円５分足です。上昇角度が 45 度のライン（斜線）と５分足の先行スパン２（横線）が交わっています。このように、直近安値から上昇角度 45 度ラインと先行スパン２がタッチしたところで買われるとトレンド相場開始の合図になります。ということは、ここでエントリーできると初動をつかめることにもなります。

鉄板パターン５では、雲の色は重要視しません。ここで覚えてほしいことは、45 度ラインと先行スパン２（半値）、67.5 度ラインと先行スパン１が一致したところは売買ポイントになる、ということです。

～ポイント～

◎直近安値から４５度の上昇ラインと先行スパン２がタッチしたところで買われると上昇トレンド開始の合図

◎直近高値から４５度の下降ラインと先行スパン２がタッチしたところで売られると下落トレンド開始の合図

◆豪ドル円５分足　半値（先行スパン２）と 45 度ライン

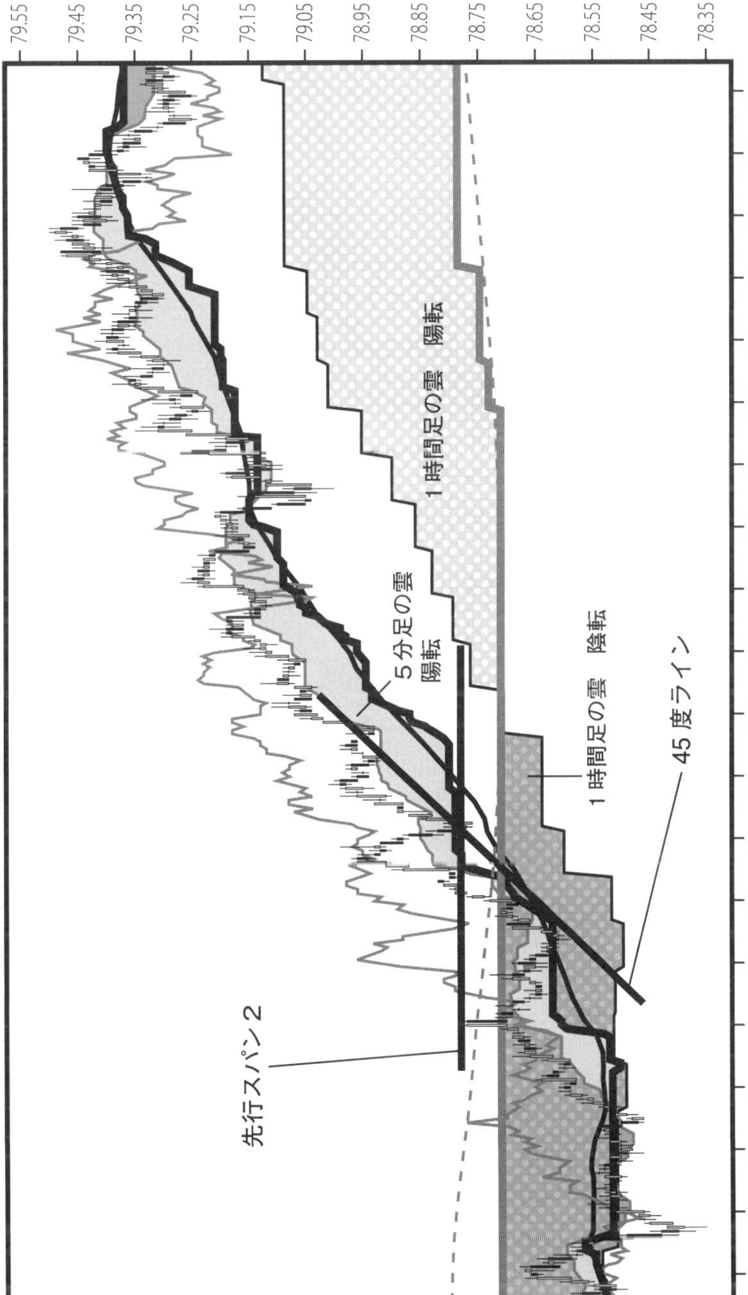

6 トレンドの把握にMAを使い、売買には雲を使う〜鉄板パターン6〜

※この鉄板パターンは時間軸を限定しません（どの時間軸でも考え方は同じ）

半値トレードで利益を出しているトレーダーの多くが「kumo_mtf_.ex4」を利用したマルチタイムフレーム雲にMAを加えて売買をしています。

例えば、MA 52とEMA 20がゴールデンクロスすると相場が上昇中なのが分かります。とはいえ、相場が上昇したからゴールデンクロスしたわけで、売買とは関係がありません。

ゴールデンクロス、デッドクロスでトレンドの把握はできますが、一方で半値のような売買勢力分岐点がないため、どのポイントで売買をすればよいのか分かりません。

そこで、**「相場は大きく動く前に値幅が収束する」という性質を利用**します。例えば、買いの場合には、まずMAが収束したことを確認し、MA 52とEMA 20がゴールデンクロスした後、陽転中のまっすぐな先行スパン2へのタッチで売買します。こうした売買を鉄板パターン6と呼んでいます。

次ページのチャートは2012年5月16日ポンド円の5分足です。丸印で囲んだところを見てください。今まで広がっていたMAやEMAが一気に収束しています。こういうところに注目します。その後、四角で囲んだ5分足の先行スパン2へタッチし、きれいに上昇トレンドを描いています。

〜ポイント〜

移動平均線の動きを売買勢力分岐点として捉えることも有効である

◆トレンドの把握にMAを使う

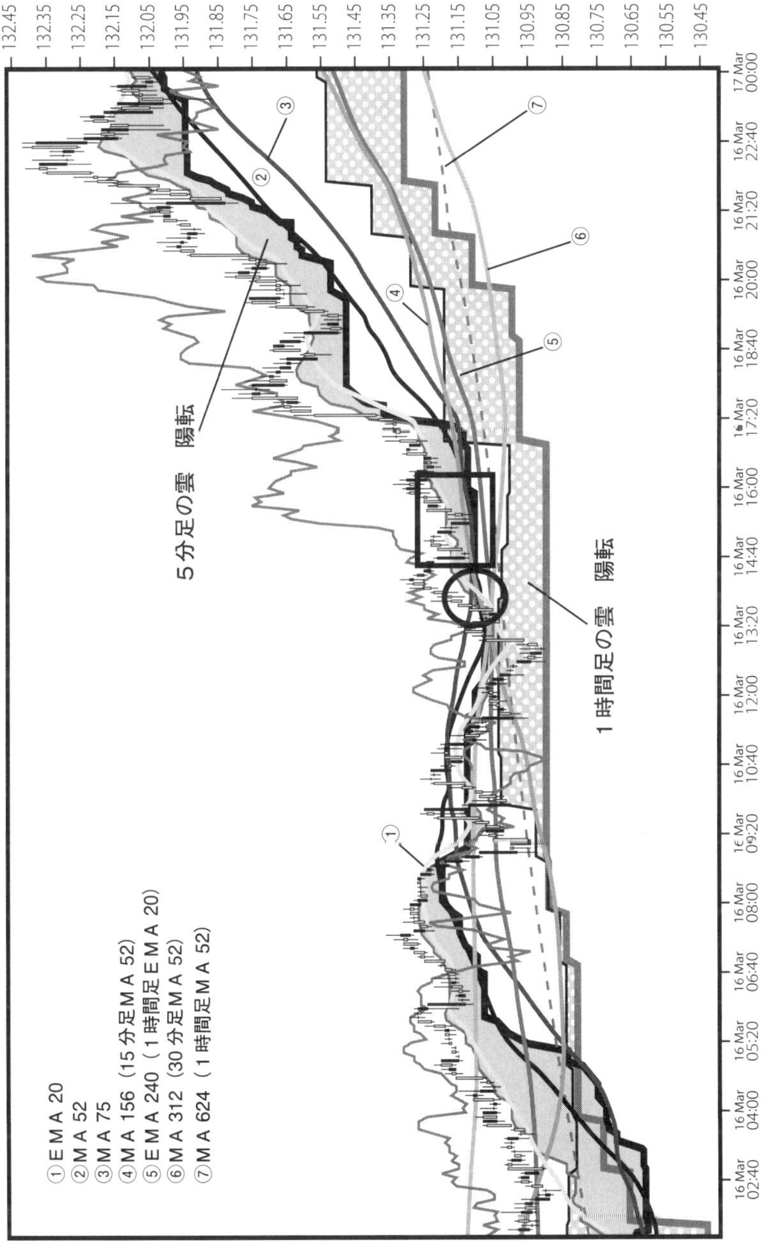

コラム：移動平均線に注目した正しい根拠のある売買

ＭＡを使って、上昇相場＆下降相場を考えてみましょう。

先行スパン２が「52」ですので、雲使いにはＭＡ 52 が必要不可欠です。ＭＡ 52 と人気のあるＥＭＡ 20 を使い相場を見てみましょう。

例えば、ＭＡ 52 とＥＭＡ 20 がデッドクロス（あるいはゴールデンクロス）した後に、５分足のまっすぐな先行スパン２へのタッチ＋ローソク足の形で売買すれば、それは正しい根拠のある売買になることが多いです。

東京時間高値安値の半値についても同じ考え方が通用します。ＭＡ 52（次ページのグレーの線）とＥＭＡ 20（次ページの黒い線）がデッドクロスした後に東京時間高値安値の半値で売買すれば正しい根拠のある売買ができます。

次ページを見てください。丸印のところでＭＡ 52 とＥＭＡ 20 がデッドクロスしています。その後、下落し、再び上昇したローソク足が①の線（５月 25 日の東京時間高値安値の半値）と②の線（５月 28 日の東京時間高値安値の半値）のところにタッチ後、再下落しています。

東京時間が上げた日はロンドン時間（16 時近辺から）は下げることが多い。東京時間が下げた日はロンドン時間（16 時近辺から）は上げることが多いという、為替相場独特の値動きに注目することが大事です。

◆デッドクロス後の先行スパン２にタッチ

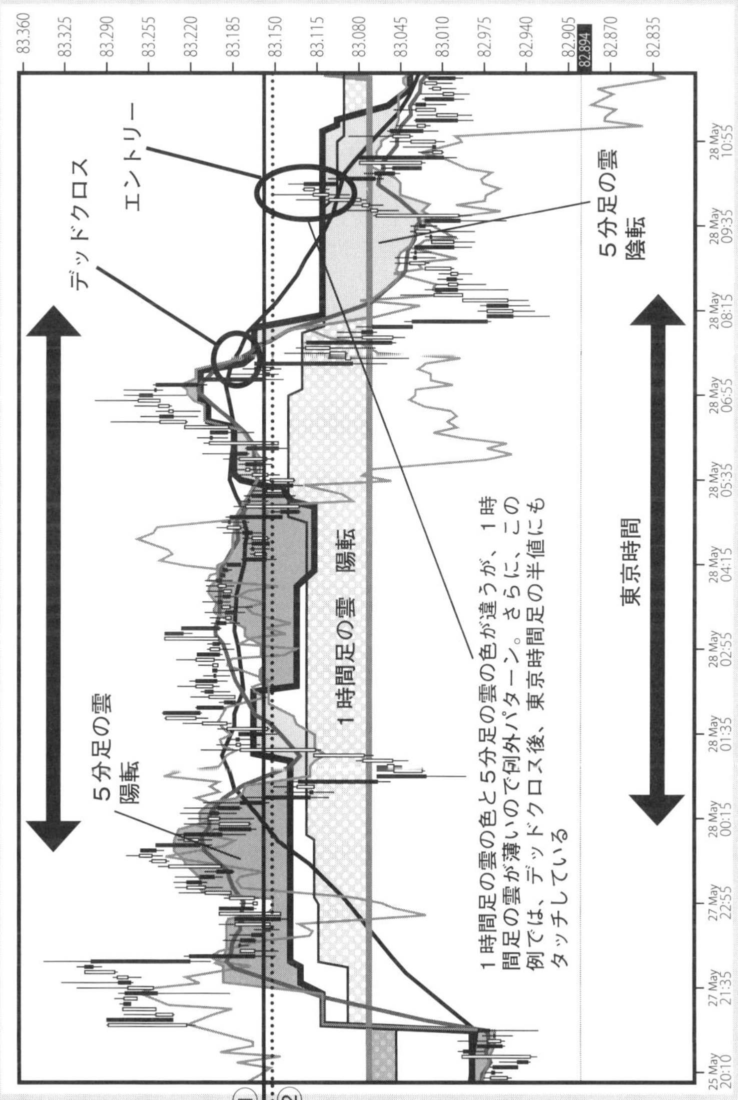

7 半値持ち合いを利用した売買手法 ～番外編～

この原稿を執筆している現在（2012年7月10日）、為替市場で神がかり的に当たりまくっている売買手法があります。それを番外編として紹介します。

過去2週間分の東京時間高値安値の半値が集まってきたら、これから紹介する売買手法に全神経を集中させてみてください。

まずは過去2週間分の東京時間高値安値の半値が近くにある場所に注目してください。分かりやすい例を紹介します。次ページのチャートは2012年5月25日21時35分のポンド円5分足です。

5月24日東京時間高値安値の半値と5月25日東京時間高値安値の半値が接近しています（次ページ上段）。その接近した半値間で持ち合いになるところを待ちます。半値間で持ち合いになっている場所を探します。

しばらくすると、高値が25日東京時間高値安値の半値で安値が24日東京時間高値安値の半値になっている持ち合いが出現しました（次ページ下段）。さらに時間が経過すると、ローソク足が25日東京時間高値安値の半値を超えていきます（147ページ上段）。このパターンが出現すると、高い確率で次に来る売買パターンを予測することができます。

まずは、25日東京時間高値安値の半値を超えてから高値をつけるまでの値幅に注目します。25日東京時間高値安値の半値は124.77です。5月24日東京時間高値安値の半値は124.55です。23時ちょうどに124.90をつけて下げています。高値は124.90でした。

ということは、25日東京時間高値安値の半値である124.77を超えてから高値（124.90）までの値幅は13pipsだったとわかります（124.90 − 124.77 = 13pips）

この25日東京時間高値安値の半値を超えて、高値をつけた時点ま

◆ポンド円５分足①

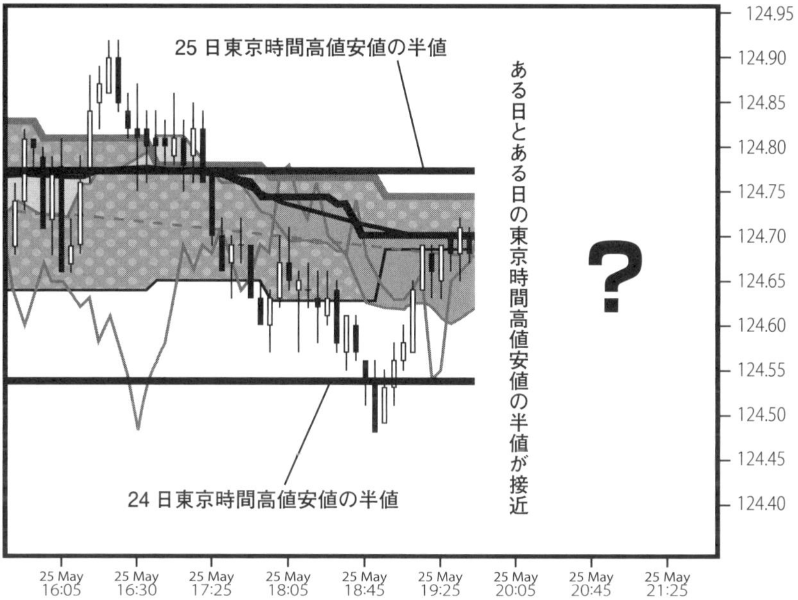

◆ポンド円５分足②

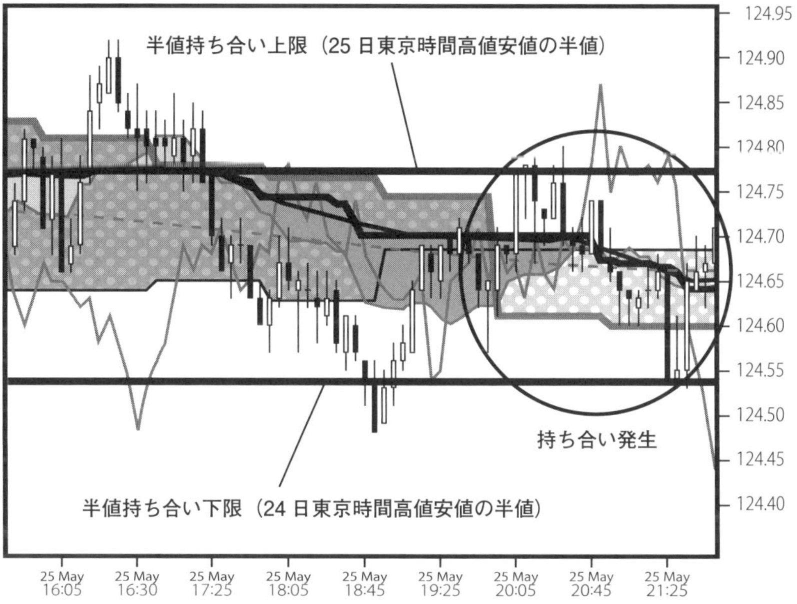

での pips 数（この場合は 13pips）が肝になります。24 日東京時間高値安値の半値と関連付けると、次の安値が予想できるのです。

先ほどの例で見てみましょう。結論から言うと、次の安値は５月 24 日東京時間高値安値の半値よりも下に 13pips 行ったところ、つまり「124.55 － 13pips」になるであろうことが予測できます。具体的に言えば、次の安値は 124.42 であろうという目処がつきます。

147 ページ下段はその後の値動きになります。この時の様子はＦＸ勉強会で生中継しました。神がかっていますね（笑）。

まとめます。**ある半値とある半値の間をレートが行ったり来たりしている状態のときを、便宜上、「半値持ち合い」**と呼びます。

この形になったときには、半値持ち合いの上限（または半値待ち合の下限）をレートが突破するまで待ちます。そして、半値持ち合いの上限（または半値待ち合いの下限）を突破したら、以下の手順でエントリーしていきます。

【半値持ち合いの上限を突破した場合】

①半値持ち合いの上限を突破した場合は高値をつけるまで待つ

②高値をつけたら、半値持ち合いの上限からの値幅を調べる

③「②」で調べた値幅分だけ、半値持ち合いの下限を下に突き抜けると予測しておく。仮に、「②」で 20pips の値幅があったのなら、半値持ち合いの下限から 20pips 下のところが次の安値になると予測できる

④「③」で予測した安値になるまで待つ。安値になったらここでドテンの「買い」を入れる

【半値持ち合いの下限を突破した場合】

①半値持ち合いの下限を突破した場合は安値をつけるまで待つ

②安値をつけたら、半値持ち合いの下限からの値幅を調べる

◆ 20120526 ポンド円５分足③

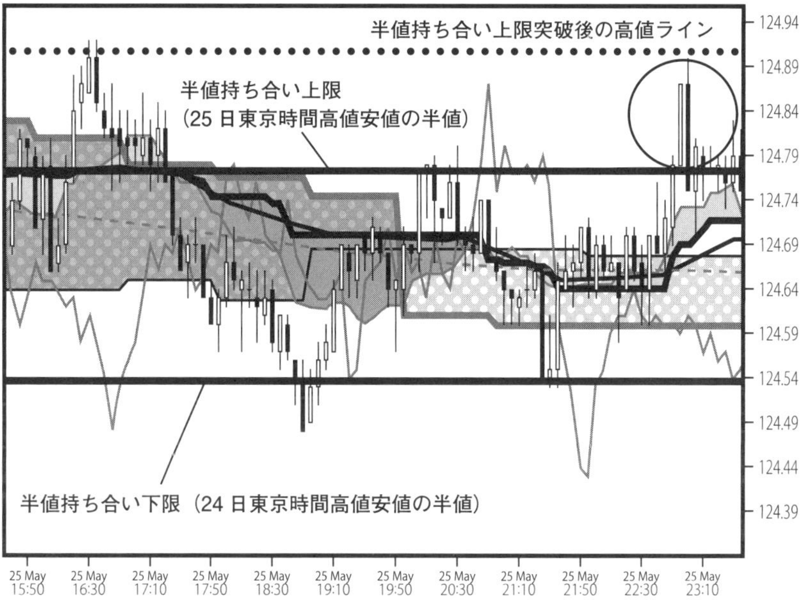

◆ 20120526 ポンド円５分足④

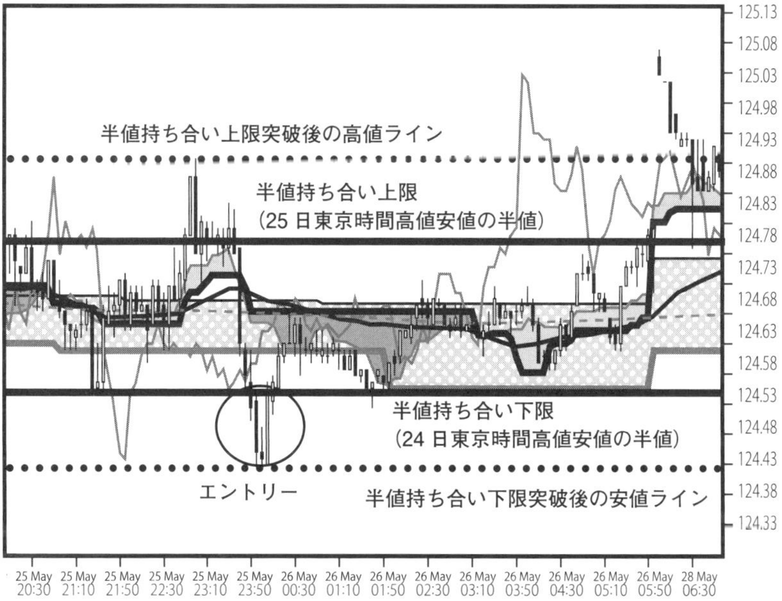

③「②」で調べた値幅分だけ、半値持ち合いの上限を上に突き抜けると予測しておく。仮に、「②」で 20pips の値幅があったのなら、半値持ち合いの上限から 20pips 上のところが次の高値になると予測できる

④「③」で予測した高値になるまで待つ。高値になったら、ここでドテンの「売り」を入れる

半値持ち合いの素晴らしいところは、このように次の高値（もしくは安値）が予測しやすいところにあるのです。

ここでひとつ、面白い特徴を伝えておきます。それは、半値持ち合いはまず「ある日の東京時間高値安値の半値」と「ある日の東京時間高値安値の半値」の間で必ず始まることと、半値持ち合いが始まった次の日からは「ある日の東京時間半値」と「東京時間高値」の間の持ち合いのように、必ずしも半値間同士の持ち合いにはならず、重要な節目間で持ち合うこともあるという話です。私が検証したところでは、半値持ち合いになりやすい節目として、以下のものが挙げられます。

①東京時間高値安値の半値

②東京時間高値近辺

③東京時間安値近辺

④東京時間始値近辺

⑤東京時間終値近辺

⑥月曜日の始値（今週初めの５分足高値安値）
週末の終値（先週最後の５分足高値安値）

⑦先行スパン２

また、ポンド円で半値持ち合いになると、次の日は豪ドル円で半値持ち合いになるなど、１週間ほど続くことも多いのです。

半値持ち合いは、原稿執筆時点で私が一番気に入っている手法です。

ただ、どんな手法にも言えることではあるのですが、気をつけなければいけないことがあります。それは、半値持ち合いを一度突破すると、その後、値動きは拡大傾向になるということです。

例えば、半値持ち合いの上限を突破して、高値をつけた後で下落し、半値持ち合いの下限を突破して安値をつけたとします。ここで、「安値をつけたから上昇し、再び前回の高値あたりで止まるだろう」と目処をつけて、狙ったレートでエントリーしてしまうと、その後、思わぬ値動きの広がりに巻き込まれる恐れがあります（下記のイメージ参照）。

ですから、基本は、ひとつの周期（例：半値上限突破→高値をつける→半値下限突破→安値をつけるなど）が終わったら、その直後は無理にエントリーせずに様子を見るようにします。

最後に、150ページから154ページにかけて、半値持ち合いの流れをイメージ図でまとめておきます。

◆値動きが拡大していくイメージ

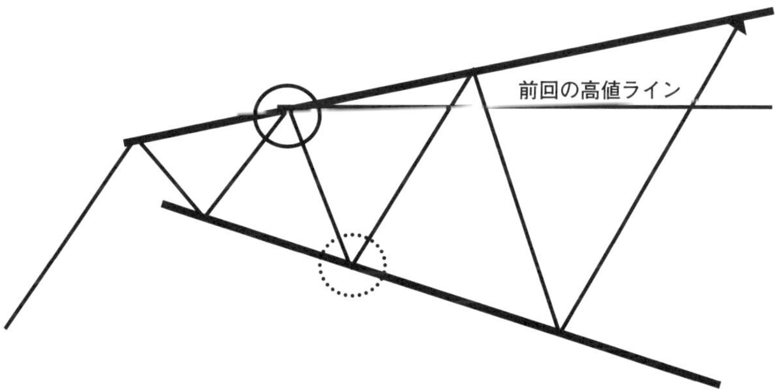

半値持ち合いを突破したあとは、値動きが広がっていく傾向がある。「安値（点線円）をつけたから前回の高値（実線円）ラインあたりでまた戻すだろう」と思ってエントリーしてしまう（この例の場合は売り）と、思わぬ値動きに巻き込まれる恐れがあるので注意が必要！

◆半値持ち合いの流れ　その１◆

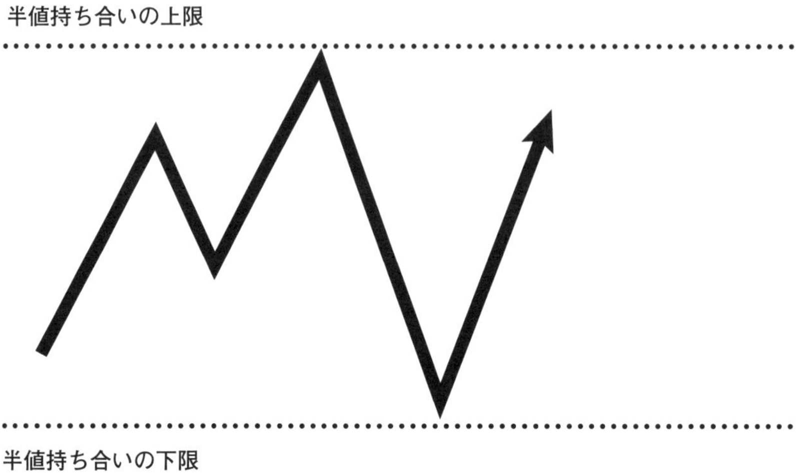

ある半値とある半値が近くにあり、さらにその間をレートが行ったり来たりしている＝半値持ち合いの完成

注）150ページから154ページまでの「流れ」は、半値持ち合い→半値持ち合いの上限を突破→高値をつける→半値持ち合いの下限を突破→安値をつける→エントリー→決済を説明したものです。

言うまでもなく、この逆のパターンもあります。その場合は、半値持ち合い→半値持ち合いの下限を突破→安値をつける→半値持ち合いの上限を突破→高値をつける→エントリー→決済の流れになります。

◆半値持ち合いの流れ　その2◆

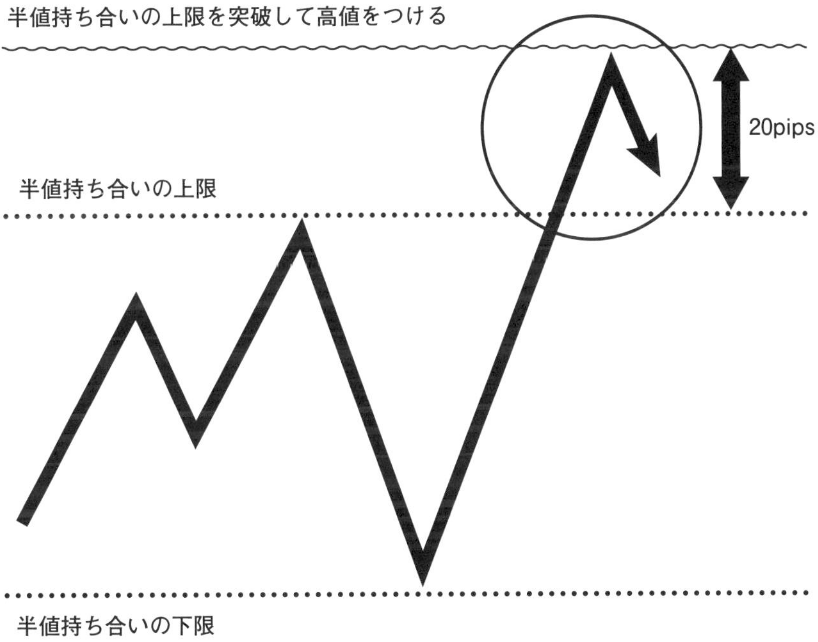

しばらくすると、半値持ち合いの上限をレートが突破し、高値をつける。高値をつけたら、半値持ち合いの上限からの値幅を計算する（この例の場合は 20pips）

◆半値持ち合いの流れ　その3◆

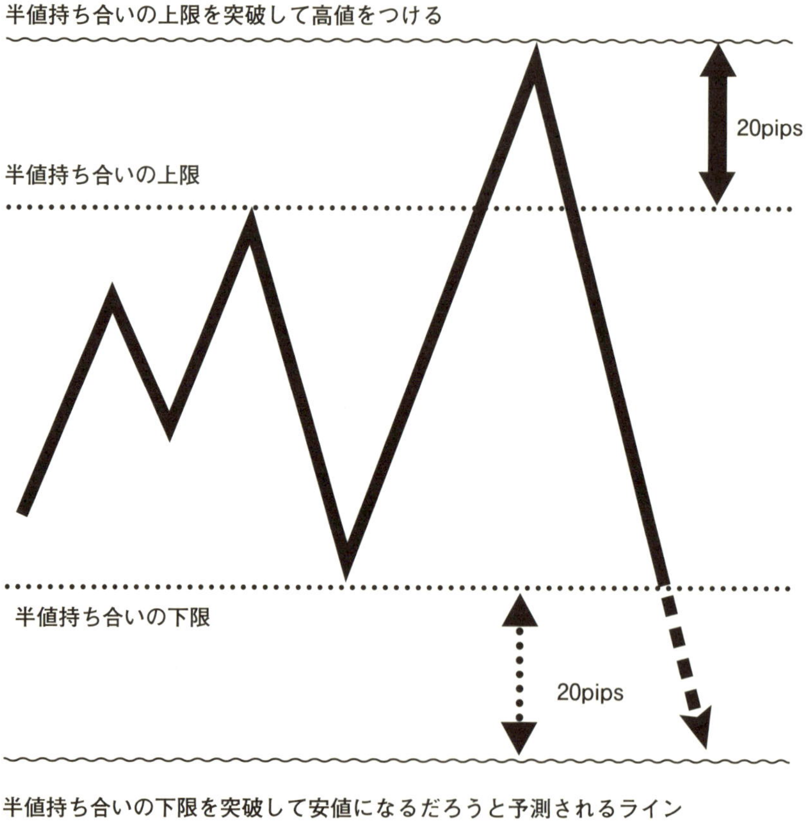

半値持ち合いの上限から高値までの値幅を参考にすると、次の安値のレートの予測がつく。この例の場合は、半値持ち合いの下限から20pips下に下がったところあたりが安値になるのではないかと予測できる

◆半値持ち合いの流れ　その4◆

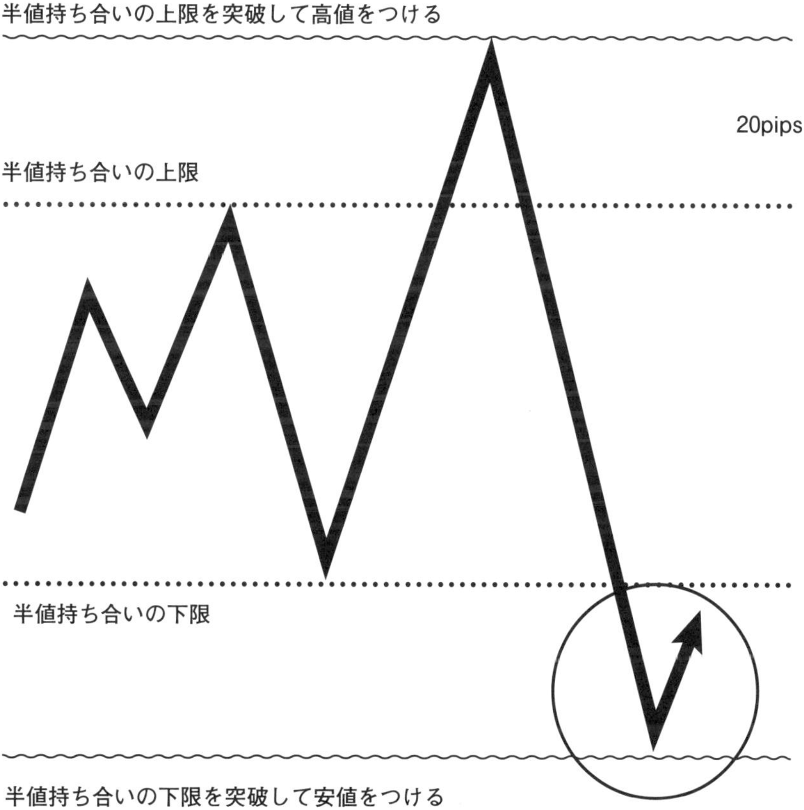

予測した地点までレートが下がり、安値をつけたら、買いでエントリーする

◆半値持ち合いの流れ　その5◆

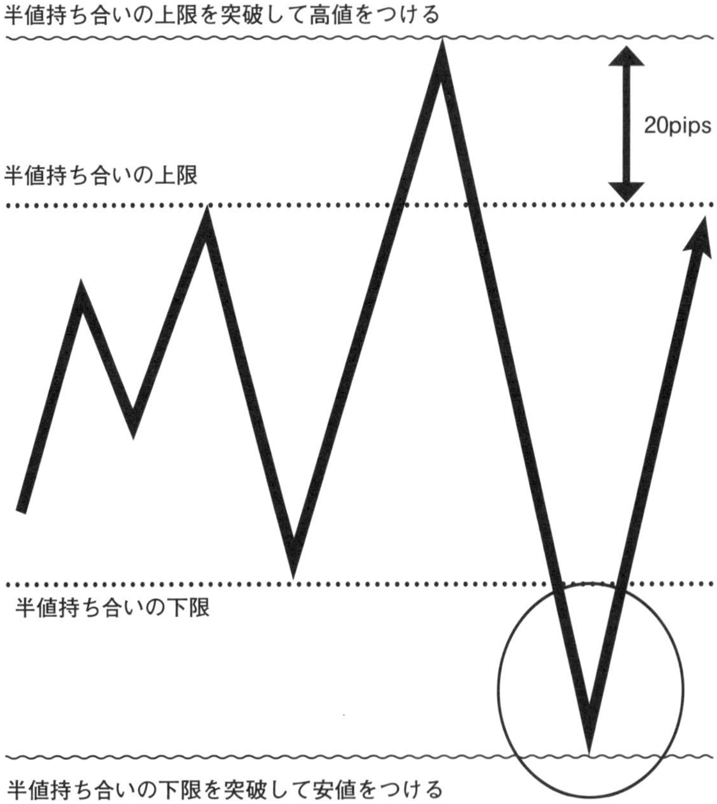

丸囲みで作ったポジションは半値持ち合いの上限で利益確定するようにする。ロスカットについてはエントリーポイントから 10pips 逆行したところに設定する

◆半値持ち合い　注意点◆

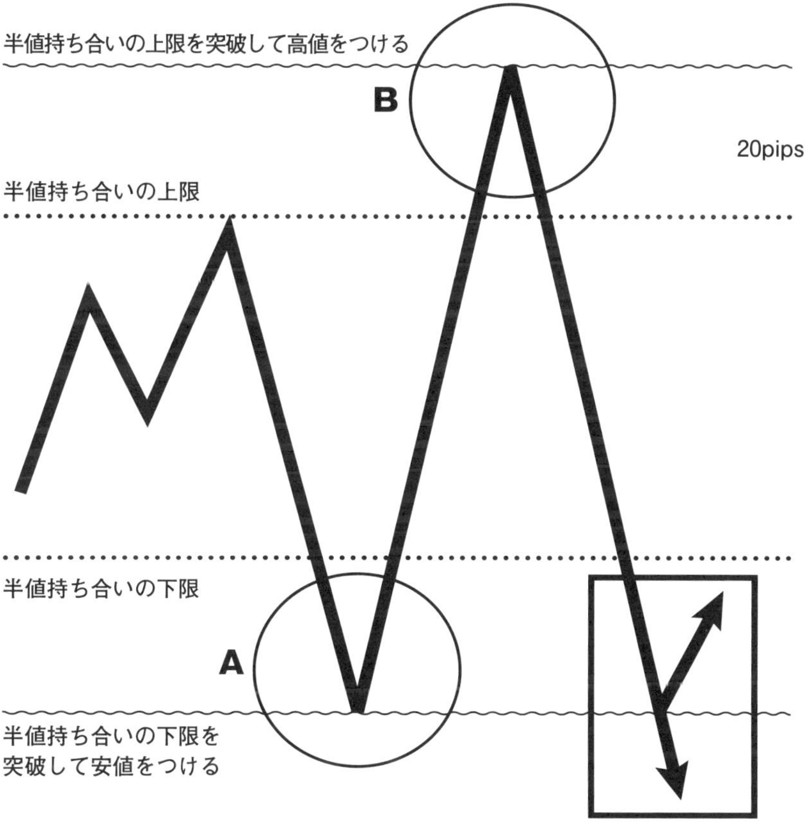

半値持ち合いの下限を突破して安値をつけ（実線円A）、その後、半値持ち合いの上限を突破して高値をつけている（実線円B）ので、ひとつの周期が完了している。したがって、四角で囲んでいるところまでレートが下がってきても、安易に買いエントリーを入れるのは危険（どちらに動くかは不明）

◆これは半値持ち合い完了ではない◆

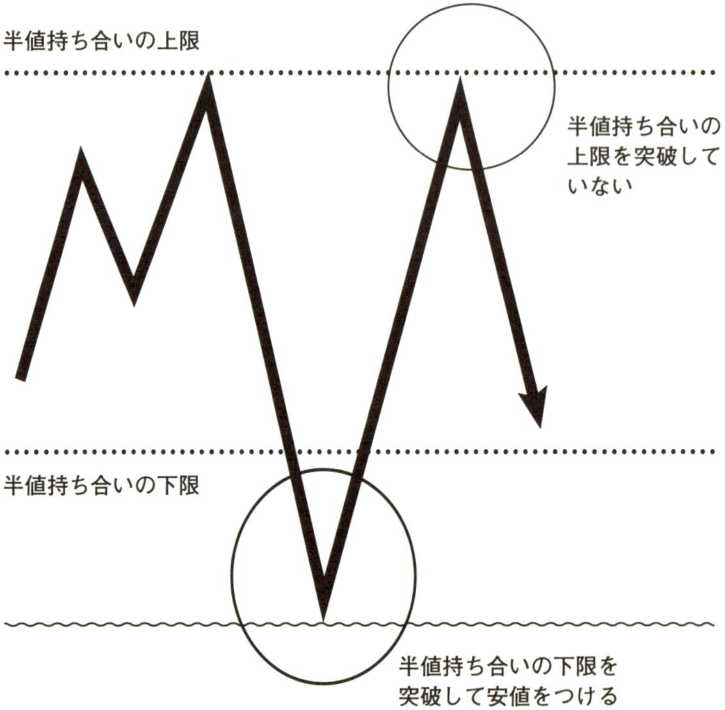

半値持ち合いの下限を突破して安値をつけてはいるものの、
半値持ち合いの上限を突破して高値をつけてはいないので、
まだひとつの周期が終わったとは言えない

第4章

半値トレード

——売買日誌——

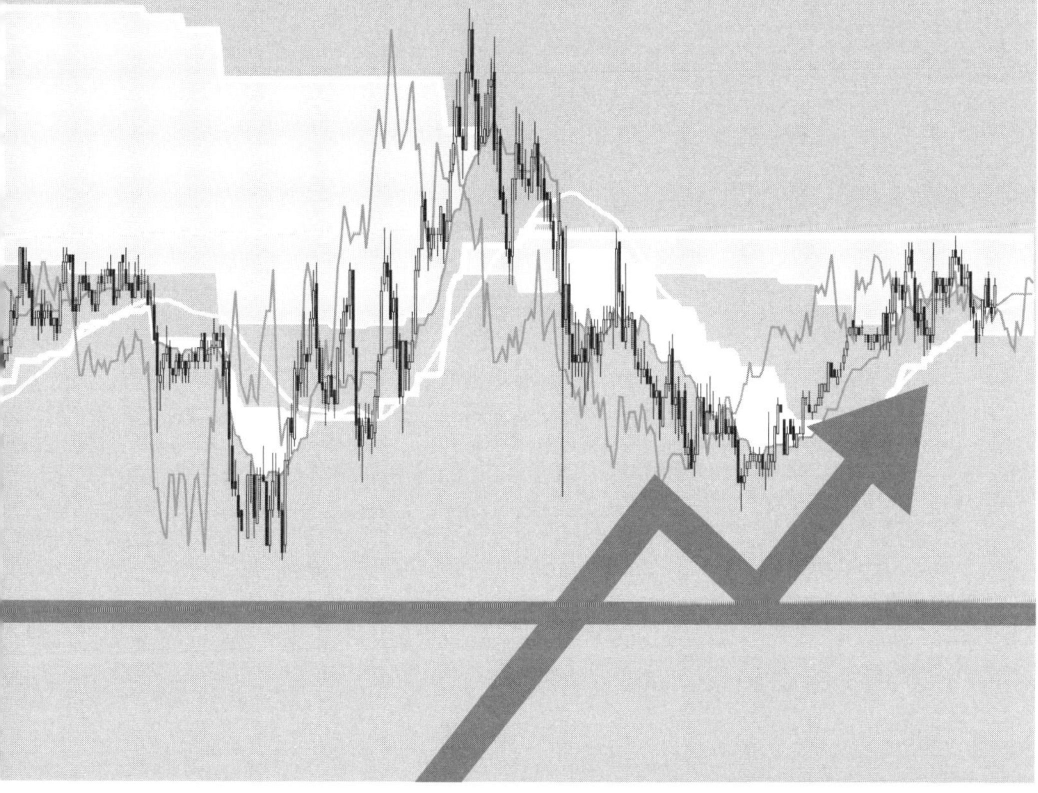

1　2012年6月25日のトレード日誌

豪ドル円とユーロ円に鉄板パターン1が登場！

6月25日月曜日の朝8時。私はモニターの電源を入れ、豪ドル円とユーロ円のチャートを開きました。

私には、「今週は下げる」という予感がありました。例えば、豪ドル円。9時～17時の東京時間足で見ると、6月20日水曜日と6月21日木曜日に空いていた窓を6月22日の金曜日に大きな上ヒゲで埋めていました。しかも、そのときのローソク足の形はトンボ（相場転換に出る足型）でした。こういう形になると「下げる」ことが多くなるのです。

さて、そんな思いを抱きながらチャートを見ていたところ、豪ドル円とユーロ円にて、陰転中の1時間足の先行スパン2と陰転中の5分足の先行スパン2（注：5分足の先行スパン2については、特に断りがない場合は「まっすぐ」が前提です）が重なりました。7時35分に長い上ヒゲをつけていました。鉄板パターン1です（159ページと161ページの太い四角枠）。

さらに、豪ドル円に至っては21日の東京時間高値安値の半値と陰転中の1時間足の先行スパン2が一致していました。この場合は、5分足の雲が陰転したら売りになります（ダブル陰転）。陰転するまでは様子見です。

それにしても、月曜日の朝から“下げが来る”とは思っていませんでした。下落するとしてもロンドン時間16時からと思っていましたので、残念ながら、鉄板パターン1が出現したときはまだチャートを見ていなかったのです。豪ドル円、ユーロ円ともに一番良いところを見逃しました。

そこで、しばらく静観することに……。すると、豪ドル円にレート

◆豪ドル円５分足

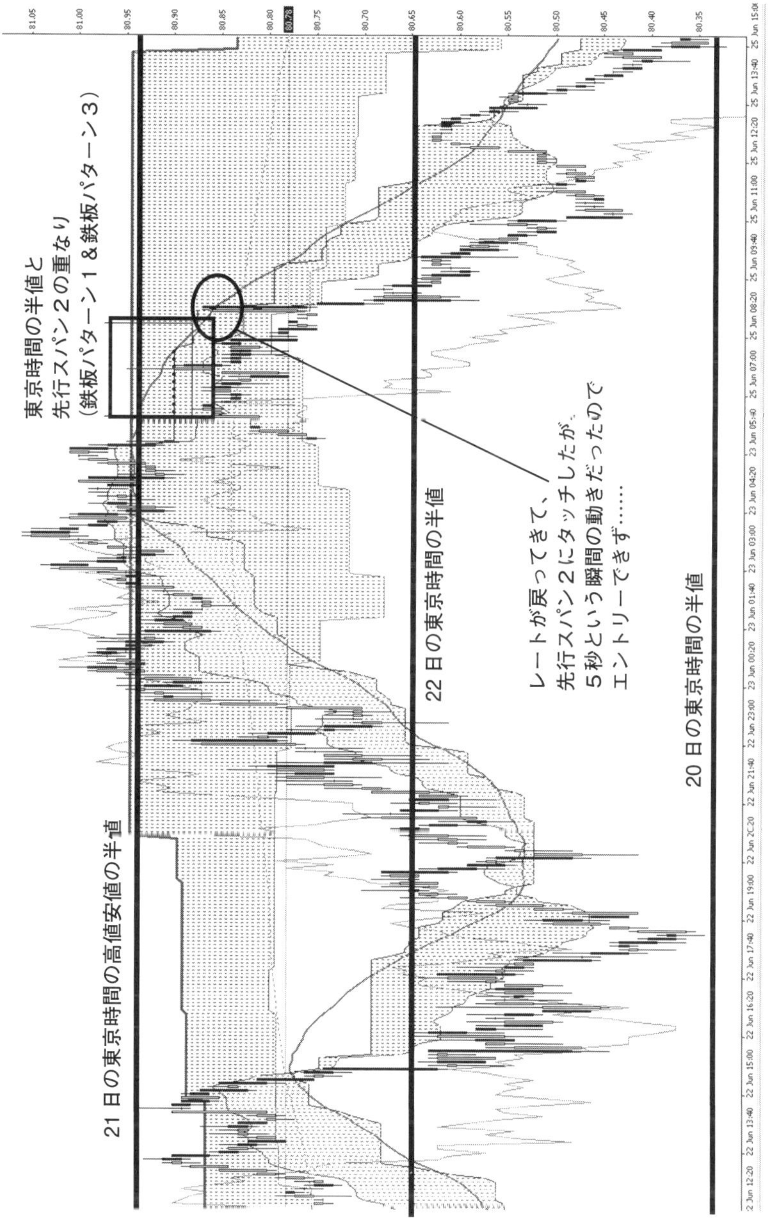

東京時間の半値と
先行スパン２の重なり
（鉄板パターン１＆鉄板パターン３）
21日の東京時間の高値安値の半値
22日の東京時間の半値
レートが戻ってきて、
先行スパン２にタッチしたが、
５秒という瞬間の動きだったので
エントリーできず……
20日の東京時間の半値

が戻りつつある動きが見られました。私は心の中で叫んでいましたね、「もう一度、５分足の先行スパン２まで上昇してくれ！」と。

９時。私の願いが通じたのか（笑）、なんと豪ドル円は５分足の先行スパン２まで上げてきてくれました。「来たぞ〜」と思いました。しかし、９時の時点での５分足の先行スパン２タッチは５秒ほど。動きが早すぎます。これではポジションメイクできません。結局、豪ドル円はノーポジションのままです。

そこで、ユーロ円のほうを見てみると、長時間にわたり、先行スパン２で止まっていたので、あわてて飛び乗りました。

この鉄板パターン１の後に鉄板パターン２を形成してくることがよくあります。下記は、上記パターンの出現に際してブログに書いた内容になります（2012年6月25日10時36分）。

これから鉄板パターン２を形成してくると思います。鉄板パターン２とは１時間足の雲が陰転中＆５分足の雲が陰転中の５分足のまっすぐな先行スパン２で売りのエントリーをすることです。豪ドル円とユーロ円はここで売りたいと思います。

鉄板パターン２でのエントリーを考えていたため、ポジションを保有中のユーロ円については「早めに利益確定しておこう」という考えがありました。なぜなら、このときの鉄板パターン２は「ダブル陰転を確認したうえでのまっすぐな５分足の先行スパン２での売り」という、下落トレンド中の一時的な戻りを狙うことが前提になっていたからです。簡単に言えば、今のレートよりも少し戻ったところでのエントリーになる、ということです。

狙い通り今よりも戻ってしまえば、逆に利益（含み益）が減ってし

◆20120625 ユーロ円５分足

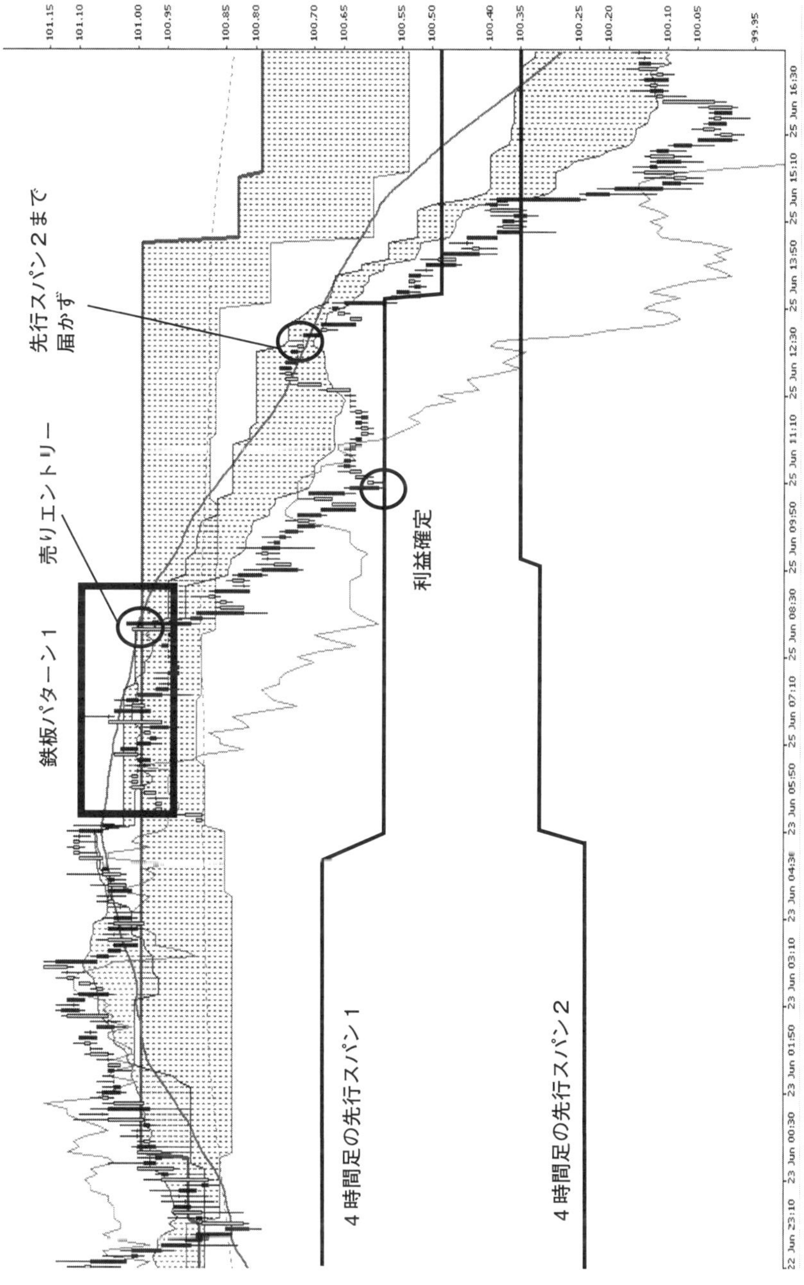

まいます。ですから、その前に決済したほうが得策ではないかと思ったのです。

そこで、4時間足の先行スパン1で今のポジションを利益確定することに。先週もこのパターンだったので妙な自信がありました。なお、このときポジションを持っていなかった豪ドル円については、鉄板パターン2になるのを待つだけでした。

その後、読み通り、まず豪ドル円で鉄板パターン2が出現しました。さらに、1時間足の雲が陰転中で、同じく陰転中の5分足の先行スパン2と、22日の東京半値が一致しました。12時55分に売りでエントリーします。

このときの豪ドル円の売買を初心者の方にも分かりやすく見せるためにオシレーターを付けて見てみましょう。

私のブログをご覧いただくと分かると思いますが、以前は遅行線を表示していませんでした。理由はモメンタムを表示していたからです。

モメンタムの数式：M＝A－An

※A＝当日の終値

An＝n日前の終値

世界一簡単な数式のテクニカル指標です。「モメンタムが0を下から上に抜けたときは買い」「モメンタムが0を上から下に抜けたときは売り」になります。

仮に、モメンタムのパラメーターが26日で、0を下から上に抜けたときは、26日前の終値より当日のローソク足の終値のほうが上に抜けたということになります。つまり遅行線と同じ意味になります。

◆最終的な豪ドル円の動き

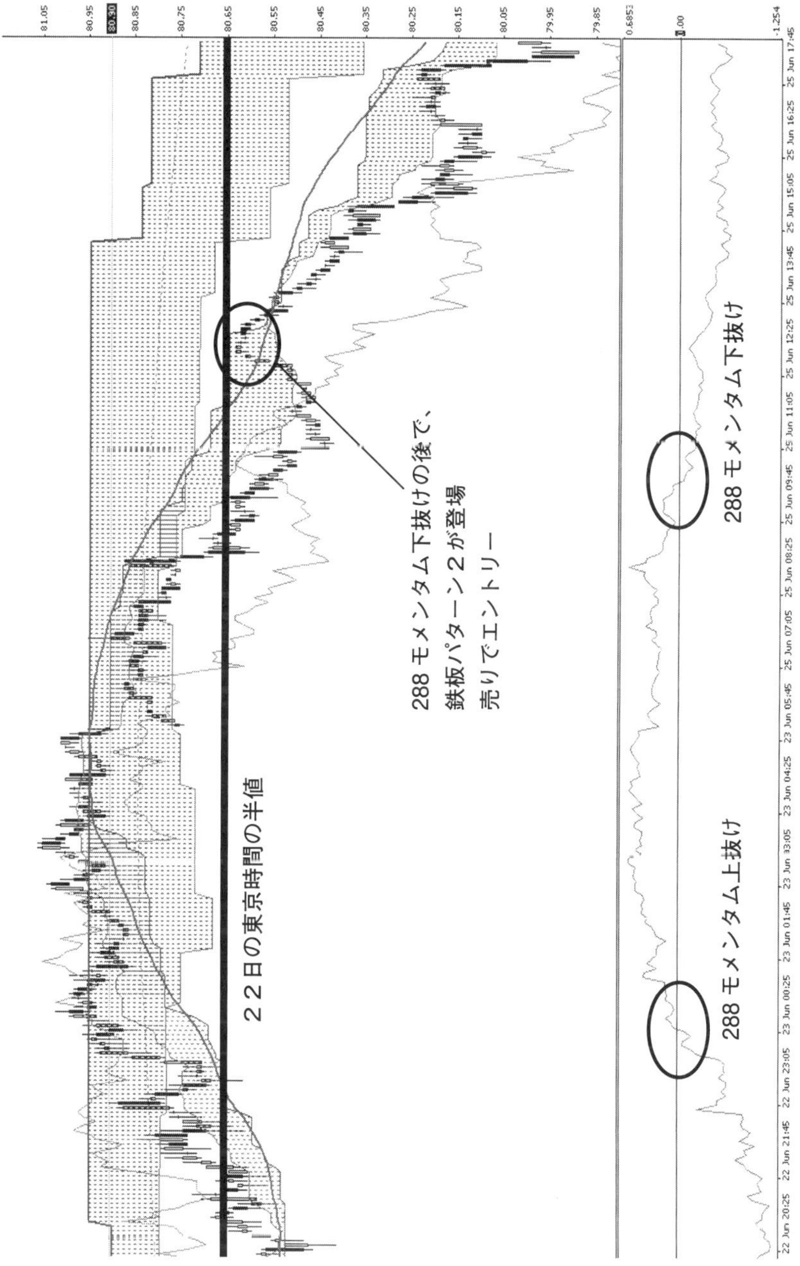

モメンタムは傾きという意味になります。０に到達する地点が傾きで予測できるので相場が大きく動く地点が予測できるのです。価格（レート）に先行して反転する性質もあります。次ページのチャートはリーマンショック後の暴落からのポンド円東京時間足です。これを見てもわかるように、モメンタムの動きは価格の動きに先行しています。

また、モメンタムの０地点と先行スパン２は一致することが多くなります。166ページのチャートは2012年７月５日ポンド円５分足です。

余談ですが、モメンタムが先行して０を上に抜けると、次の先行スパン２タッチは上に抜ける可能性が高くなります。

私が好きなモメンタムは５分足で「21」「26」「52」「288（１日前）」などです。どれも相場との相性は抜群です。

288 × 5分足＝ 1440 分　1440 ÷ 60 分＝ 24 時間

288モメンタムは一日前の終値と現在の終値を比較していることになります。そのため、288モメンタムが0を上から下に抜けたら売り勢力が強くなったと見ることができます。

288モメンタムが0を上から下に抜けた後の最初の半値戻し（先行スパン２タッチ）は高い確率で売られることが予測できます。いつも通り、ここで売りました。このときに１時間足の雲が陰転したばかりだと最高です。

最終的に豪ドル円は、大きく下げていきました（163ページ参照）。今回の例は鉄板パターン２がきれいに決まったのでモメンタムを見なくても迷いが生じることはほとんどありませんが、ケースによっては、仮に鉄板パターンが出ても「どうかな？」と躊躇する場面がやはり出てきます。そのときに、ポンと背中を押してくれるのがモメンタムなのです。普段、メタトレーダー上に表示していませんが、判断に迷ったときには「補足情報」として確認するようにしています。

◆モメンタムと価格の動きの関係

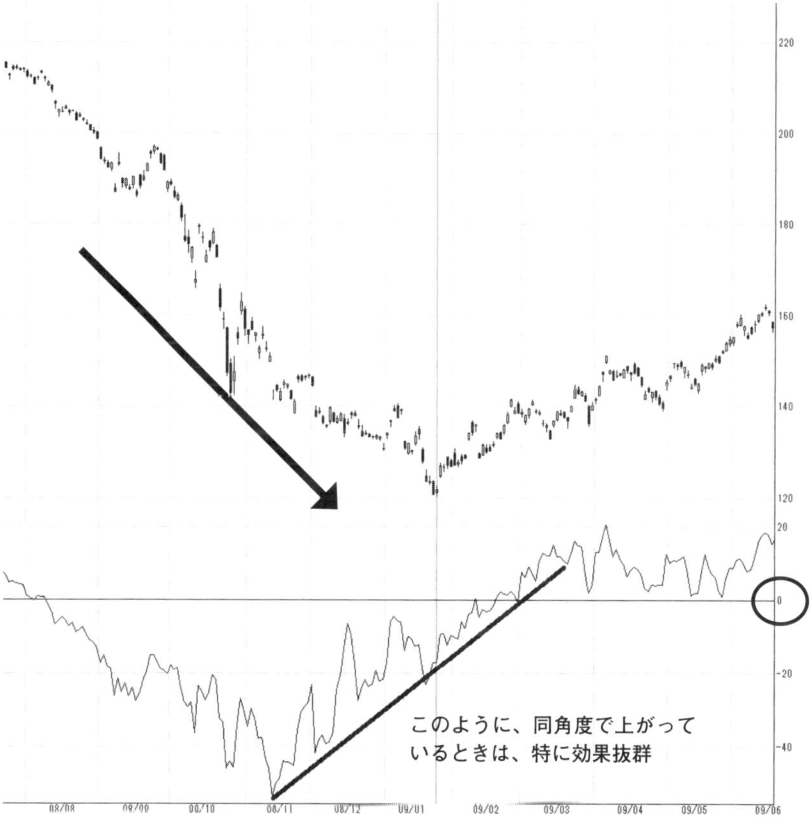

価格はまだ下げているが、モメンタムは「0地点」に向けてすでに右上がりになっている。このように、モメンタムには価格に先行する性質がある

◆モメンタムと先行スパン２の関係

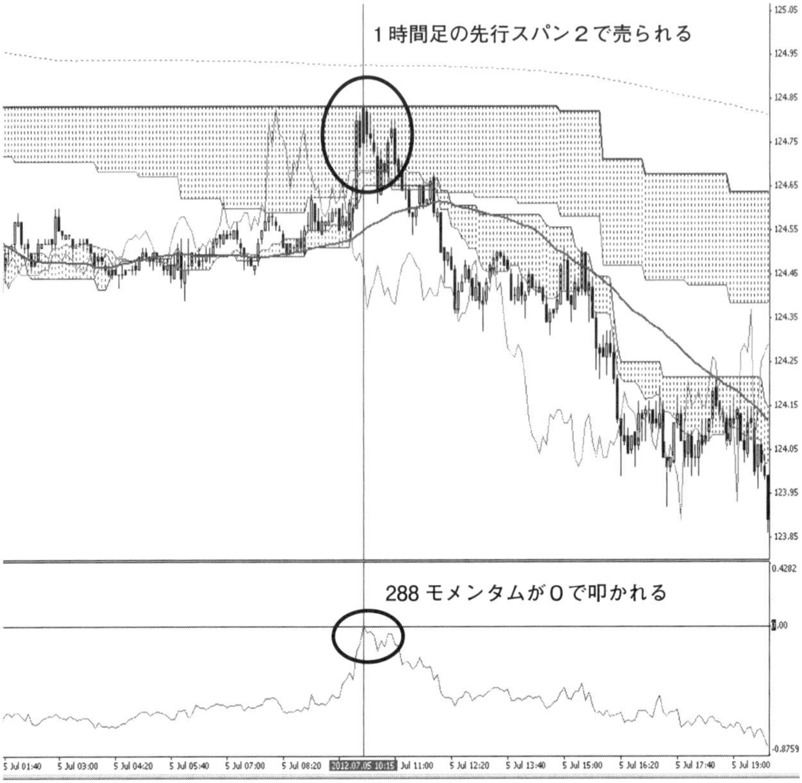

先行スパン２で売られるポイントと
モメンタムの０地点は一致することが多い

モメンタムは世界一簡単なテクニカル指標ですが、遅行線と同じように神秘的とも思えるほど感動せずにはいられない現象がよく出ます。一度研究する価値があると思っています。

さて、一方、先ほど利益確定したユーロ円はどうかというと、５分足の先行スパン２手前で切り返して下げてしまいました……（161ページ参照）。結果的には、利益確定をしないでポジションを保有したままのほうが良かったということになります。でも、これは、今までの経験も加味した自分のストーリーにのっとって行ったトレードですので良しとします。

ポンド円では月曜日 GAP 下限が節目

６月25日はポンド円も見ていました。私のＦＸブログでは、ポンド円の月曜日ＧＡＰ検証を120週間、１週も休まずに検証しています。ひとつのことを検証しつづけているといろいろな発見があってとても面白いです。

ここで検証しているのは月曜日ＧＡＰだけではありません。月曜日の始値が安値になるパターンと月曜日の始値が高値になるパターンも調べています。その後の値動きを後追いし、リポート＆レジスタンスとしてどのように機能したかを検証しています。

ポンド円の月曜日ＧＡＰ検証115週目の６月25日、月曜日ＧＡＰ下限が１時間足の先行スパン２と一致しました（次ページ参照）。過去の検証結果から、今日はここが節目（売買ポイント）になりそうな予感がしていました。

チャートを見ていると、節目を下抜けしたレートが戻り始めました。そこで、節目とほぼ一致した13時９分に売りを入れました（169ページ参照）。東京時間は下げていたので、ロンドン時間から１時間足の先行スパン１くらいまでは戻すと思い、17時00分に利益確定しました。

◆ポンド円月曜日ＧＡＰ①

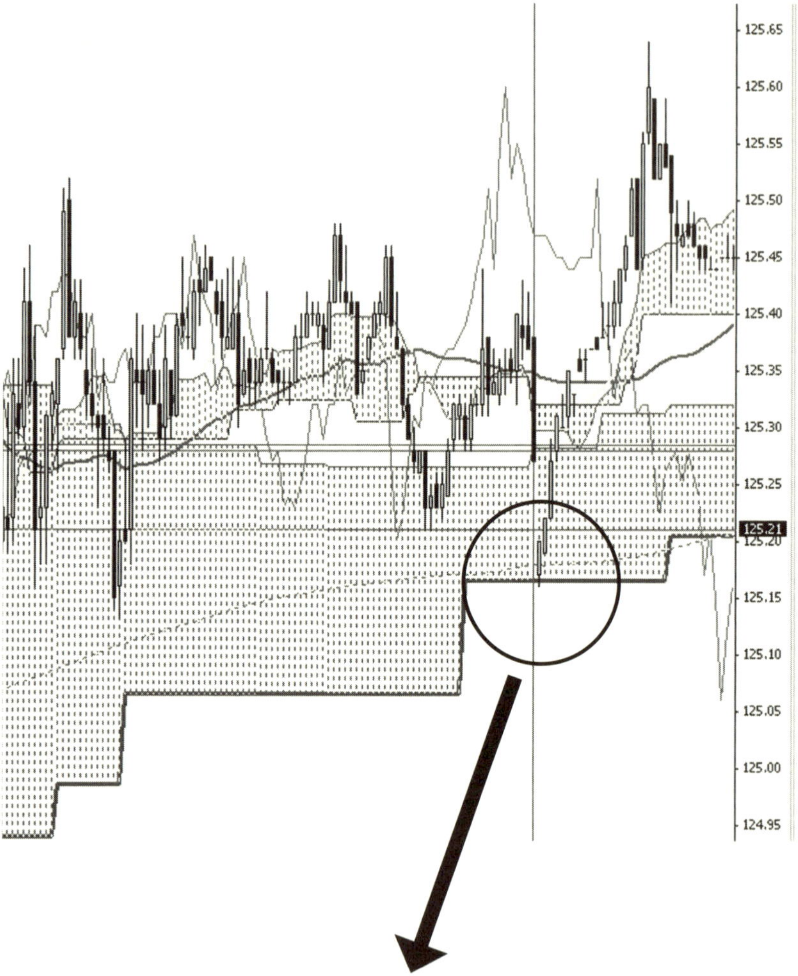

月曜日ＧＡＰ下限が１時間足雲下限と一致

◆ポンド円月曜日ＧＡＰ②

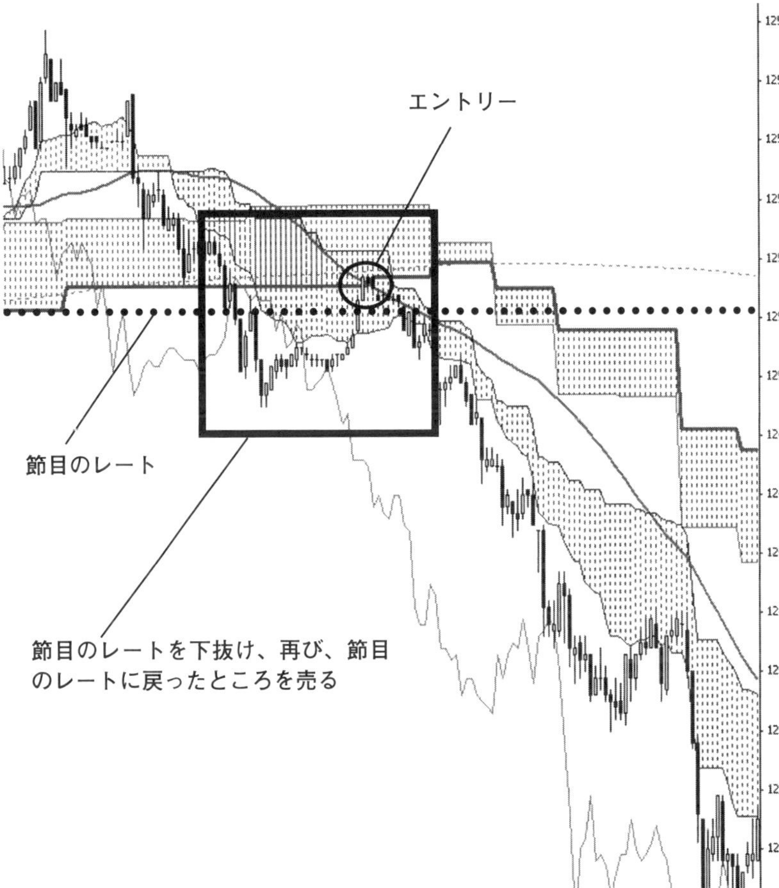

2　2012年7月2日のトレード日誌

今日の節目のレートは月曜日 GAP 下限だ

月曜日ＧＡＰの検証では、月曜日の始値、つまり初めのローソク足（高値でも安値でもＯＫ）か、週末金曜日の終値、つまり最後のローソク足（高値でも安値でもＯＫ）が直近の高値安値になり、その後にサポート＆レジスタンスとしてどのように機能するかを調べています。今週は月曜日ＧＡＰ 116 週目の検証になります。

７月２日のお昼にブログに書いたポンド円の月曜日ＧＡＰ検証 116 週目に、参考資料として先週 115 週目の月曜日ＧＡＰパターンも貼っておきました。先週のチャートを貼った意味に気づいてくれた方はいつも同じところで売買している同志だと思っています。

さて、先週同様、週末最後の５分足の安値と５分足の先行スパン２が 125.13（少しの誤差はＯＫ）で一致しました。今週前半は 125.13 がサポート＆レジスタンスとして機能する確率が高くなります。

半値持ち合いを狙う

その後、しばらくチャートを見ていると、17 時 45 分と 18 時 15 分に、注目していた 125.13 のレートでほぼ誤差０銭で売られました。

先週、東京時間高値安値の半値間で持ち合う「半値持ち合い」があったので、チャートの形を見たとき、私は今日も「半値持ち合いになっているな」と気づきました（148 ページ参照）。

そこで、2012 年７月２日 21 時３分、アンディのＦＸブログに、以下のような、安値を予測するような記事を書きました。

◆月曜日GAP下限と５分足の先行スパン２が一致

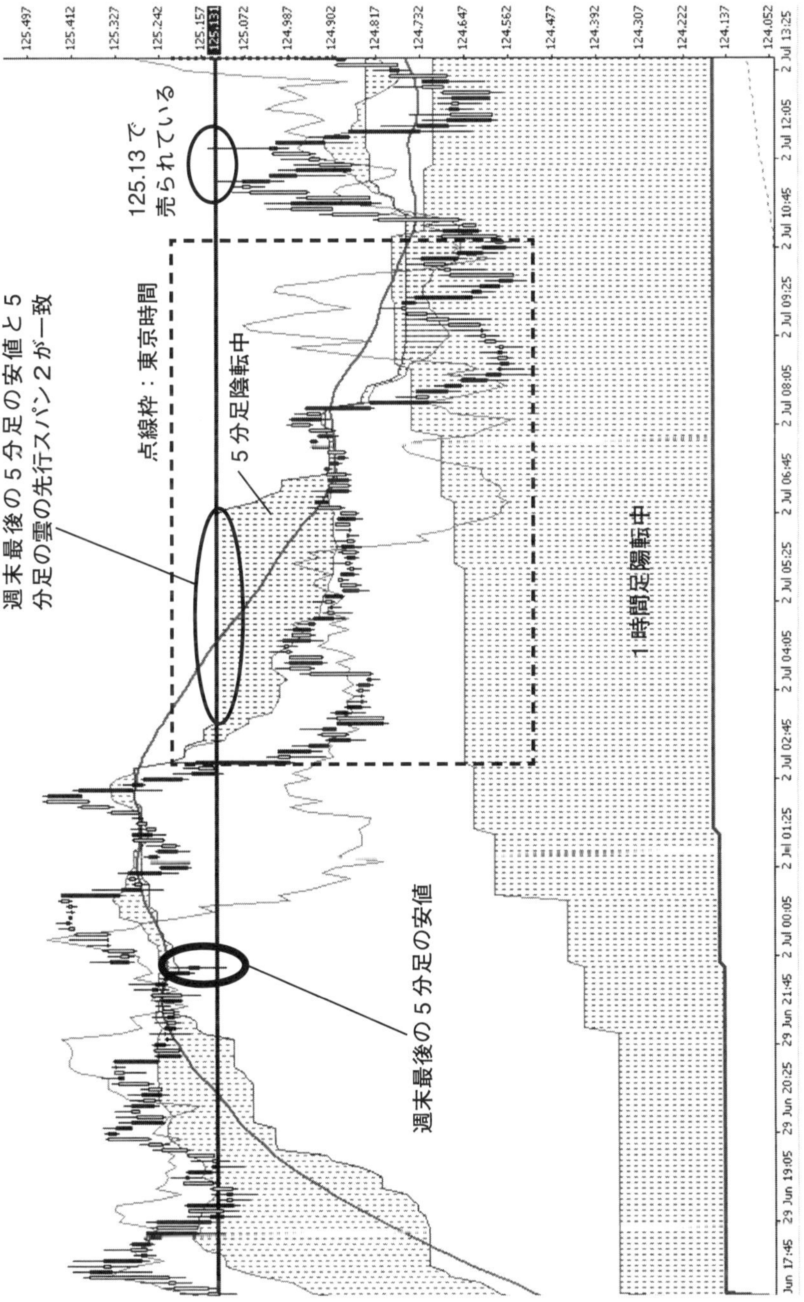

◆半値持ち合い

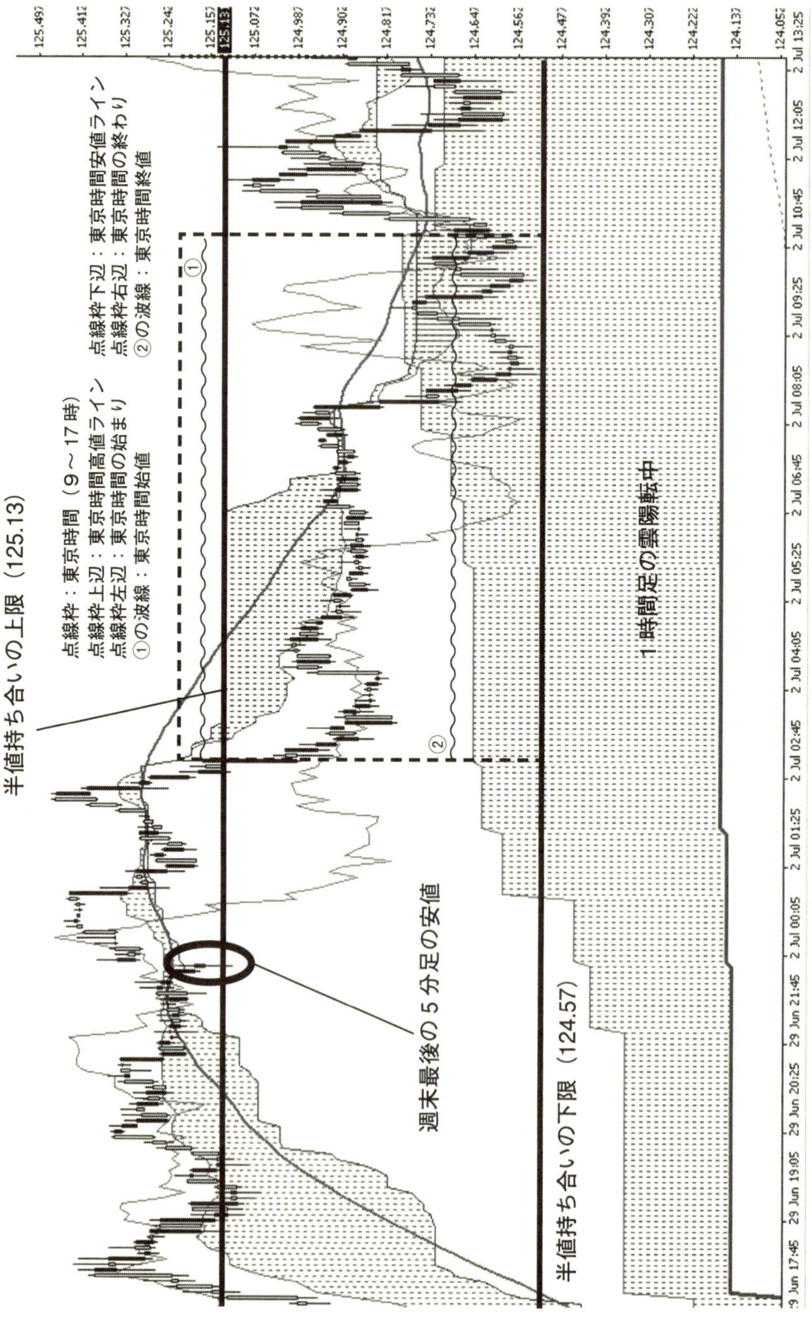

半値持ち合いの上限（125.13）
点線枠：東京時間（9～17時）
点線枠上辺：東京時間高値ライン
点線枠左辺：東京時間の始まり
①の波線：東京時間始値
点線枠下辺：東京時間安値ライン
点線枠右辺：東京時間の終わり
②の波線：東京時間終値
週末最後の５分足の安値
半値持ち合いの下限（124.57）
１時間足の雲陽転中

ポンド円は 125.13 から 124.57 間の半値持ち合いを形成しています。125.13 を少し超えたところで売りを入れようか考えています。しかし、1時間足の雲陽転中、5分足の雲陽転中です（174 ページの四角枠）。

おそらく、これから半値持ち合いの上限を突破してくると思います。安全な売買をするなら 125.13 を超えた値幅Aを確認してから（もし 125.33 まで上げたらAは 20pips）、半値持ち合いの下限 124.57 まで下げるのを待って「124.57 －A」で買うのが安全です。

今回は先週末最後の5分足の安値と7月2日の5分足先行スパン2が半値持ち合いの上限に、7月2日の東京時間の安値が半値持ち合いの下限になっています。

さて、半値持ち合いになっていることが確認できたら、すべきことはひとつです。半値持ち合いの上限もしくは半値持ち合いの下限をレートが突破するまで待ちます。

148 ページにも書いたように、半値持ち合いになりやすい節目として、以下のものが挙げられます。

①東京時間高値安値の半値
②東京時間高値近辺
③東京時間安値近辺
④東京時間始値
⑤東京時間終値
⑥月曜日の始値（今週初めの５分足高値安値）
週末の終値（先週最後の５分足高値安値）
⑦先行スパン２

◆半値持ち合い　絶好の買い場

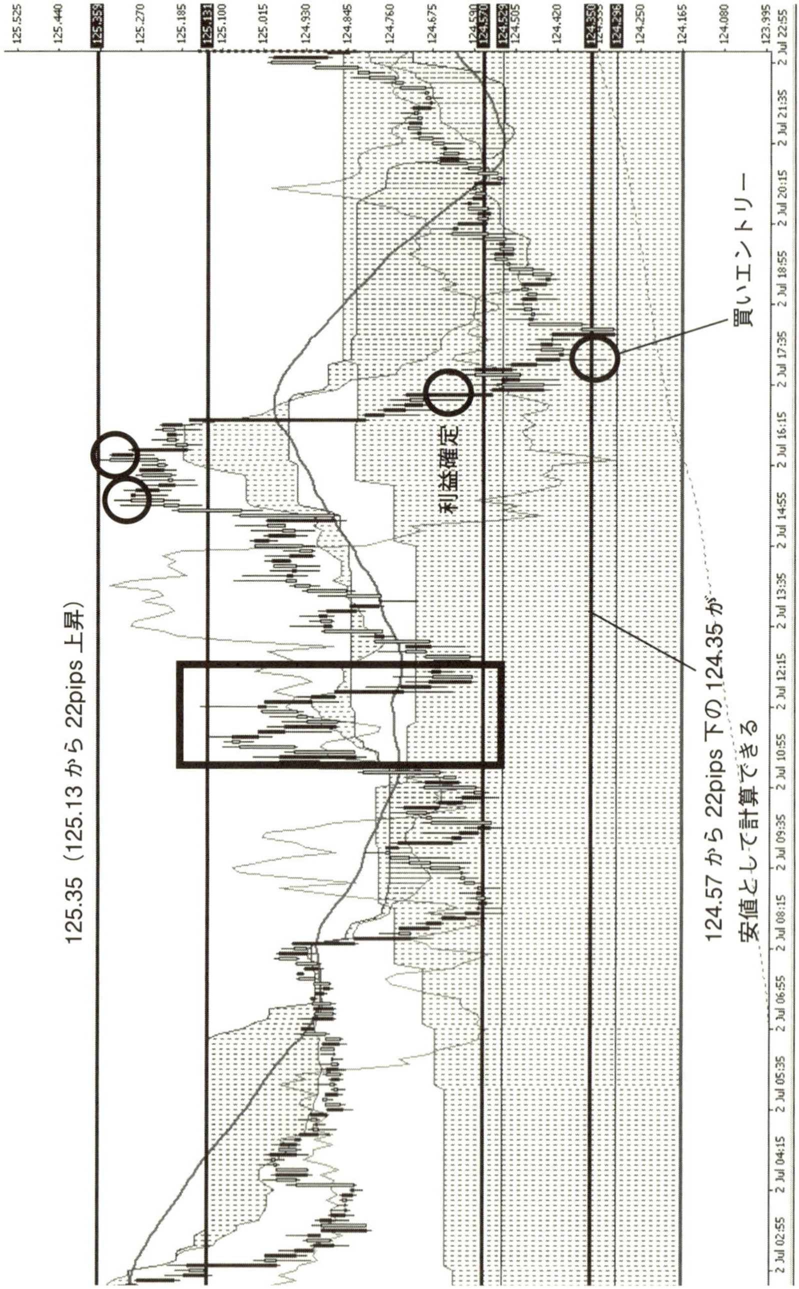

どちらを抜いてくるのか、しばらく待っていると、ブログに書いたことが起こりました。半値持ち合いの上限をレートが突破したのです。

すると、ブログに書いた125.33あたりで「ドーン」というイメージの上ヒゲが出たので、125.33で21時43分、44分、22時25分に売りました。高値は125.35でした。ブログに書いた「A」は125.35－125.13＝22pipsになります。

ということは、買い場は半値持ち合いの下限から22pips下のところになりそうだと予測できます。具体的には、124.57－0.22（22pips）＝124.35あたりが安値になるのではないかと考えました。

罫線の動きは経済指標に先行します（注：半値持ち合いは経済指標の動きを特に狙っている手法ではありません。半値間に見られる普通の値動きを狙っています。なお、指標売買については初心者は慣れるまで手を出さないほうが安全です）。23時発表の6月ISM製造業景況指数は50を割り込み（49.7）、ポンド円は急落しました。大陰線が続けて出現、長い下ヒゲの陽線が出現したので次のローソク足で23時25分に利益確定しました。

その後、計算通り124.35まで下げてきましたので、0時3分に買いを入れました。

買ったあとの値動きについては、前ページを見てください。エントリーしたところをほぼ底値にしてきれいに上に反発しています。

半値持ち合いでは、このような値動きが頻繁に見られるのです。

なお、今回のケースでは、私はこの手法に慣れているので、半値持ち合い上限を突破した高値のところで売りエントリーを入れましたが、慣れるまでは、セオリー通り、半値持ち合い上限から高値までの値幅を計算し、それを参考に安値を予測してから「買い」でエントリーするほうが安全だと思います。

◆７月２日の半値持ち合いのイメージ　その１

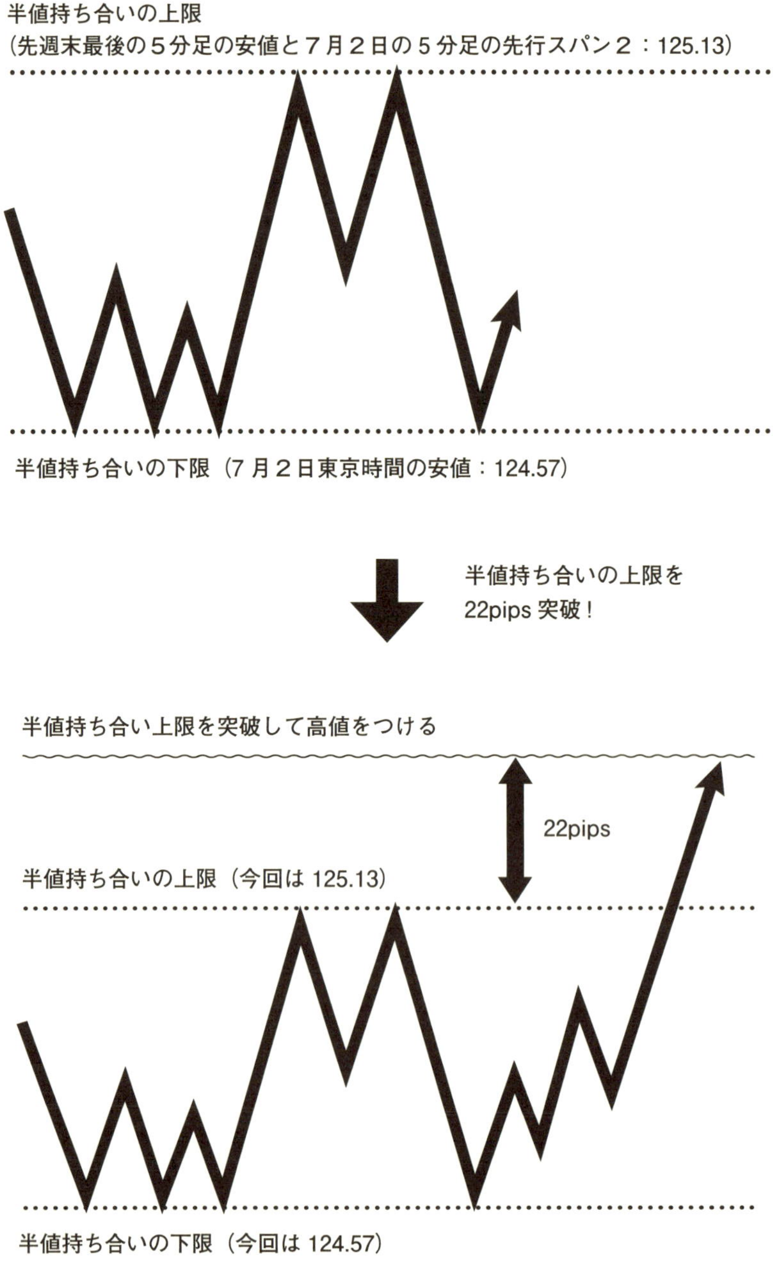

◆７月２日の半値持ち合いのイメージ　その２

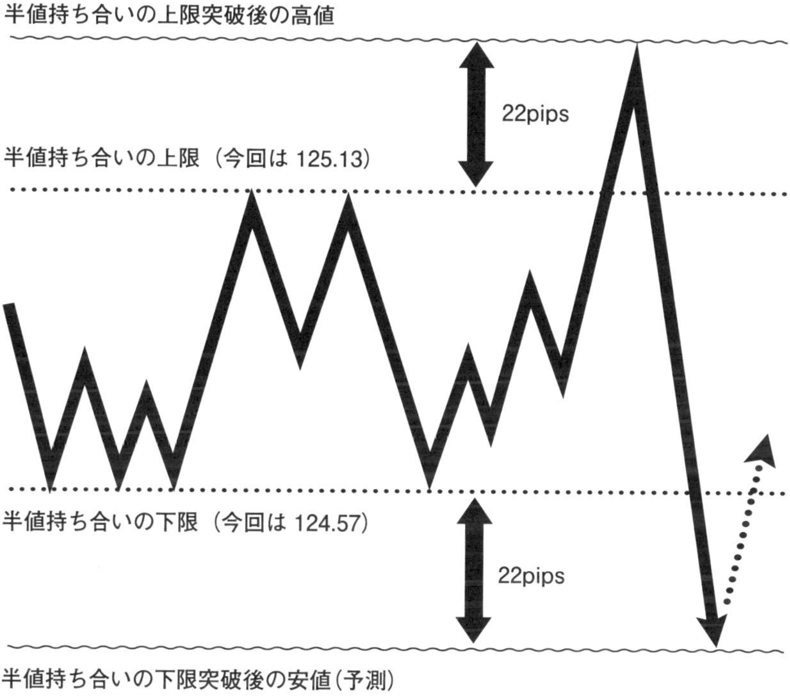

半値持ち合いの上限を 22pips 超えたところで反転したので、半値持ち合いの下限を 22pips 下回ったあたりで反発すると予測できる

実際、予測した安値までレートが到達＝絶好の買い場

3　2012年7月6日のトレード日誌

これは下なのか？　それとも上なのか？

7月6日13時11分にブログに「豪ドル円に売りサインが出ました」と書きました。なぜなら、2012年5月1日の東京時間足の窓上限にタッチしてから、7月5日の東京時間足は上ヒゲの陰線になったためです。今夜の雇用統計は急落する予感がしました。

普通、売り場は鉄板パターン2か、東京半値での戻り売りがほとんどです。

そこで、現在陽転中の1時間足雲が陰転するまで待ちました。これはいつもと変わらぬ作業です。

しばらくすると、陽転中ではありますが、1時間足の雲が薄くなってきました。さらに、そのまま陽転中の薄い1時間足の先行スパン1と陰転中のまっすぐな5分足の先行スパン2がほぼ一致しました。1時間足雲が薄くなってきたことを見て、陽転から陰転に転換すると考え、14時33分に売りでエントリーしました（次ページ参照）。

その後、相場は下がりました。しかし、ロンドン時間開始の16時ちょうどに大陰線が長い下ヒゲに変わりました（次ページ参照）。「これは何の意味があるのか？」と思いましたが、理由が分からなかったので、16時5分にいったん利益確定しました。

東京時間は下げています。ということは、教科書通りに進むなら、ロンドン時間開始からは「上昇」が予測できます。このときは「もしかしたら相場は上なのか？」と思いました。

ふと、チャートを見ていると、7月4日と7月6日の東京時間高値安値の半値がほぼ一致していることに気づきました（181ページの波線円）。さらに、その下に5日の東京時間高値安値の半値があること

◆ 20120706 豪ドル円５分足１６時

にも気づきました。もっと詳しくチャートを見ると、少し誤差はありますが、素晴らしい半値持ち合いを形成していたことが分かりました。同時に、先ほどの16時に出現した下ヒゲについても、この半値持ち合いに関連する動きから生まれたものだと分かりました。

ただ、残念なことに、気づくのが遅過ぎました。「あっ」と思ったときはすでに、５日の東京時間の半値（半値持ち合いの下限）を下に抜けてから安値をつけて反発し、さらに４日＆６日の東京時間高値安値の半値（半値持ち合いの上限）を突破して当面の天井をつけてから下がってきているところでした。そうです、すでにひとつの周期が完了していたのです。半値持ち合いの上限＆半値持ち合いの下限を突破すると、その後は、少しずつ値動きが拡大していく傾向にあります（下記のイメージ参照）。

このあたりから、少しずつ前回の安値、つまり６日東京時間の安値（次ページの丸印）よりも下に行く可能性があるのではないかと考えるようになってきました。

◆値動きが拡大していくイメージ（149ページで使用したものと同じ）

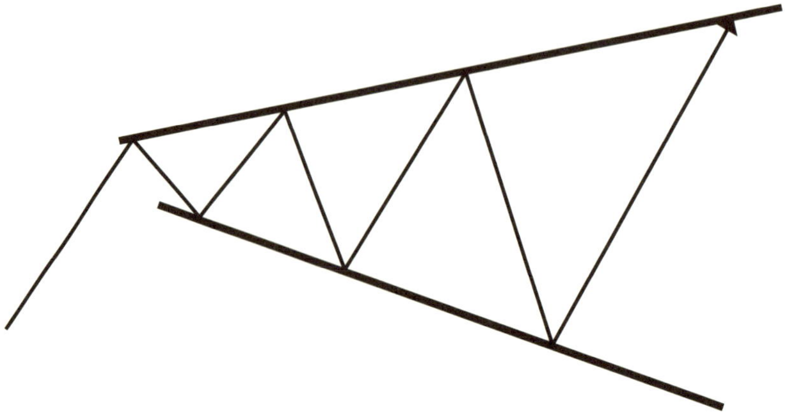

◆ 20120706 豪ドル円5分足　半値持ち合い

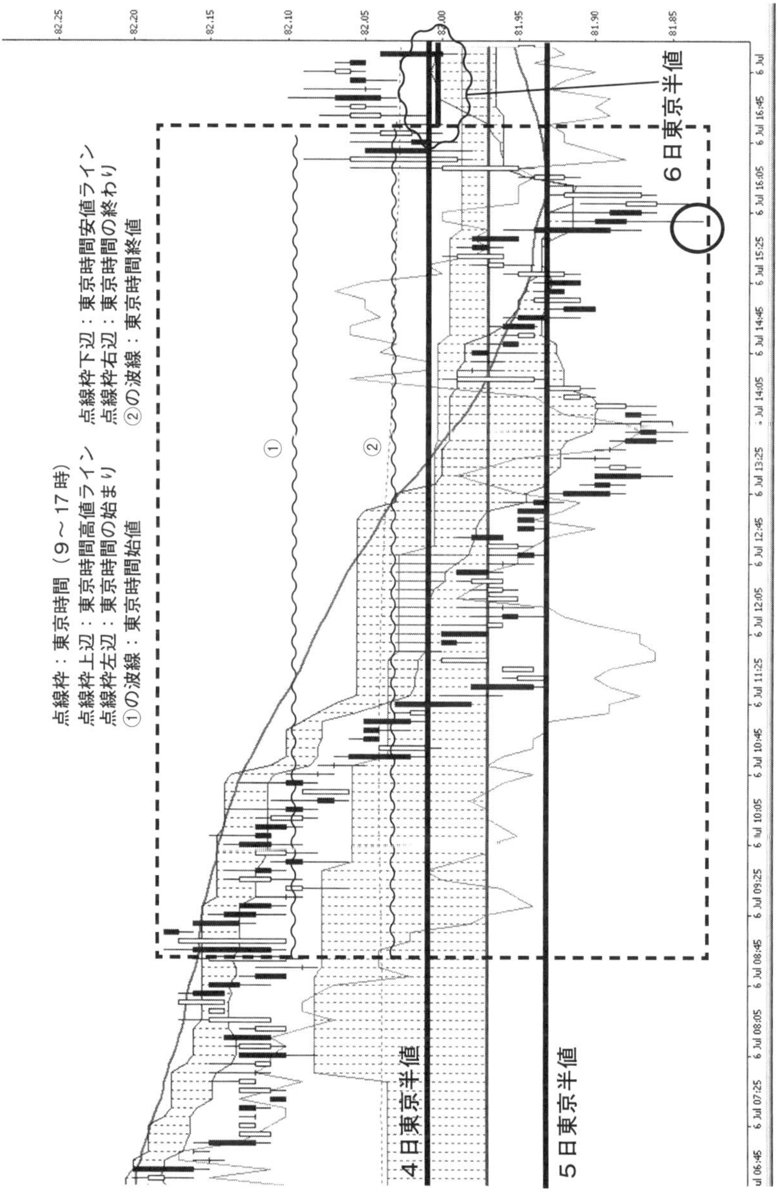

◆前ページの半値持ち合いのイメージ

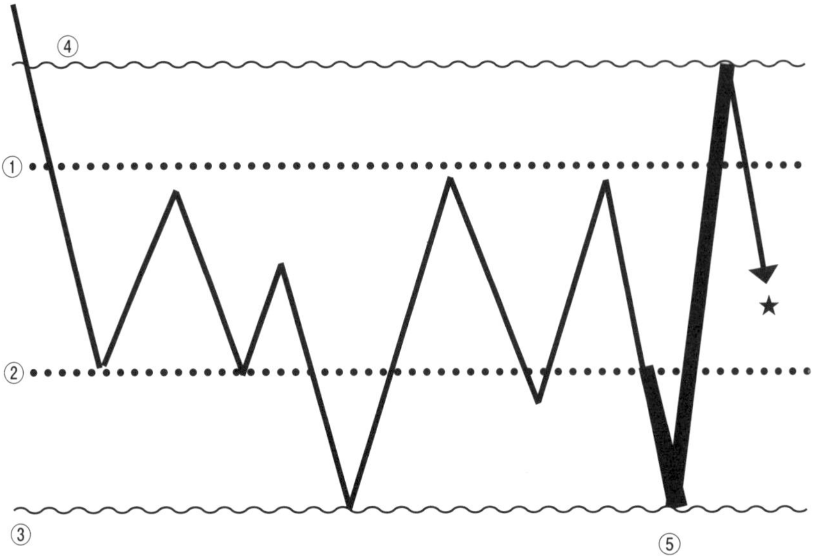

①は７月４日＆７月６日の東京時間高値安値の半値
②は７月５日の東京時間高値安値の半値
③は７月６日の東京時間の安値
④は７月６日の東京時間の始値
⑤は下ヒゲが出たので利益確定したポイント（16 時のローソク足）
太い線は終わってしまったひとつの周期
★は現在

↓

半値持ち合いの下限（②）を突破して安値をつけ、
さらに、半値持ち合いの上限（①）も突破して高値をつけている。
現在（★）、半値持ち合いは完成してしまっている

↓

今後しばらくは、レートの広がりに注意！

鉄板の買いのパターンを、あえて見送ったわけは？

その後、レートが下がり、５日東京時間高値安値の半値と、１時間足の雲は陽転中、５分足の雲も陽転中での５分足のまっすぐな先行スパン２が重なるという、「買い」の場面に出合ったのですが、半値持ち合い突破の影響から「まだ下がるのではないか」という一抹の不安を感じていたため、迷いつつも、そこでは売買を見送りました（184ページの丸印部分）。

しばらくすると、 読み通り、レートは下げていきます。ところが、東京時間の安値を下回ることなく、実際には、東京時間の安値とほぼ同値で切り返していきました。そこで、先ほどの高値くらいまでは上がるのではないかと感じ、そこまでは待とうと考えました（185ページ参照）。

高値まで動くのを待っていると、７月４日と７月６日の２本重なった東京時間高値安値の半値で何度も叩かれている様子が確認できました。ここは強いレジスタンスであると感じましたので、陰転中の５分足のまっすぐな先行スパン２で20時40分に売りを入れました（186ページ参照）。

このときは288モメンタムが０ラインを下抜けていたので迷わず売ることができました（186ページ参照）。同時に、186ページのＡのところまでは上がるかもしれない」という考えについては変わらず頭の中にあったため、「82.09」で再度売る準備をしました。

21時30分。雇用統計が発表になりました。失業率は変わらず、非農業部門雇用者数予測10万人、結果は８万人でした。これを受けて、豪ドル円は急落しました。186ページのＡのところまで３銭届かずでした。

その後の動きは187ページの通りです。２日の東京時間高値安値の半値に大きく刺さった大陰線が長い下ヒゲに変わりました。次の足も長い下ヒゲの陰線に変わりました。21時37分に利益確定です。

◆鉄板パターン出現だが……

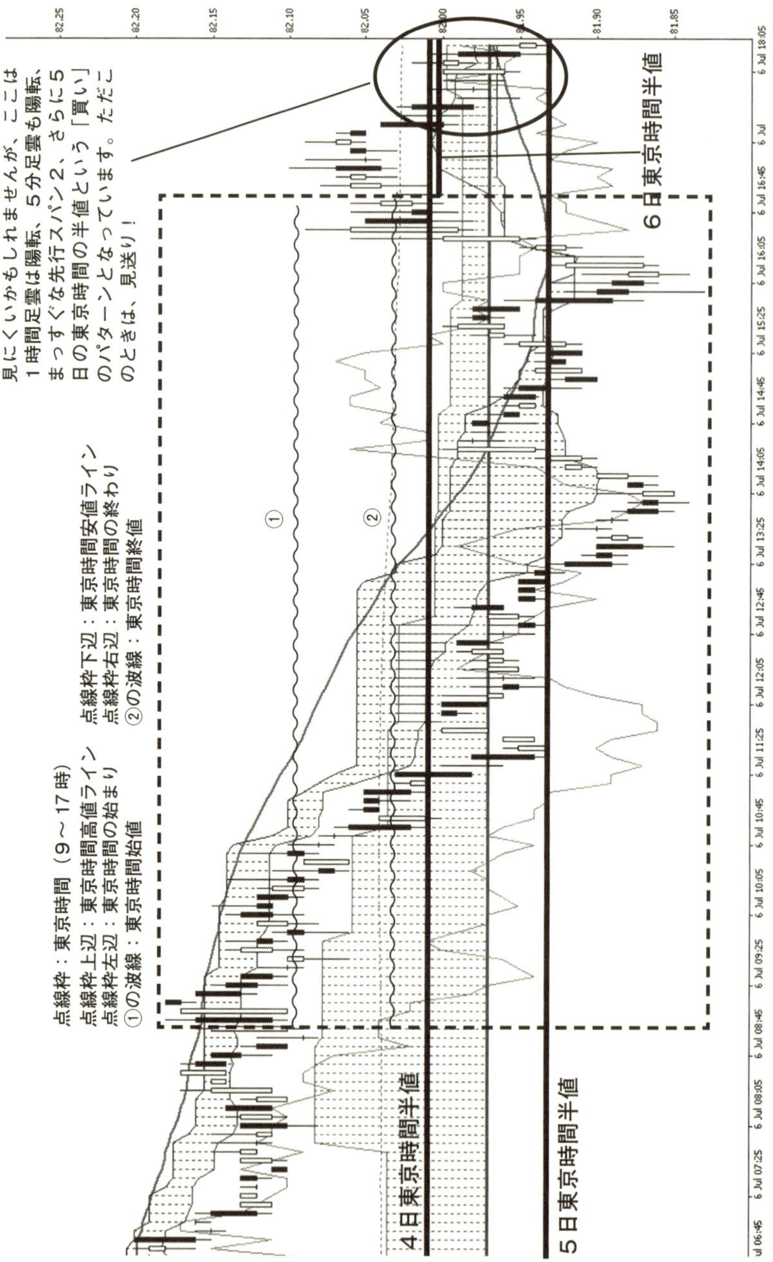
見にくいかもしれませんが、ここは
１時間足雲は陽転、５分足雲も陽転、
まっすぐな先行スパン２、さらに５
日の東京時間の半値という「買い」
のパターンとなっています。ただこ
のときは、見送り！
点線枠：東京時間（９～17時）
点線枠上辺：東京時間高値ライン
点線枠左辺：東京時間の始まり
①の波線：東京時間始値
点線枠下辺：東京時間安値ライン
点線枠右辺：東京時間の終わり
②の波線：東京時間終値
①
②
４日東京時間半値
５日東京時間半値
６日東京時間半値
82.25
82.20
82.15
82.10
82.05
82.00
81.95
81.90
81.85
ul 06:45
6 Jul 07:25
6 Jul 08:05
6 Jul 08:45
6 Jul 09:25
6 Jul 10:05
6 Jul 10:45
6 Jul 11:25
6 Jul 12:05
6 Jul 12:45
6 Jul 13:25
6 Jul 14:05
6 Jul 14:45
6 Jul 15:25
6 Jul 16:05
6 Jul 16:45
6 Jul
6 Jul 18:05

◆前回の安値で反発

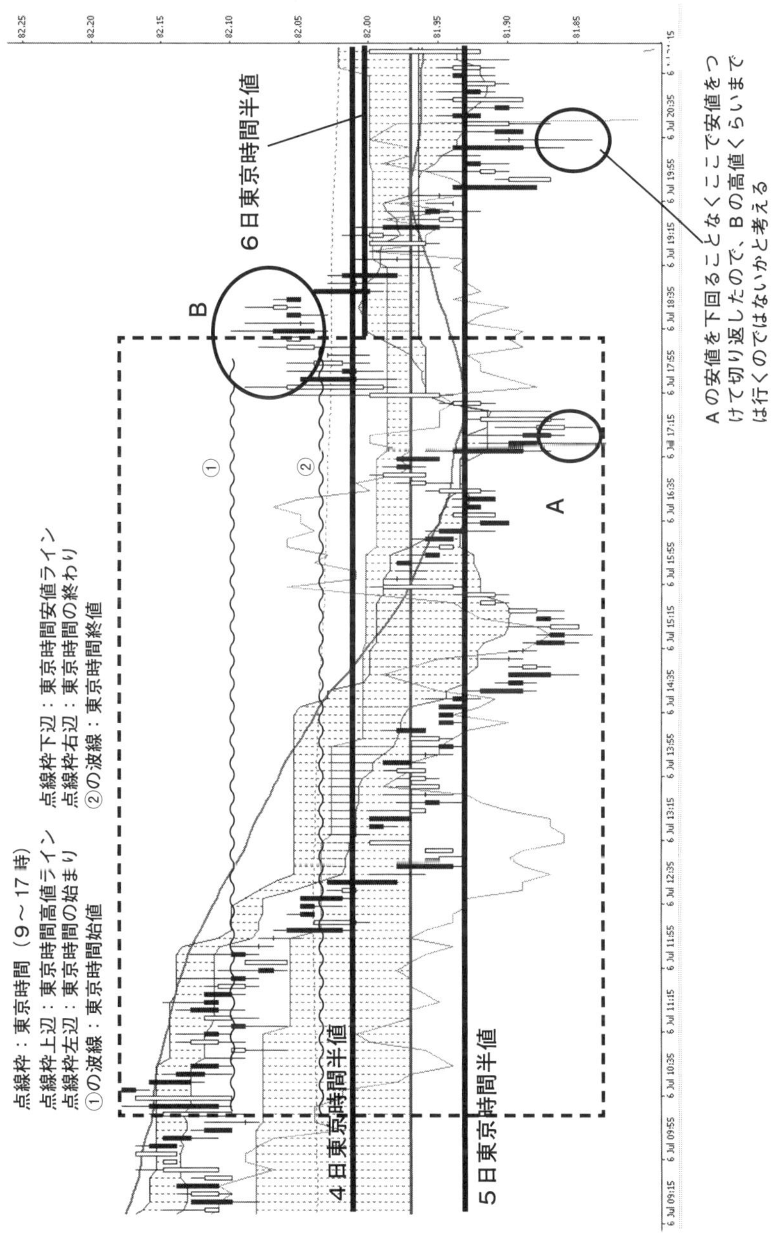

点線枠：東京時間（9～17時）
点線枠上辺：東京時間高値ライン
点線枠下辺：東京時間安値ライン
点線枠左辺：東京時間の始まり
点線枠右辺：東京時間の終わり
①の波線：東京時間始値
②の波線：東京時間終値
6日東京時間半値
B
①
②
A
4日東京時間半値
5日東京時間半値
Aの安値を下回ることなくここで安値をつけて切り返したので、Bの高値くらいまでは行くのではないかと考える
82.25
82.20
82.15
82.10
82.05
82.00
81.95
81.90
81.85
6 Jul 09:15
6 Jul 09:55
6 Jul 10:35
6 Jul 11:15
6 Jul 11:55
6 Jul 12:35
6 Jul 13:15
6 Jul 13:55
6 Jul 14:35
6 Jul 15:15
6 Jul 15:55
6 Jul 16:35
6 Jul 17:15
6 Jul 17:55
6 Jul 18:35
6 Jul 19:15
6 Jul 19:55
6 Jul 20:35

◆売りエントリー

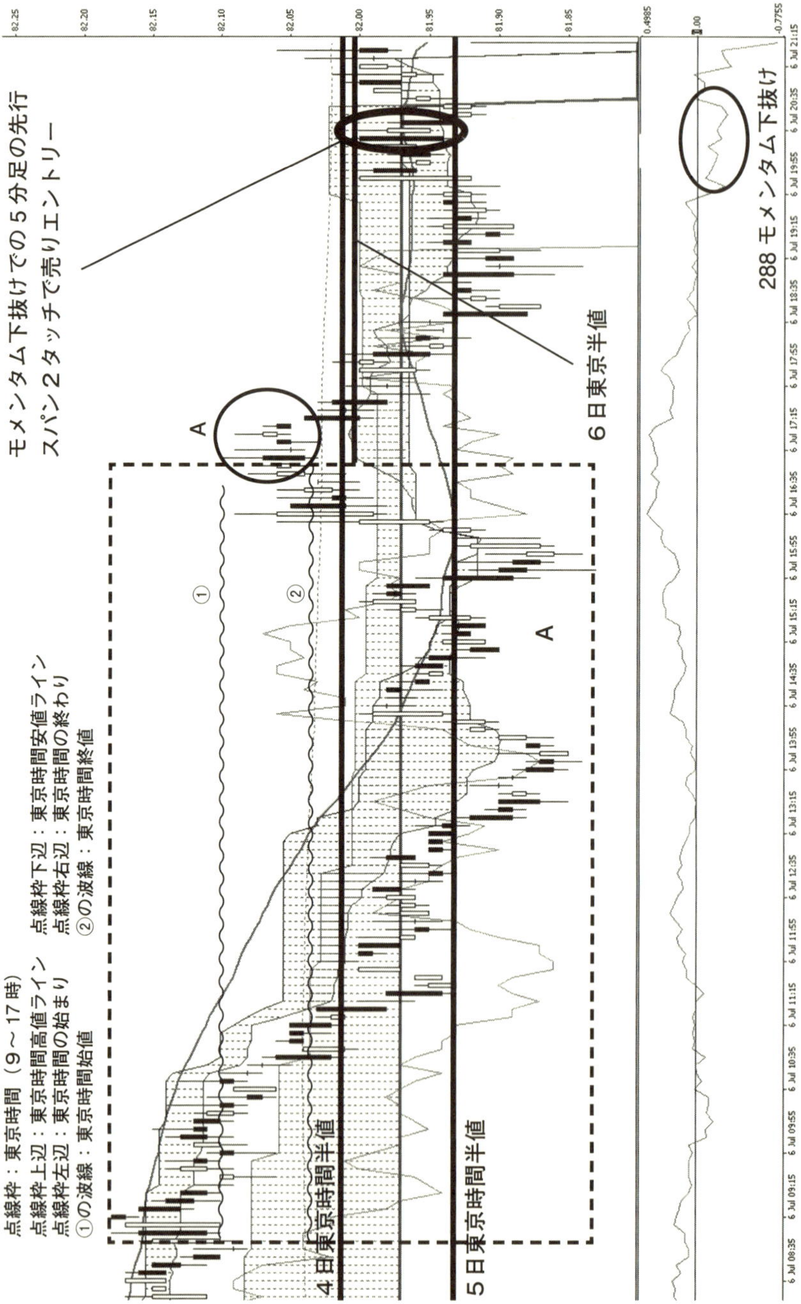

点線枠：東京時間（9～17時）
点線枠上辺：東京時間高値ライン
点線枠左辺：東京時間の始まり
①の波線：東京時間始値
点線枠下辺：東京時間安値ライン
点線枠右辺：東京時間の終わり
②の波線：東京時間終値
モメンタム下抜けでの5分足の先行
スパン2タッチで売りエントリー
A
①
②
A
4日東京時間半値
5日東京時間半値
6日東京半値
288モメンタム下抜け

◆利益確定

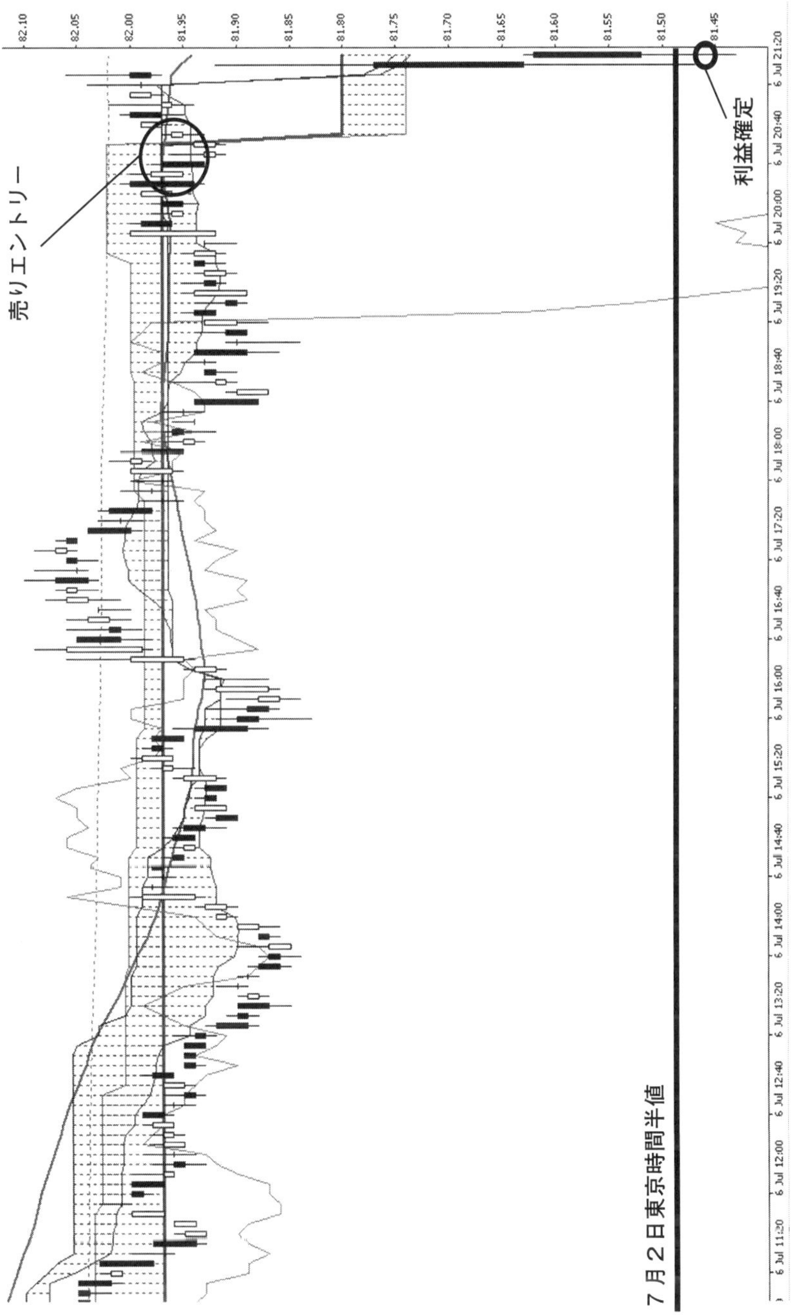
売りエントリー
利益確定
7月2日東京時間半値
82.10
82.05
82.00
81.95
81.90
81.85
81.80
81.75
81.70
81.65
81.60
81.55
81.50
81.45
6 Jul 11:20
6 Jul 12:00
6 Jul 12:40
6 Jul 13:20
6 Jul 14:00
6 Jul 14:40
6 Jul 15:20
6 Jul 16:00
6 Jul 16:40
6 Jul 17:20
6 Jul 18:00
6 Jul 18:40
6 Jul 19:20
6 Jul 20:00
6 Jul 20:40
6 Jul 21:20

4　2012年7月12日のトレード日誌

81.34が「カギ」となるライン

7月10日12時37分、ブログに以下のような記事を書きました。

豪ドル円は昨日７月９日に長い上髭を付けています。その上に１時間足雲下限と東京時間足のＧＡＰがあります。赤線（下記のチャートのＡのこと）は７月９日東京時間高値81.34になります。

これから何回かこの81.34がレジスタンス、サポートとして出現してくると思います。81.34の攻防に注目したいと思います。

◆豪ドル円　節目

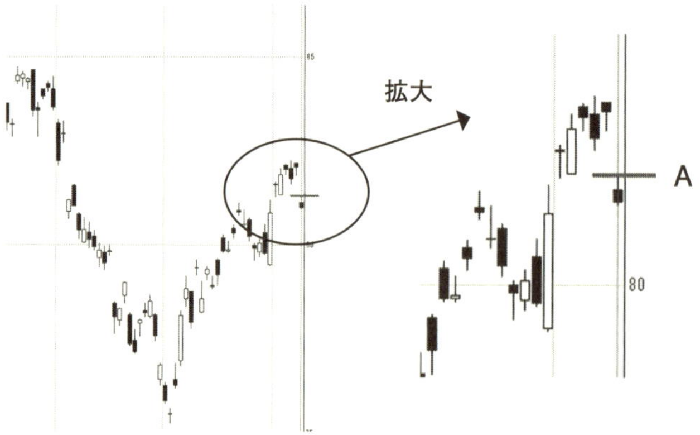

すると、豪ドル円は81.34と、陰転しているリアルタイムの１時間足の先行スパン２と一致（完全一致でなくてもＯＫ）しました。その地点で売られました（次ページの丸印）。

◆豪ドル円５分足

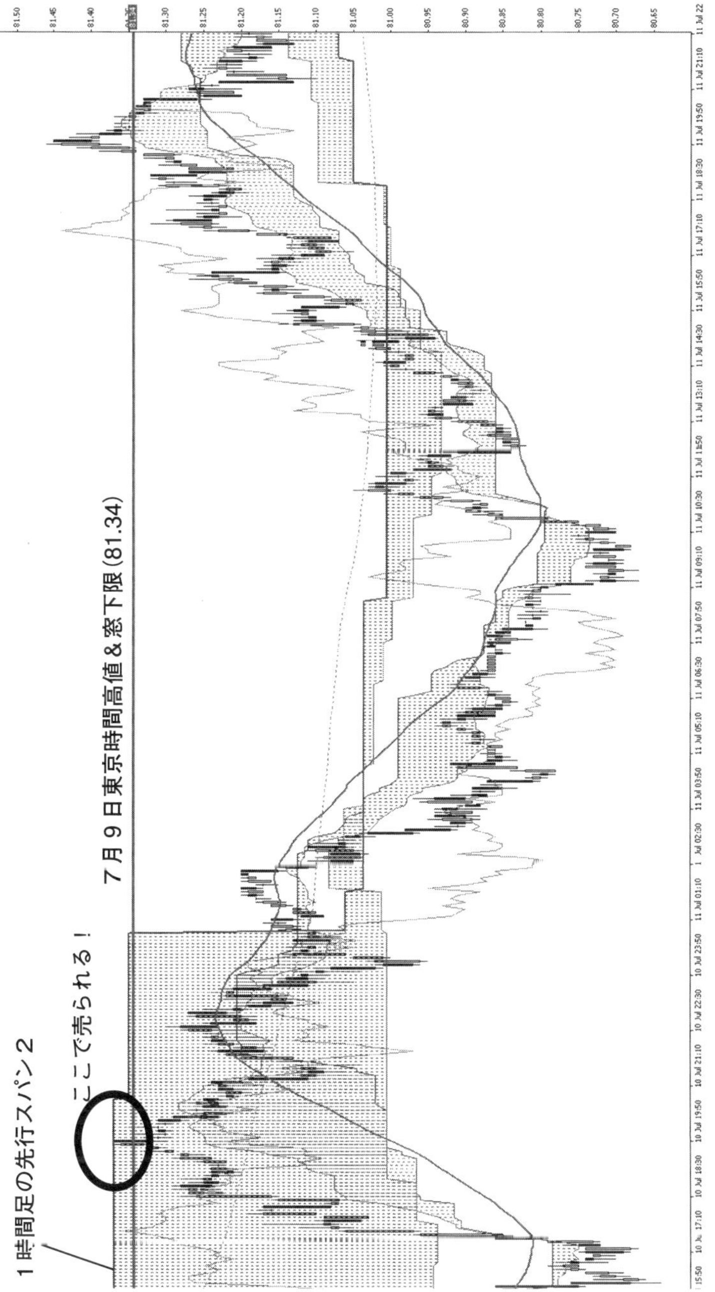

7月9日東京時間高値＆窓下限(81.34)
ここで売られる！
1時間足の先行スパン2

その後、値動きを監視していると、再度81.34近辺まで上昇してきました。罫線上では何も見えませんがこの地点には先行本数26(普通の雲)があります。19時37分、40分、41分、48分、50分、54分と売りを入れました。回数が多くなったのは、いつも通り上ヒゲになった瞬間を狙ったためです。

リアルタイムの1時間足の先行スパン2(次ページのA)では誤差0銭で売られています。ところが、今回は誤差0銭ではなく、先行本数26(普通の雲)の1時間足の先行スパン2(次ページのB)に少し入り込んでから下がりました。このとき「これは半値持ち合いのパターンだな」と閃きました。時間が経過するほど、値動きが広がっていく傾向が見られたためです。そこで、広がったところで逆張りする戦略を考えました。

法則性を発見

売りポジションを21時1分に利益確定し、再度、罫線を確認しました。直近安値が80.67です。7月10日東京半値が80.92です。7月9日東京半値が80.14です。7月9日東京時間高値81.34です。直近高値が81.64です(192ページ参照)。

このチャートを見て面白いことに気づきました。7月10日東京半値80.92を13pips超えてから急落。7月9日東京半値80.14を13pips超えてから急落。7月9日東京時間高値81.34を12pips超えてから急落してます。これだけ正確なのは後から計算して分かりました(193ページ参照)。

そこで、直近高値81.64を超えてから売りまくりました。2012年7月12日0時39分、49分、57分、4時54分、5時46分に売りを入れました(194ページ参照)。

7月12日10時30分発表の豪6月新規雇用者数は予想±0人、結果は−2万7000人でした。豪ドル円は急落(195ページ参照)。10時32分に1時間足の先行スパン2で利益確定しました。

◆豪ドル円５分足　先行本数２６

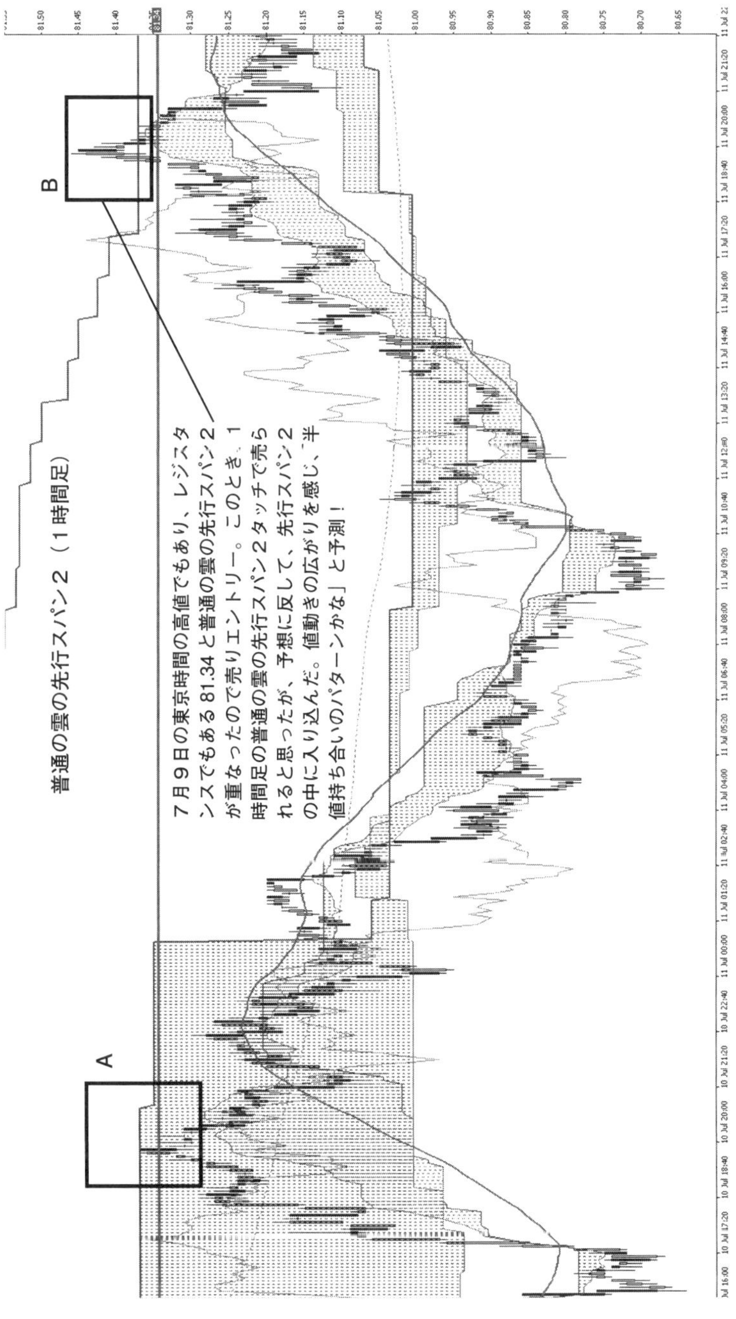
普通の雲の先行スパン２（１時間足）
A
B
７月９日の東京時間の高値でもあり、レジスタンスでもある81.34と普通の雲の先行スパン２が重なったので売りエントリー。このとき、１時間足の普通の雲の先行スパン２タッチで売られると思ったが、予想に反して、先行スパン２の中に入り込んだ。値動きの広がりを感じ、「半値持ち合いのパターンかな」と予測！

◆豪ドル円５分足　節値①

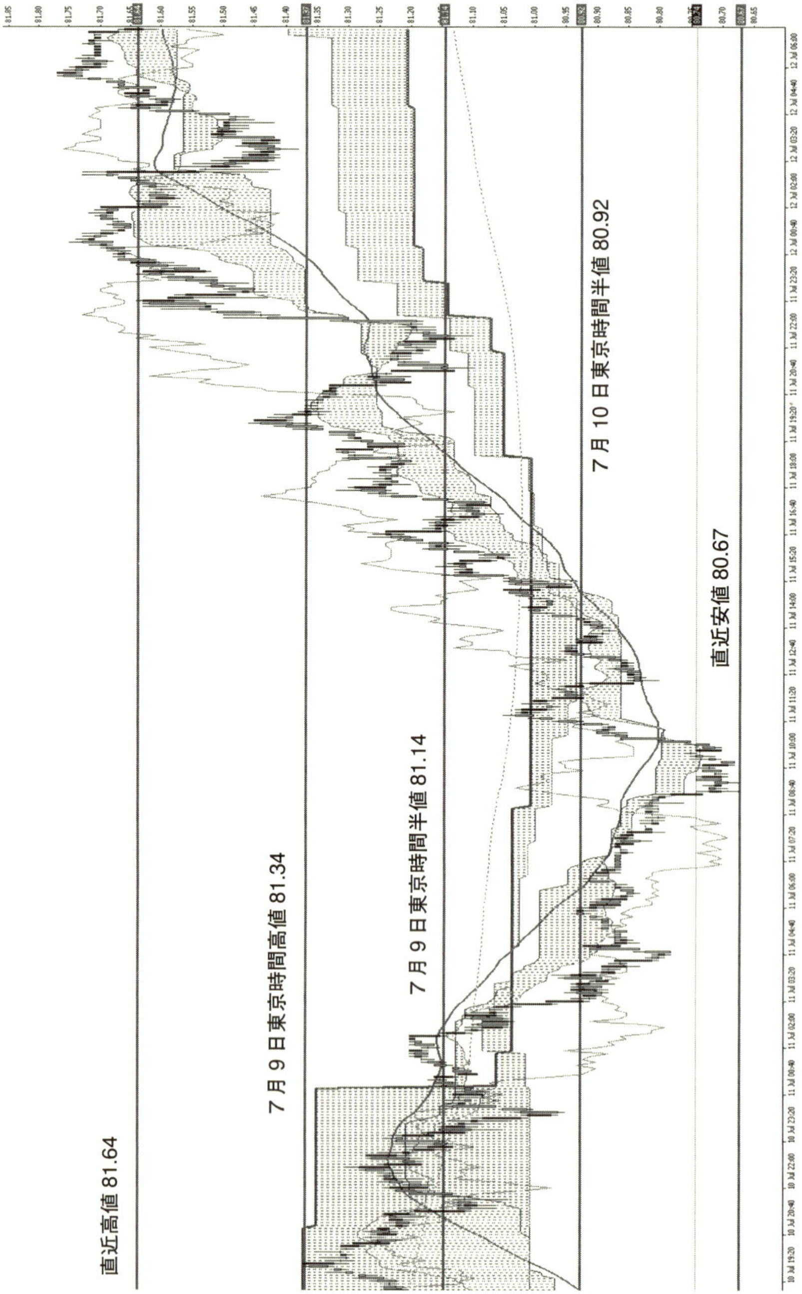
直近高値 81.64
7月9日東京時間高値 81.34
7月9日東京時間半値 81.14
7月10日東京時間半値 80.92
直近安値 80.67

◆豪ドル円５分足　節値②

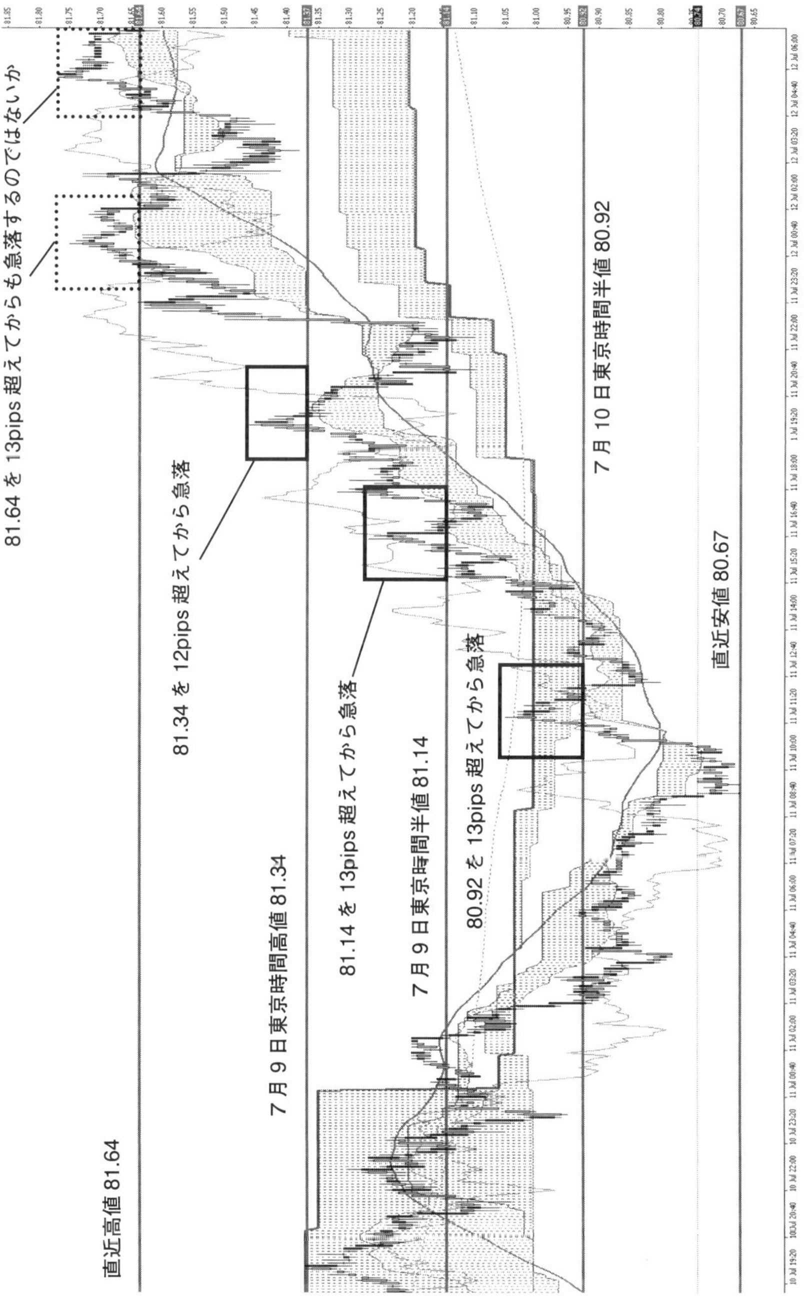
81.64 を 13pips 超えてからも急落するのではないか
81.34 を 12pips 超えてから急落
81.14 を 13pips 超えてから急落
80.92 を 13pips 超えてから急落
7 月 10 日東京時間半値 80.92
直近安値 80.67
7 月 9 日東京時間半値 81.14
7 月 9 日東京時間高値 81.34
直近高値 81.64

◆豪ドル円５分足　売買ポイント

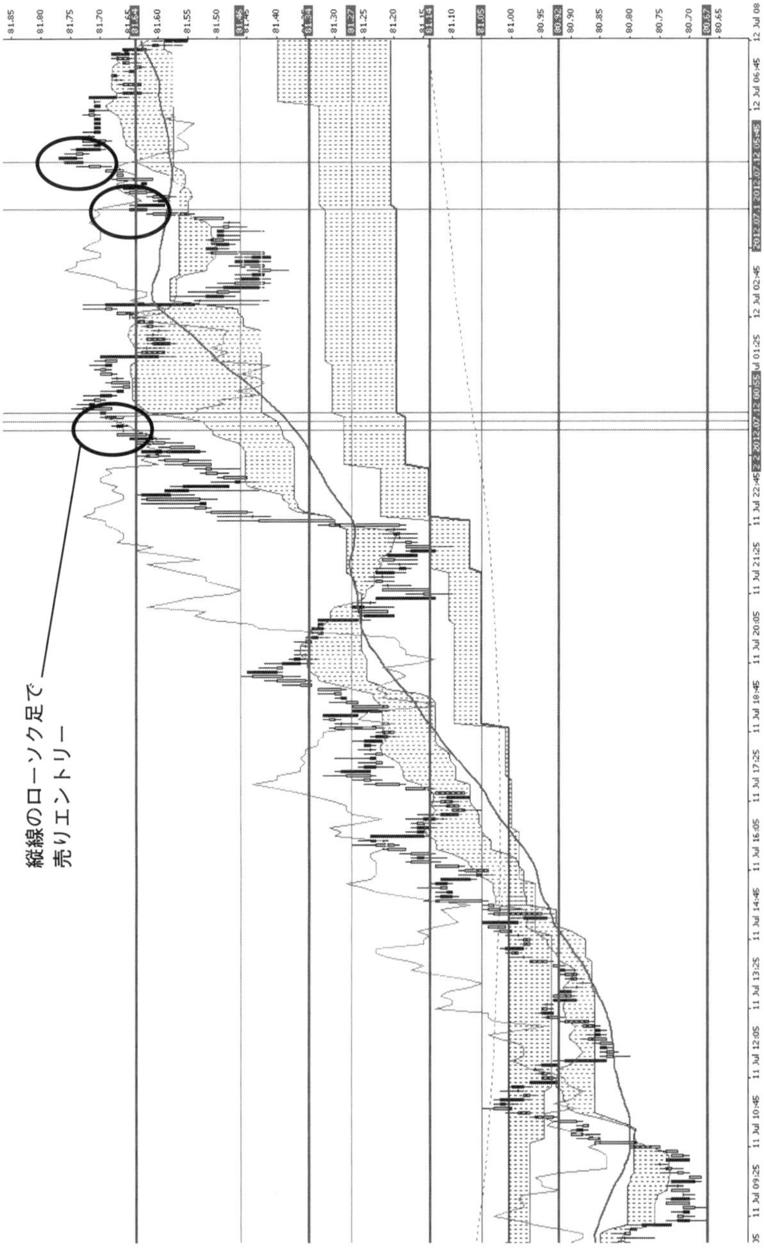

◆豪ドル円５分足　利益確定

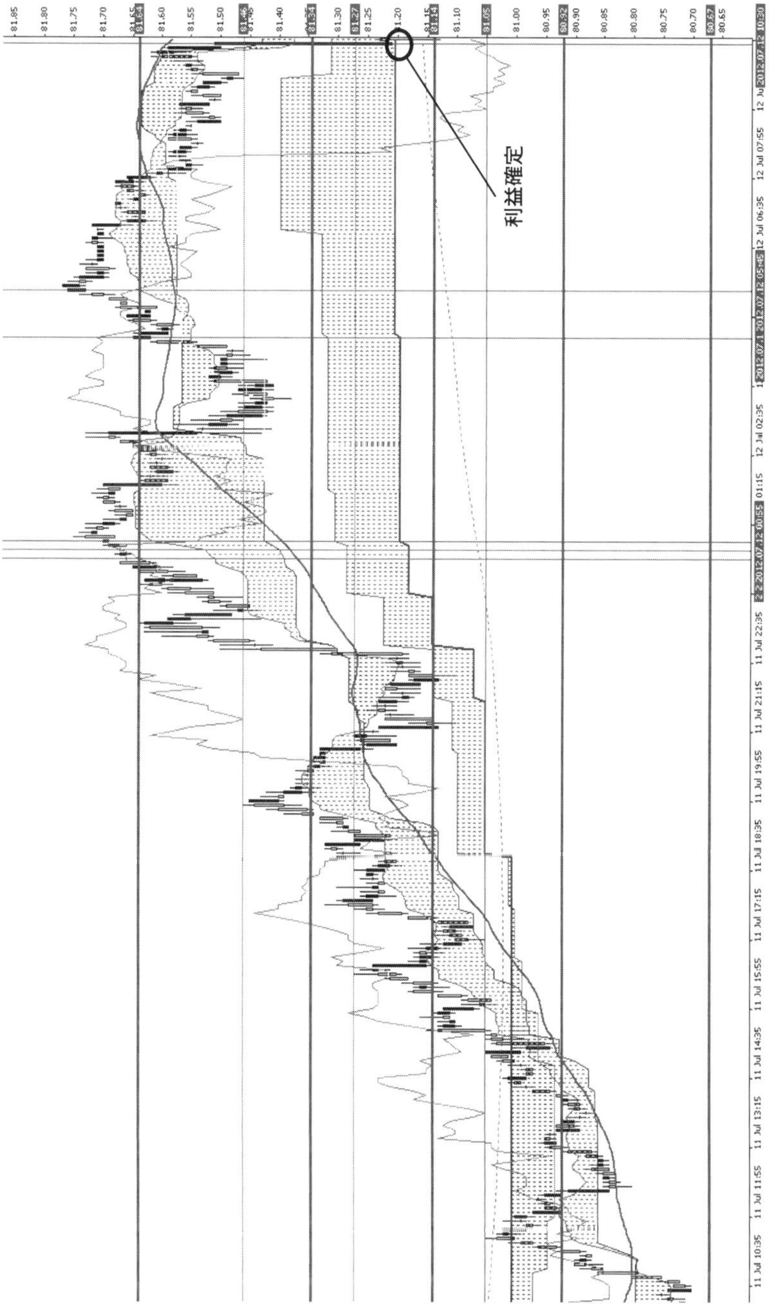

コラム：経済指標発表時などの待ち伏せポイント

124ページで紹介した「38.2％の法則」よりもさらに値動きが激しいとき（例えば経済指標発表時など）は、半値で待つのではなく、直近高値を起点として先行スパン２を50％と設定したときのフィボナッチの０％で待ち伏せするときれいに決まることが多いです。下記の例で言うと、丸印のところでの待ち伏せ買いが該当します。

このとき、０％地点には、１時間足の先行スパン１があることが多いです。経済指標時はこのパターンがよく出ます。

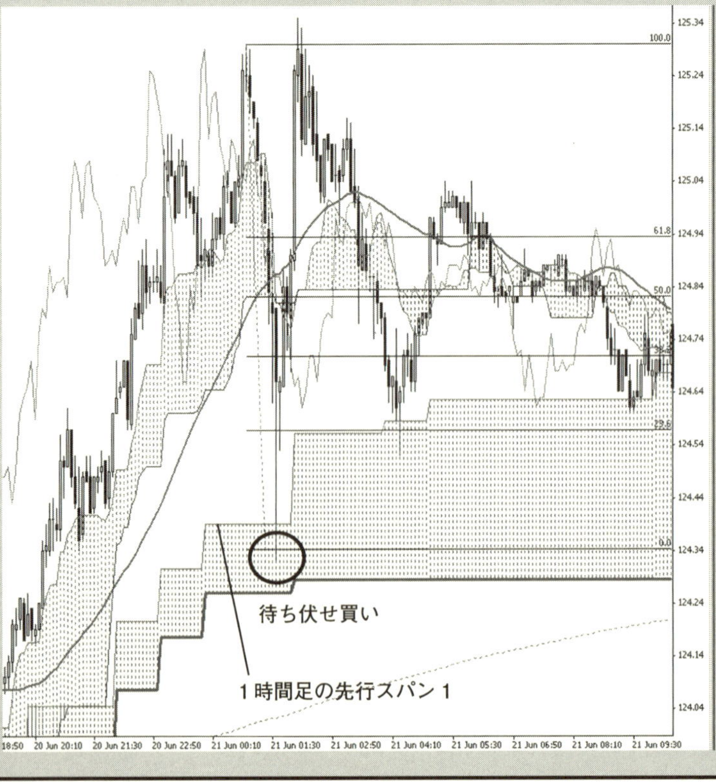

第5章

半値トレード
——理解度テスト——

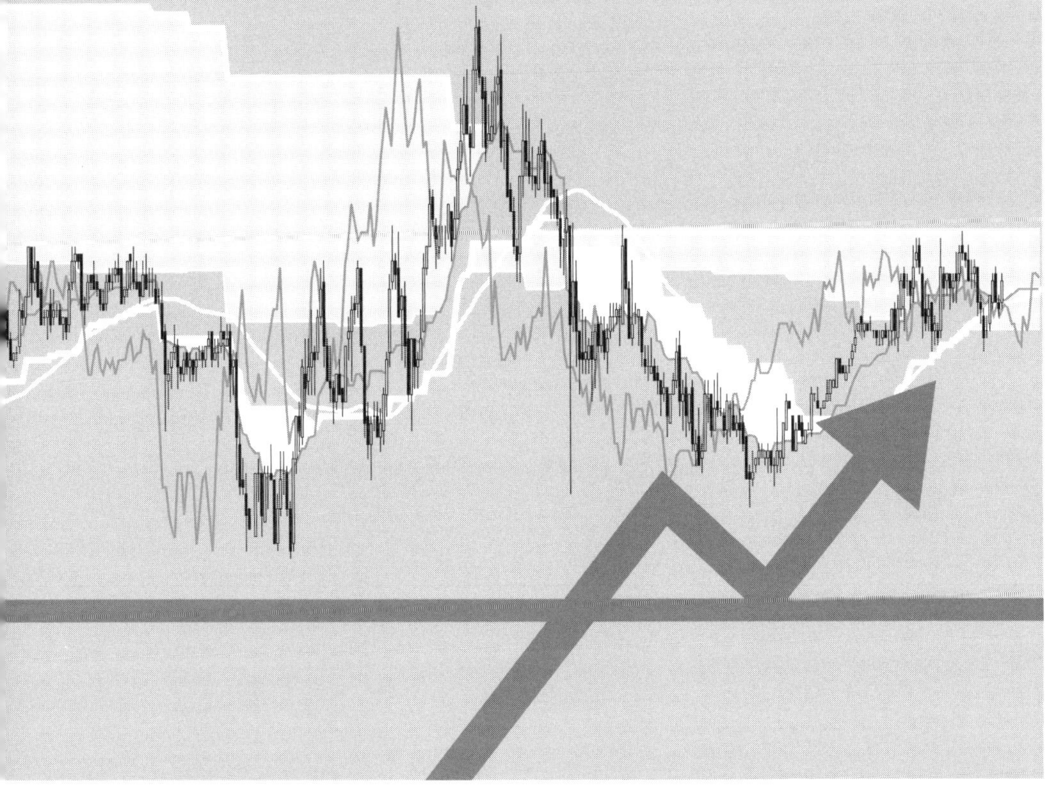

反復練習をしてみましょう！

学んだ技術を向上させるにはいくつかの方法があります。そのうち、一般的で、かつ、誰もができるのはやはり反復学習でしょう。

繰り返し、繰り返し、何度も何度もトレーニングする。一夜漬けのような、その場限りの詰め込みではなく、地道に学んできた技術ならば、なかなか忘れないものです。

以上を踏まえて、みなさんのトレーニングの一助になればと考え、ここでは、簡単なテストを載せています。どこまで理解できているか、軽い気持ちで試していただきたいと思います。

基本的なパターンはもちろん、分かりやすい例や分かりにくい例なども載せています（反復学習ですので同じような事例も出てきます）。実際の相場では、いつも基本通りの型が現れるわけではありません。むしろ、基本通りの型のほうが少ないと思います。だからこそ、数をこなして慣れておくことが必要だと思うのです。

本書で何度も述べているように、半値トレードは勝率50％の境界線を狙う手法です。ということは、噛み合わなければ、うまくいかない可能性も半分は残っているということです。そうならないために「ダブル陽転（ダブル陰転）であることを確認すること」「5分足の先行スパン2がまっすぐなときだけ売買すること」「ダブル陽転（ダブル陰転）してから2回目までの先行スパン2がまっすぐなときにエントリーすること」をお伝えしましたが、これは実際にやってみないと分からないと思います。

実際のチャートを見ながら、半値トレードのやり方をデモトレードで経験してください。そして、デモトレードのうちにできるだけ多くの失敗を経験しておいてください。

～～ 問題Ａ ～～

以下のチャートを見て、エントリーに適した場所を見つけてください。

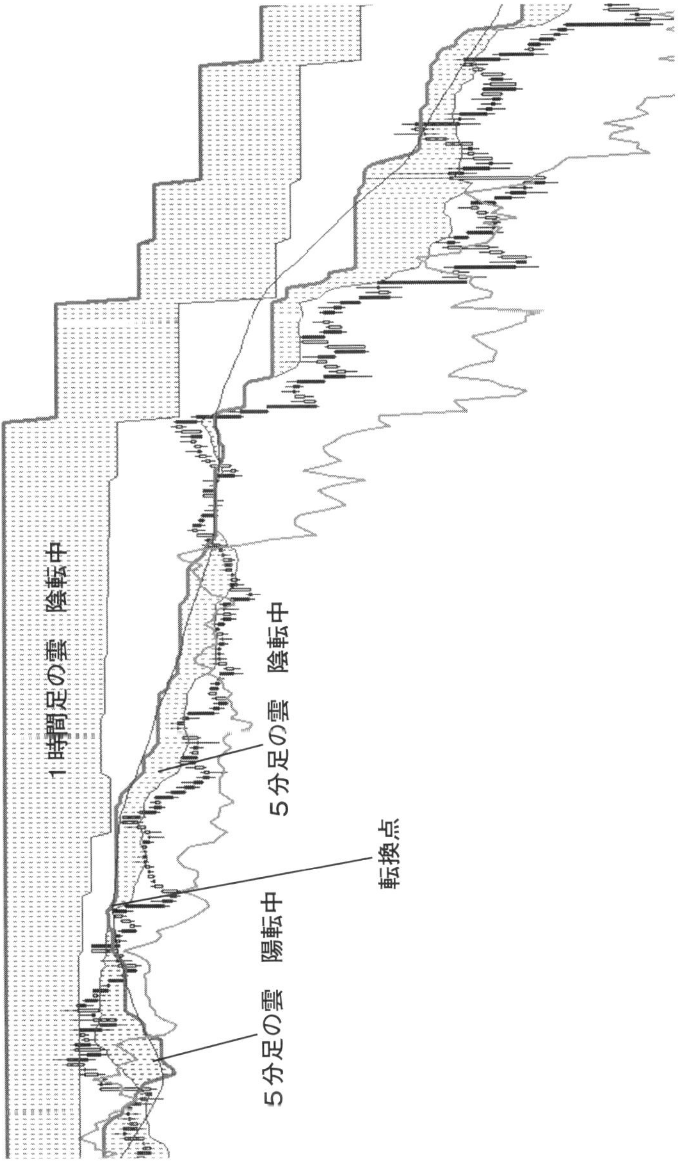

～～　問題Ａの解説　その１　～～

１時間足の雲は陰転中、５分足の雲も陰転中です（ダブル陰転）。ですので、５分足の先行スパン２がまっすぐなところを探します。このとき、５分足のまっすぐな先行スパン２が何回目かを確認してください。

今回の例では、下のチャートの丸印のところでエントリーです。ここは１回目のまっすぐな先行スパン２になっています。基本のパターンです。

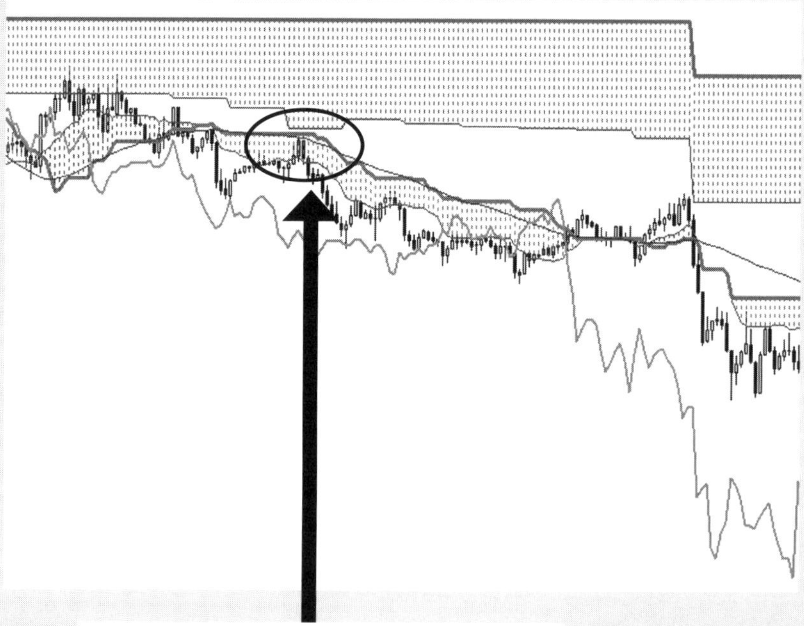

◎ダブル陰転

◎５分足の先行スパン２がまっすぐ

◎１回目のまっすぐな先行スパン２

～～　問題Ａの解説　その２　～～

下のチャートを見てください。これは前ページよりも時間が進んだものです。丸印は雲が変わってから（陽転から陰転に転換してから）、３回目のまっすぐな先行スパン２になります。私はルールにのっとってここでは売買しません。もし、このポイントでエントリーするならば、相場が転換する可能性をいつも以上に頭に入れておく必要があります（この場合は結果として下がりました）。

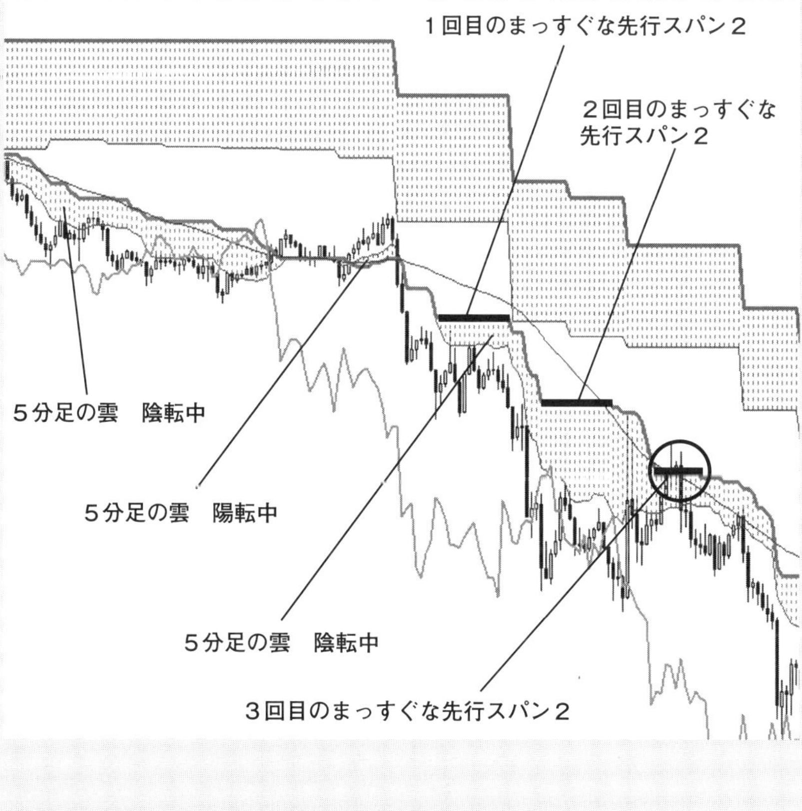

～～ 問題Ａの解説　その３ ～～

さらに下のチャートを見てください。丸印の付いているところがエントリーポイントです。このチャートはエントリーする前のレートの動きを示したものです。見ると分かるように、しばらく持ち合いだった相場が下がり始め（四角で囲んだ部分）、その後に直近の安値をつけ、少し戻ったところでのエントリーになっています。戻り売りです。しかも、下がり始めてから最初の戻りでエントリーしています。

第１章の58ページで書いたように、現在のローソク足がどういう状態にあるのかを把握しておくことも、トレードの精度を上げるためには欠かせないのです。

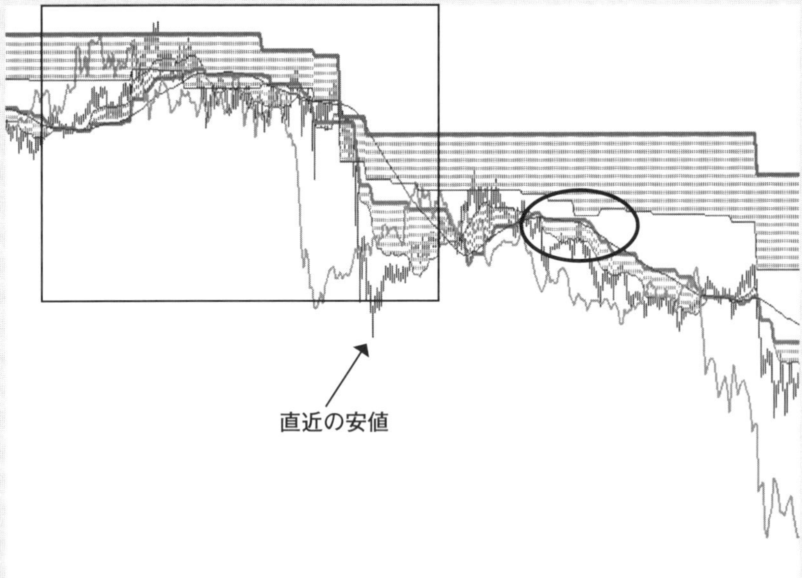

～～　問題Ｂ　～～

以下のチャートを見て、エントリーに適した場所を見つけてください。

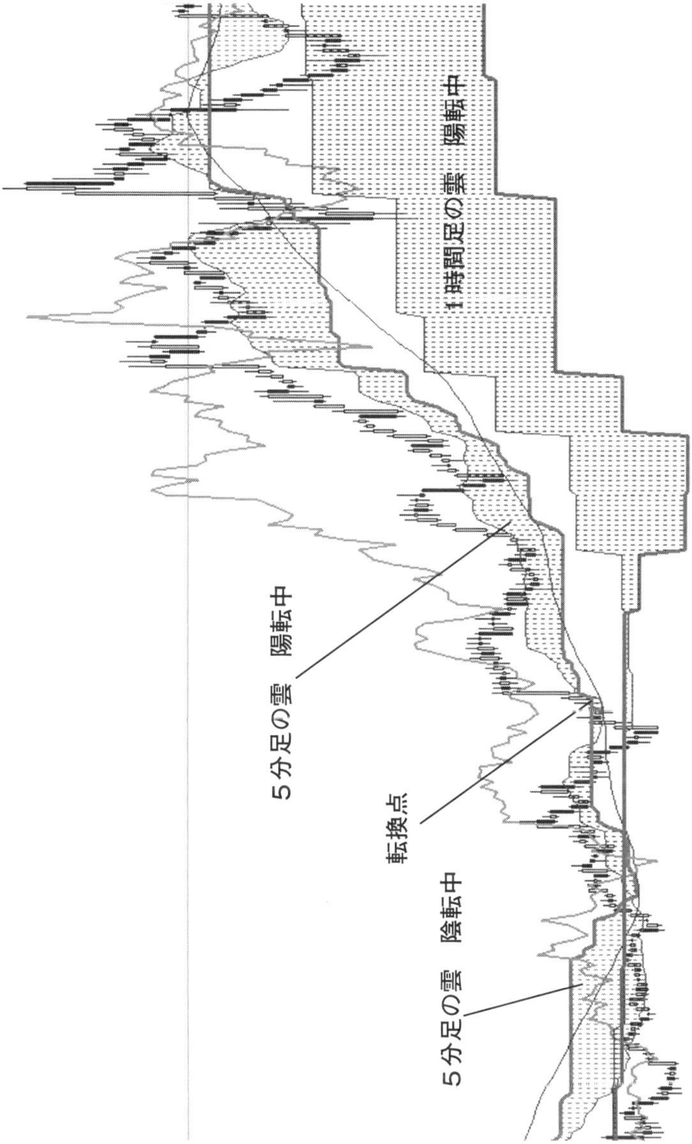

〜〜　問題Ｂの解説　〜〜

これも典型的なパターンです。１時間足の雲は陽転、５分足の雲も陽転しています。このときに考えることは５分足のまっすぐな先行スパン２を探すことでした。丸囲みの部分が該当している箇所です。ローソク足の動きを見ると、下ヒゲの陰線が登場しています。これが買いのサインです。

厳密に言うと、この例では先行スパン２にあと少しのところでタッチしていませんが、MA52 にはタッチしていますので、エントリーの条件を満たしていると考えられます。

注目すべきは、１時間足雲が陽転したばかりであることです。理想は直近安値から 26 本以内でのエントリーですが、１時間足雲が陽転したばかりの半値押しは買っていきます。

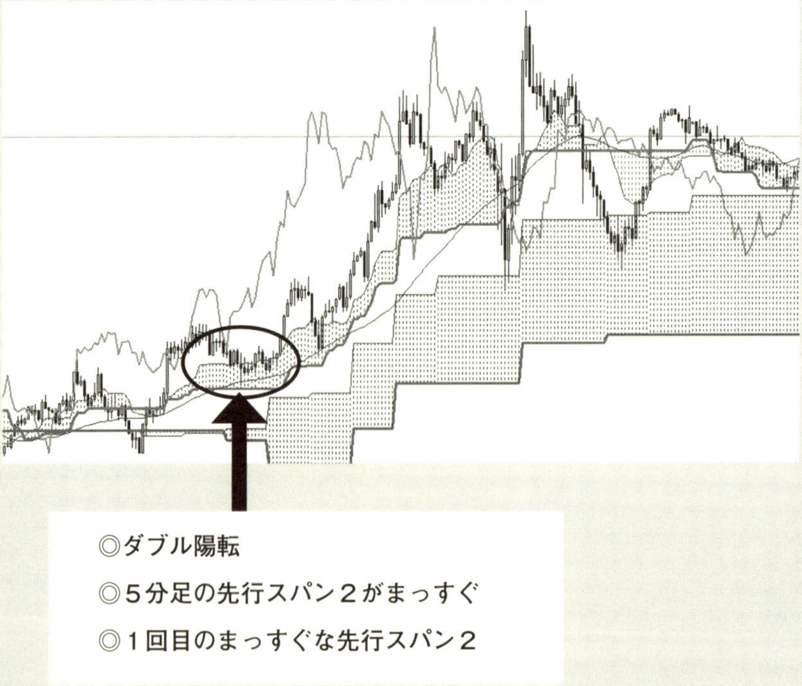

～～　問題C　～～

以下のチャートを見て、エントリーに適した場所を見つけてください。

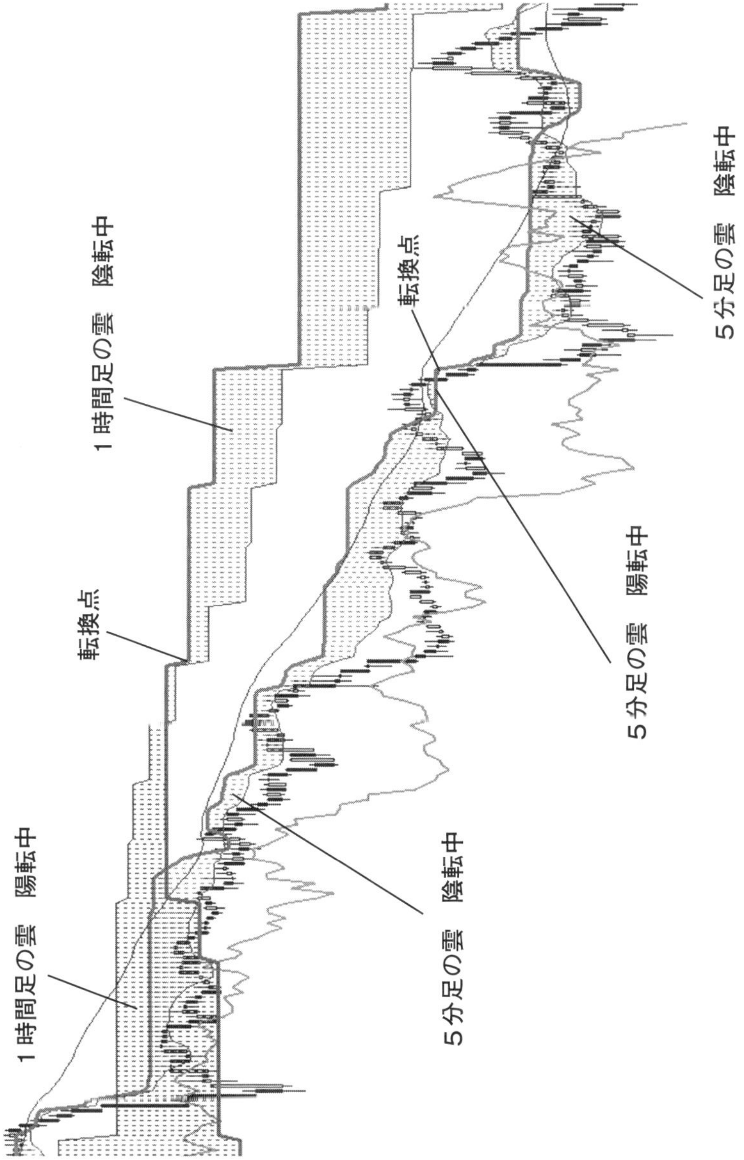

～～　問題Ｃの解説　その１　～～

まずはダブル陽転、もしくはダブル陰転になっているかどうかを確認します。

今回の例で言うと、１時間足の雲が陽転から陰転に転換してすぐに(ほぼ同時に)、陰転している５分足のまっすぐな先行スパン２にローソク足がタッチしています（下のチャートの①の丸印)。タイミングが良ければ、ここでエントリーできます。

①でのエントリーを逃した場合、次にダブル陰転で、かつ、１回目の５分足雲の先行スパン２がまっすぐなところを探すと「②」のところになります。

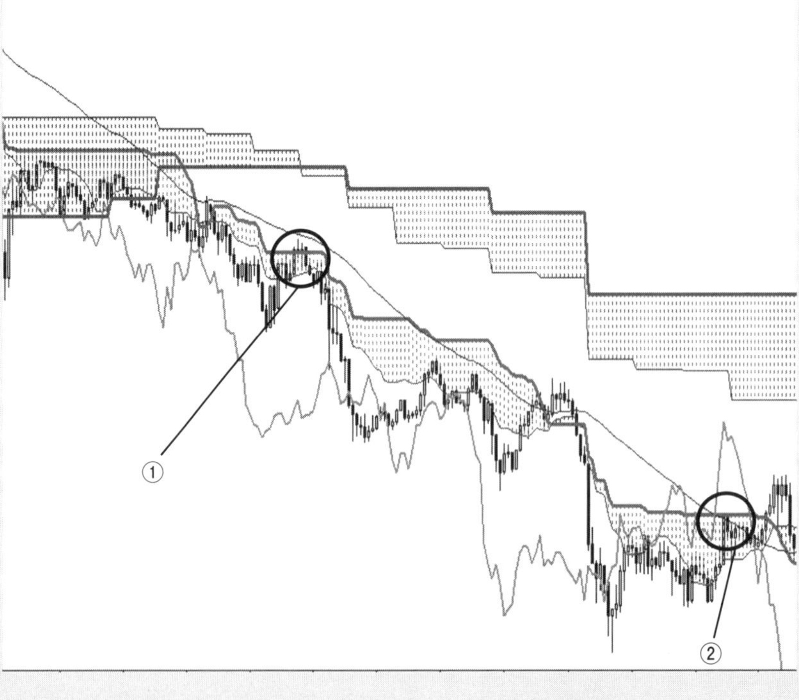

～～　問題Ｃの解説　その２　～～

前ページの「②」のところでエントリーすると、一時的に逆行しています。ただ、ロスカットライン（82ページ＆102ページ参照）には届いていないので、しばらく様子を見ます。

すると､1時間足の先行スパン１にタッチする場面が現れました（下のチャートの丸印の部分)。５分足の雲の先行スパン２がまっすぐなときの先行スパン１へのタッチはエントリー条件のひとつです。

今回のケースでは､1時間足の先行スパン１タッチでエントリー後、思惑どおりにレートが下がっています。前ページの「②」のところでエントリーしたポジションも下回って、利益になっています。

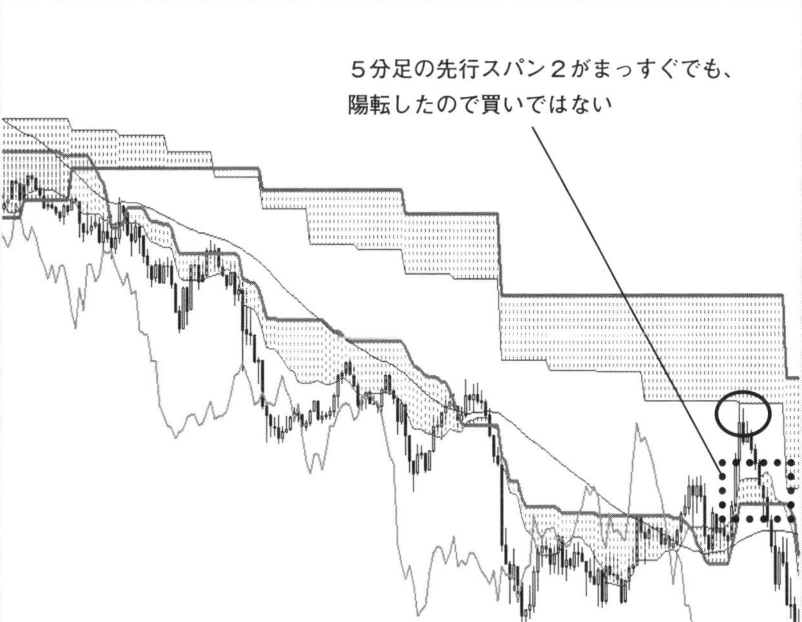
５分足の先行スパン２がまっすぐでも、
陽転したので買いではない

～～ 問題Ｃの解説　その３ ～～

下のチャートを見てください。これはエントリーする前（①）の相場の動きです。エントリーを検討できるところには丸印がついています。

チャートを見ると分かるように、上げてきたレートが当面の天井をつけ、下がってきてからの比較的早い時間でのエントリーになっています（①に限っては、1時間足が陽転から陰転に転換してすぐという、滅多に出ないパターンになっています）。

60ページでもお話ししたように、「今、どういう状況にいるのか」を把握しておくように心がけてください。

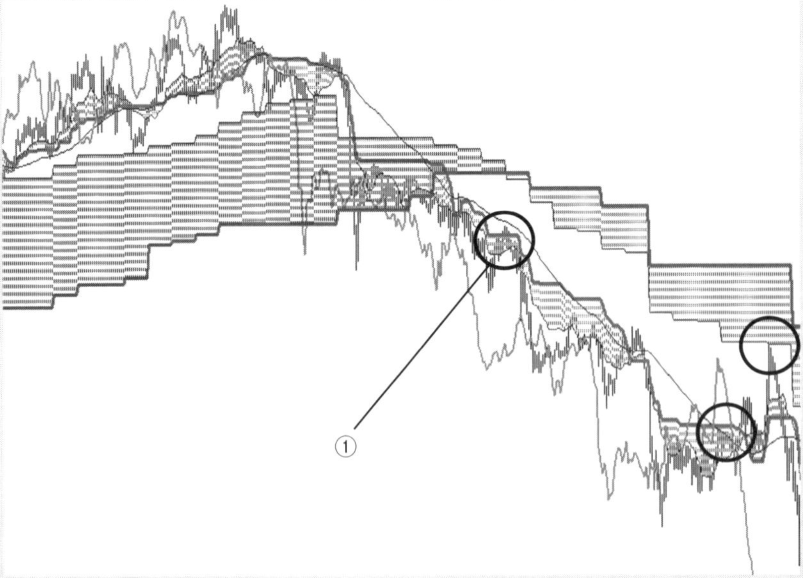

～～　問題D　～～

以下のチャートを見て、エントリーに適した場所を見つけてください。

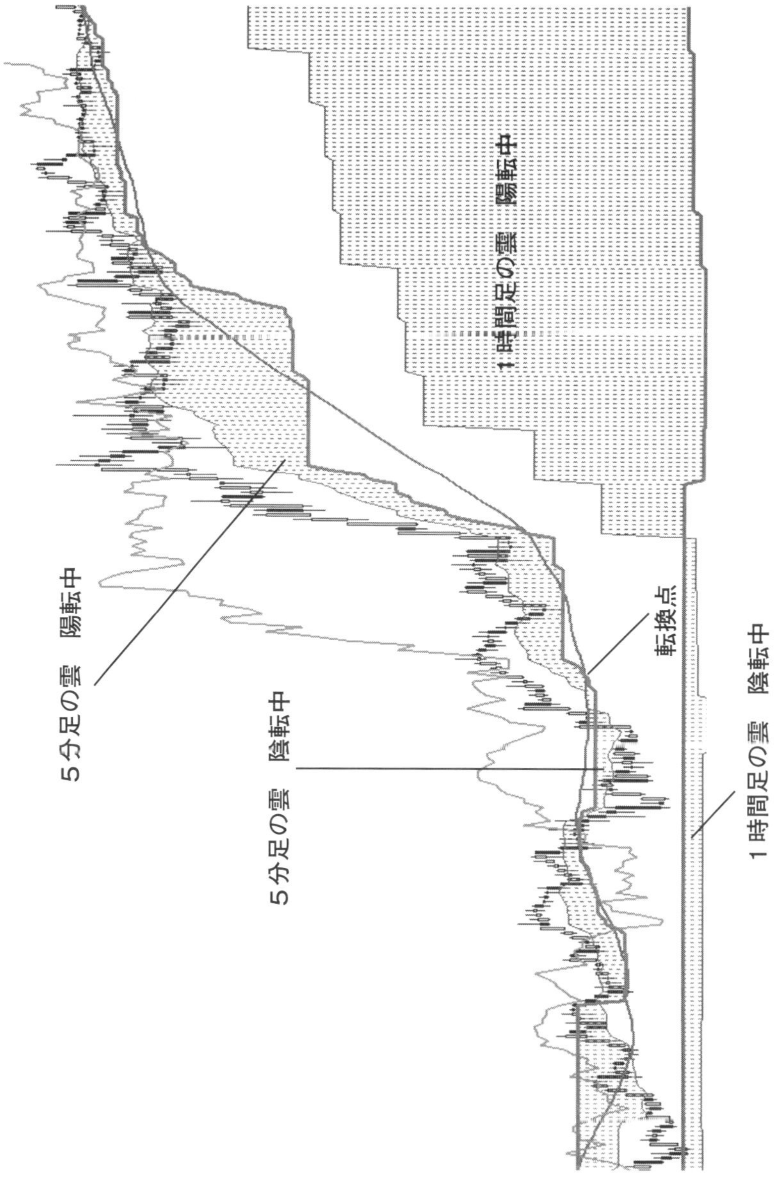

～～　問題Ｄの解説　その１　～～

まずはダブル陽転、ダブル陰転しているかどうかを確認するのが基本でした。しかし、116ページで紹介したように、例外があります。それは１時間足の雲が薄いときであれば、５分足のまっすぐな先行スパン２でエントリーしてもよいというルールです。

下のチャートの丸印のところを見てください。５分足の雲が陰転から陽転に転換して最初のまっすぐな先行スパン２になりますし、ローソク足自体も下ヒゲを伴っています。

注目すべきは１時間足の雲です。陰転中ですが、薄くなっています。このように陰転中であっても１時間足の雲が薄い状態であれば、５分足の雲が陽転中での半値押し買いはＯＫとなります。これは、１時間足の雲が陽転したときに一気に上昇するパターンです。

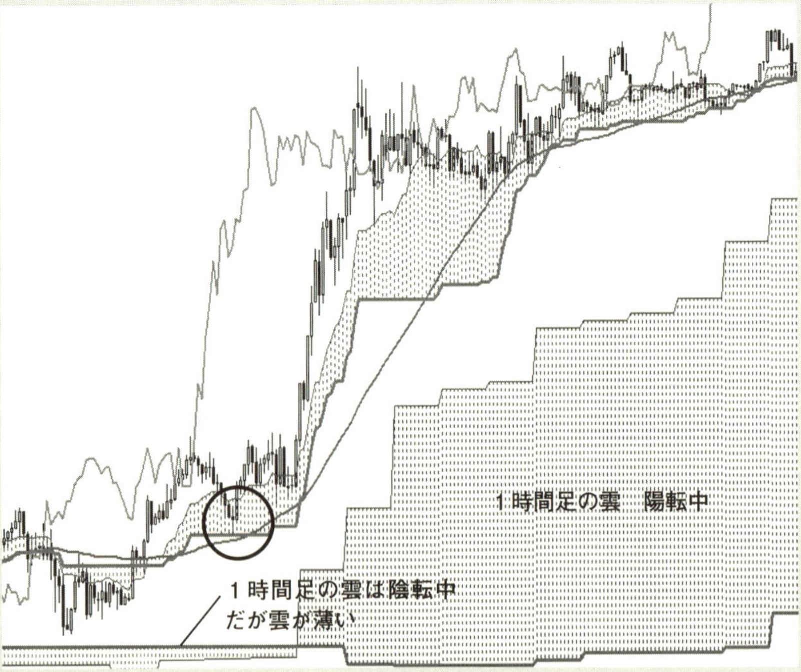

～～　問題Ｄの解説　その２　～～

下のチャートの点線の丸印のついているところを見てください。多少のブレはあるものの、ほぼ同じ場面でのブレなので、２回目のまっすぐな５分足雲の先行スパン２と考えます。このケースではローソク足がタッチしていません。もしタッチしていればここも買い場になります。

逆に、実線の丸印がついているところはまっすぐな先行スパン２になっていて、ローソク足もタッチしていますが、ここは“３回目”になります。エントリーは見送ったほうがよいですが、もしエントリーするなら、その後は細心の注意が必要になる場面です。

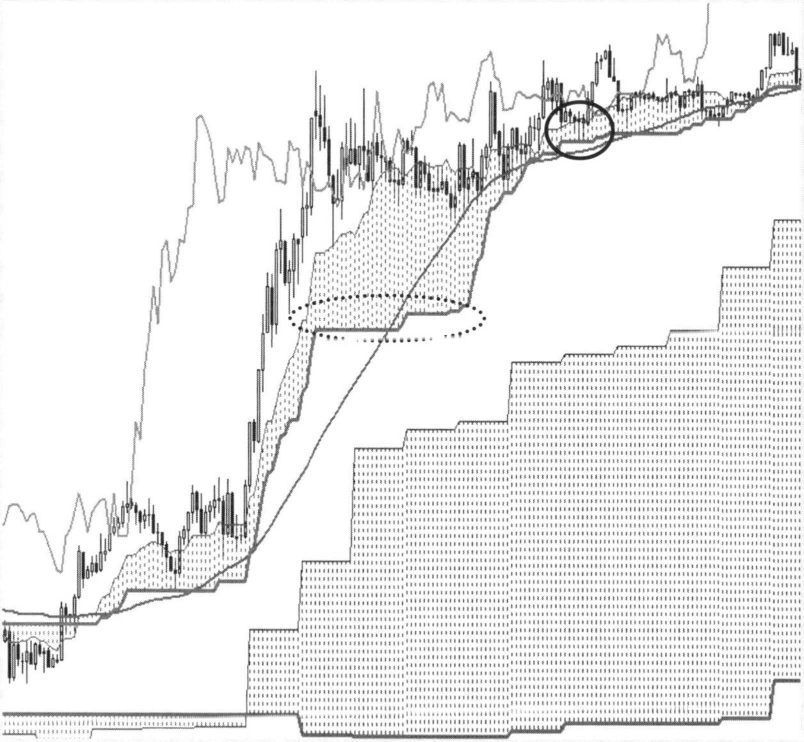

～～　問題Ｄの解説　その３　～～

仮に、前ページの３回目のまっすぐでエントリーしたと想定してみます。この事前の値動きについても見てみましょう。

俯瞰したチャートになっているので見にくいかもしれませんが、下のチャートの丸印のついているところが３回目のまっすぐな先行スパン２の場面です。

見ると分かるように、下がり続けてきた相場が安値をつけて、上昇に転じてからある程度の時間が経過した場面と言えます。相場的には、場面転換の可能性もちらほら見えます。

案の定、丸印をつけたポイントからしばらく時間が経過すると、一気に下落方向に相場が動きました（すぐに戻りましたが）。

再三お話ししているように、「今、どの状態にあるのか」を把握しておかないと、こういう流れに巻き込まれることになります。

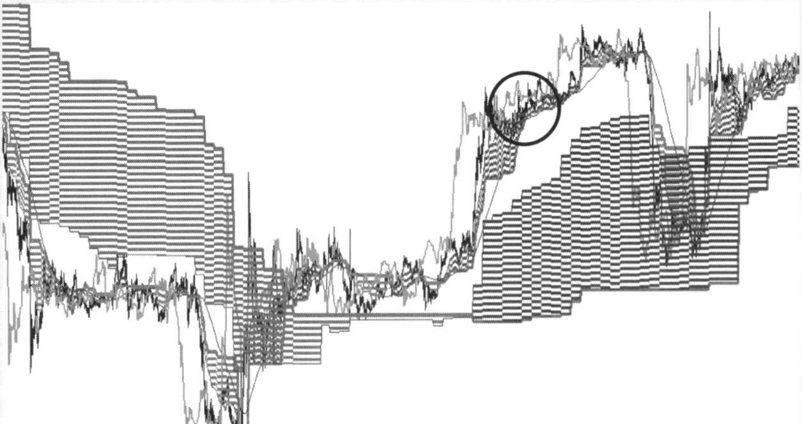

〜〜　問題E　〜〜

少し意地悪な問題です。以下のチャートの丸印の部分は、５分足の先行スパン２にタッチしていますが、エントリーに適しているかどうかというと、正直、エントリーするならば注意が必要になります。その理由を考えてみてください。

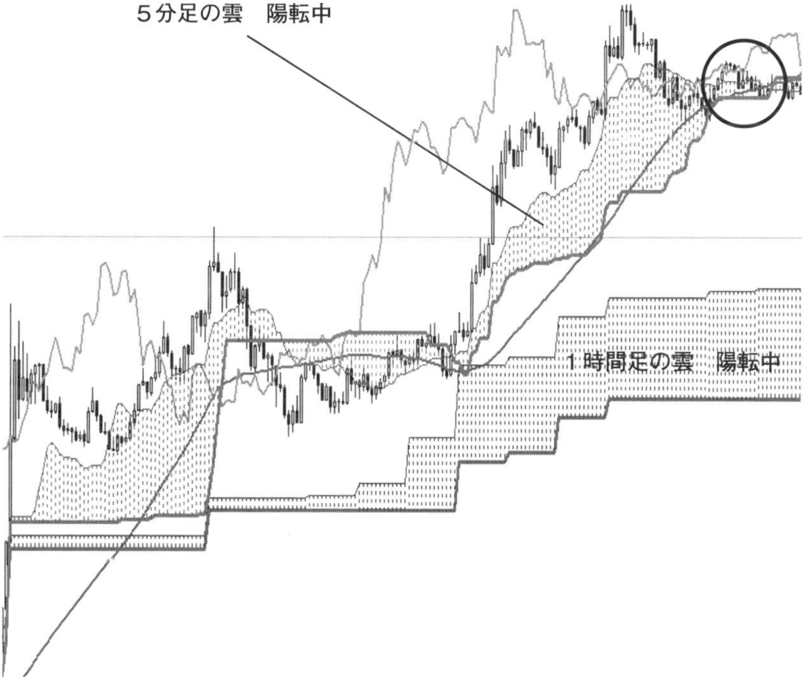

～～ 問題Ｅの解説 ～～

1時間足の雲は陽転、5分足の雲も陽転していますので、ダブル陽転という条件はクリアできています。5分足の先行スパン2を見ると、判断の難しいところではありますが、2回目のまっすぐな先行スパン2にローソク足がタッチしているといえそうです。

ただし、ここでエントリーしようとするなら、すぐに利益確定する気持ちでいないといけません。なぜなら、上げ相場になってから、ある程度の時間が経過しているからです。いつ反転しても決しておかしくはありません。実際、下のチャートを見ると分かるように、丸印の後、それほど時間もかからずに相場は下落し始めています。

第1章でもふれたように、半値トレードは万能の手法ではありません。エントリーするときには、さまざまな条件や状況が必要になります。それらがクリアできているかどうか、必ず確認してください。

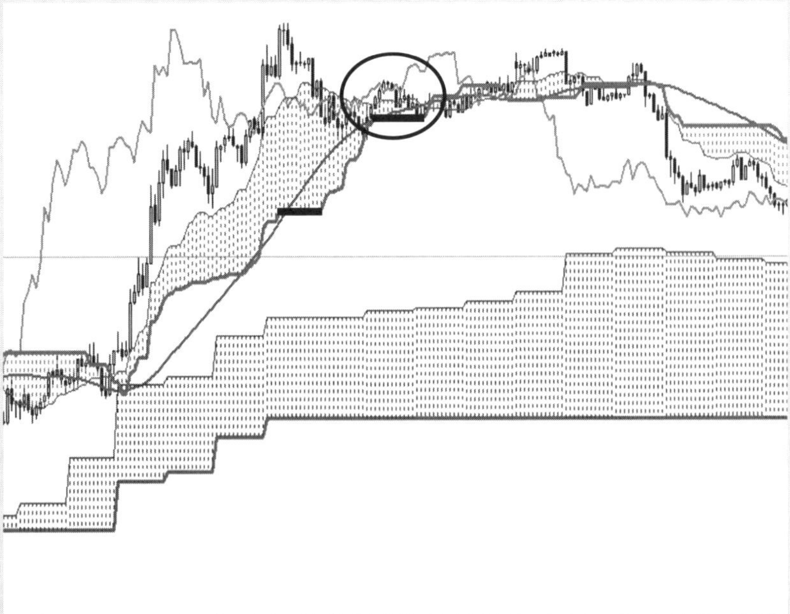

〜〜　問題F　〜〜

以下のチャートを見てください。あなたは丸印のところでエントリーしますか。それとも見送りますか。その理由も考えてください

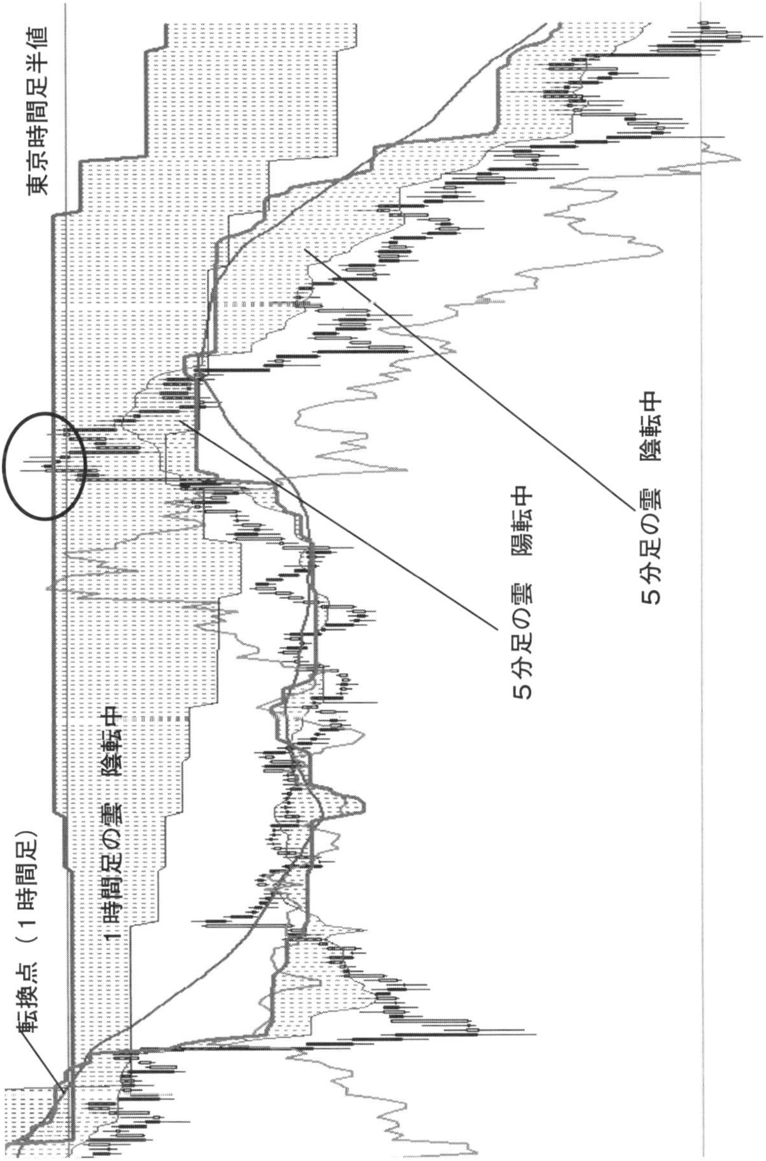

～～　問題Ｆの解説　その１　～～

丸印のところでは、１時間足の先行スパン２と、東京時間足高値安値の半値がほぼ一致しています。一見すると、絶好のエントリーポイントのように映りますが、よく見てください。１時間足の雲は陰転中、５分足の雲は陽転しています。ということは、ダブル陽転、ダブル陰転という、エントリーの基本条件を満たしていないことになります。

結論から言うと、この丸印の時点ではまだ様子見です。どちらに動くのかが分からないからです。エントリーするのであれば、５分足の雲が陰転するか、１時間足の雲が陽転するのを待ちます。

下のチャートの太線は５分足の先行スパン２がまっすぐなところです。このケースでは、太線にローソク足がタッチしていませんが、もしここでタッチしていたら絶好の売りエントリーポイントになります。

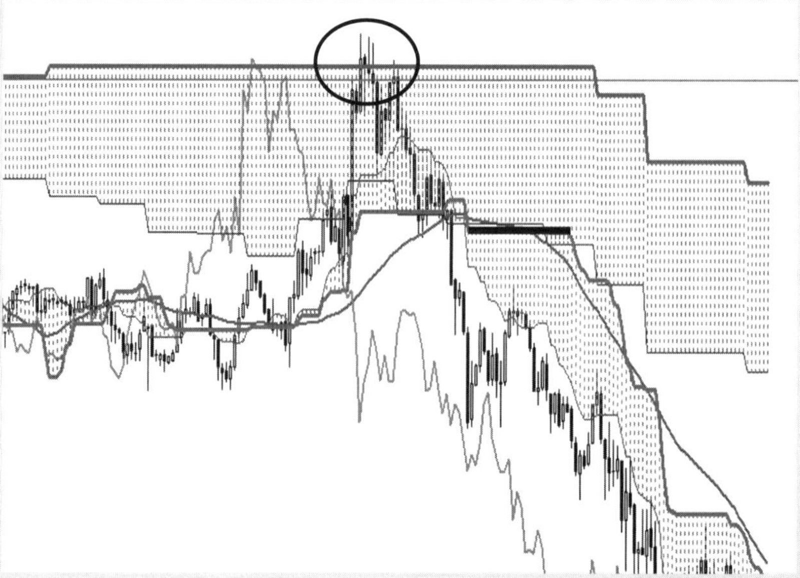

〜〜　問題Fの解説　その2　〜〜

105ページでもお話ししたように、先行スパン2の“まっすぐ”があまりにも短い場合は“まっすぐな先行スパン2”としてカウントしません。必要な長さの目安としては、ローソク足10本分くらいは欲しいところです。

下記のチャートを見てください。まっすぐな先行スパン2が4本あります（①〜④）。このうち、“まっすぐ”な先行スパン2として考えられるのは①と④です。①と④にもしローソク足がタッチしていれば、そのときのローソク足の形にもよりますが、エントリーポイントになります

逆に、②や③は“まっすぐ”な先行スパン2としては数えません。もう少し長さが欲しいところです。

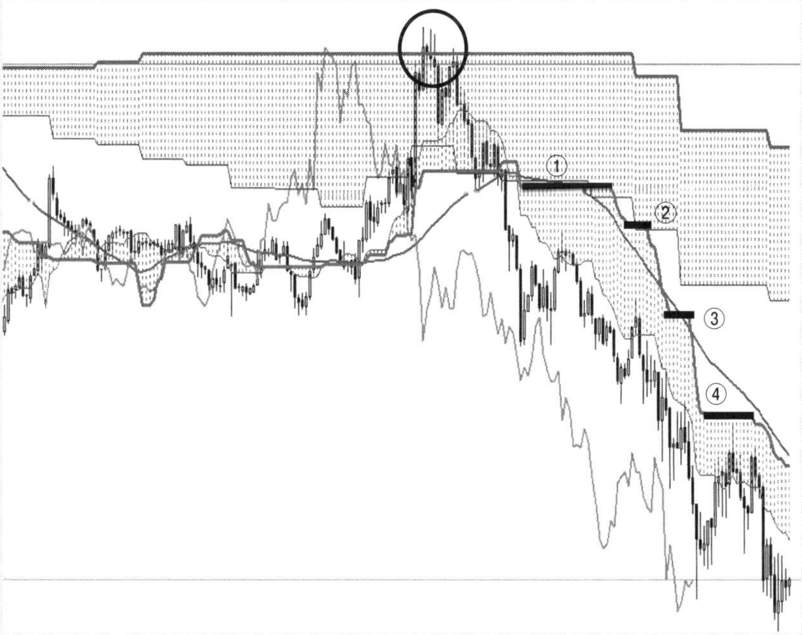

〜〜　問題Ｆの解説　その３　〜〜

１時間足の雲が陰転中で、５分足の雲も陰転しているとき、５分足の先行スパン２がまっすぐなときは、２回目までならエントリーしてもよいルールになっています。

下記のチャートの点線枠を見てください。少なくとも５分足の雲が陰転してから２回目までの先行スパン２がまっすぐなところです。

このときに注意しないといけないことは、エントリーのもうひとつの条件を足すことです。そうです。ローソク足の形です。先行スパン２にタッチしたとき、このチャートの場合であれば、長い陰線や長い上ヒゲが出ているかなども考慮するわけです。それによって、少しでもエントリーの精度を高めることができます。

ちなみに、今回のチャートでは、タッチはしているものの、長い陽線や下ヒゲの陰線でのタッチなので、ここでエントリーするには注意が必要です。慣れないうちは見送ったほうが安全でしょう。

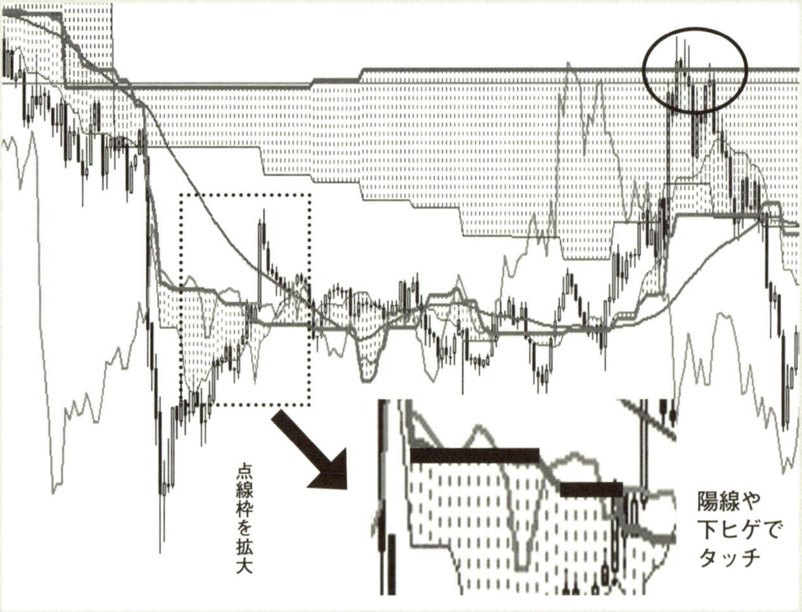

巻末付録

特典のダウンロードと設定方法

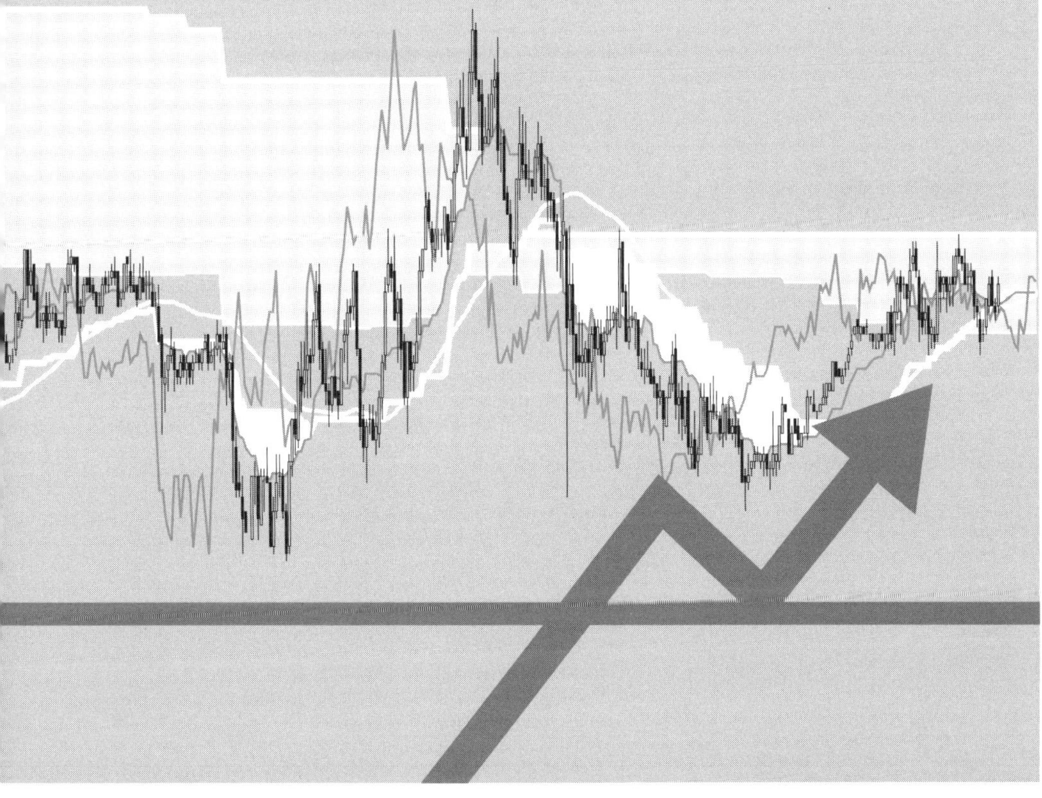

1　特典の設定方法について

ここでは、本書の特典でもあり、半値トレードには欠かせないインジケータとテンプレートの設定方法について順に紹介していきます。

特典（インジケータとテンプレート）のダウンロード

①以下にアクセスしてください。

http://www.panrolling.com/books/gr/gr109.html

②「本書をお求めの方へ」というコーナーに行ってください。
③コーナーにはナンバーを入力する欄がありますので、本書巻末の袋とじの中に記載されているナンバーを入力してください。
④ナンバーを入力すると「電子メールアドレス登録」の画面になります。メールアドレスなどの必要事項を記入した後、「登録」ボタンを押してください。
⑤登録されたメールアドレス宛に、ファイルダウンロード用のアドレスが送られてきます。
⑥アドレスをクリックしてファイルを入手してください。

メタトレーダー４のダウンロードとデモ口座の申請

ファイルの中に入っている「kumo_mtf_.ex4」「ChikouSpan.ex4」「MTF_ChikouSpan.ex4」「Momentum-ZERO.ex4」「tokyo hanne」はコンピュータに保存しないと使えません。まずは、どこに保存するのかについてと、メタトレーダー４のダウンロード方法について簡単にお話しします。

①お手持ちのパソコンの端のほうにある以下の画像（スタート）をクリックして、さらに「コンピュータ」もクリックします。

②すると、以下の画面になりますので、Ｃドライブをクリックして開きます。

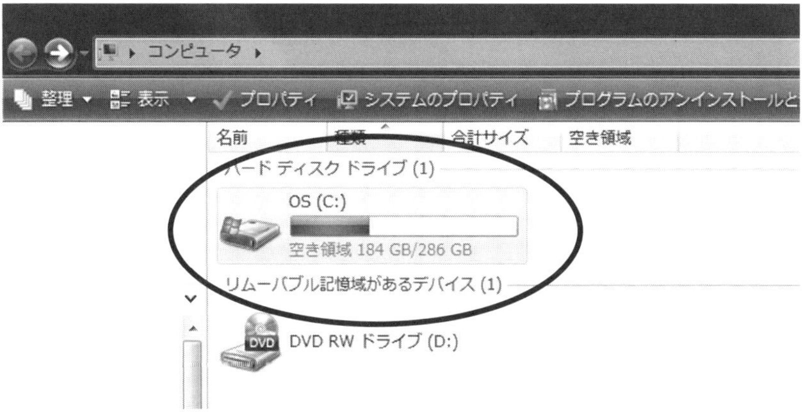

③メタトレーダー４をダウンロード（後述）し、次に「Ｃドライブ」の中に新しいフォルダ（今回は例として「MetaTrader4」と表記）を作り、その中にメタトレーダー４をインストールします。

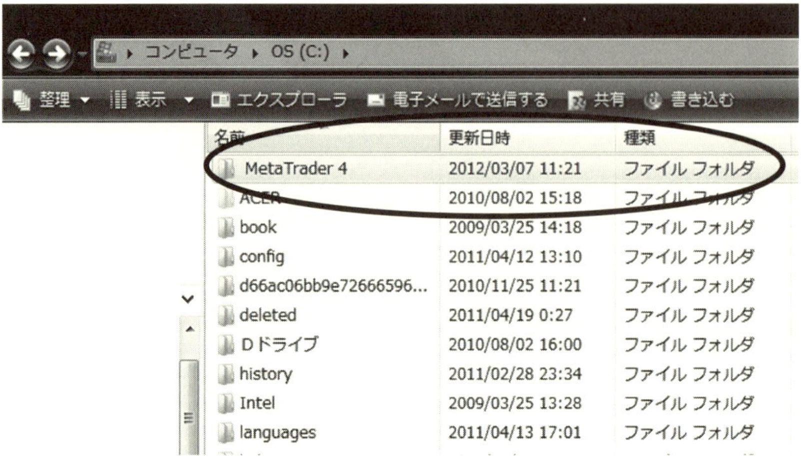

コンピュータに詳しくない方のために補足説明します。メタトレーダー４のダウンロードについては、「メタトレーダー　ダウンロード」で検索すると、無料でダウンロードできるサイトがたくさん見つかりますので、そちらから入手してください。

ここでひとつ注意があります。どのサイトでもよいわけではなく、「ＦＸＤＤ」「ブロッコ」「フォレックスドットコム」か、国内のFX会社のサイトからダウンロードしてください。私のブログからもダウンロードできます。

http://ichimoku119.blog15.fc2.com/blog-entry-356.html

なお、ダウンロード方法については各サイトを参照してください。

「Ｃドライブ」の中に新しいフォルダを作り、その中にメタトレーダー４をダウンロードする方法はウインドウズ７の場合で、XPやvistaの場合は、「Ｃドライブ」の中に「Program Files」がありますので、その中にインストールします。例えば、FXDDからメタトレーダー４をダウンロードした場合は、「Program Files」の中に、「FXDD - MetaTrader 4」のような名前のフォルダができます（以下、FXDDからダウンロードしたと想定して話を進めます）。

④インストール終了後、デモ口座申請画面が表示されます。必要事項を記入の上、「貴社からのニュースレター受取りに同意します」にチェックを入れて、「次へ」をクリックします。「貴社からのニュースレター受取り～～～」にチェックを入れないと先に進めません。なお、電話番号のところでハイフン（－）を入れてしまうと、機種によっては先に進めないこともあります。

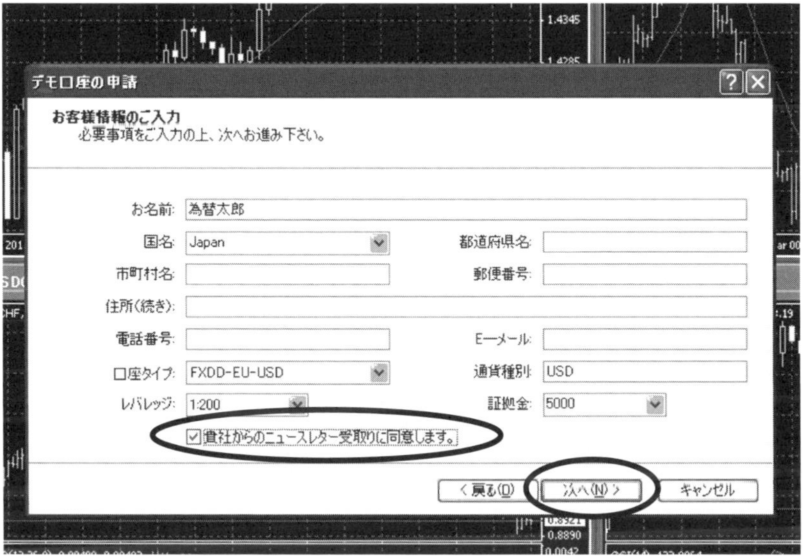

⑤すると、以下の画面が出てきます。丸囲みの部分をクリックした後、「Scan」をクリックします。

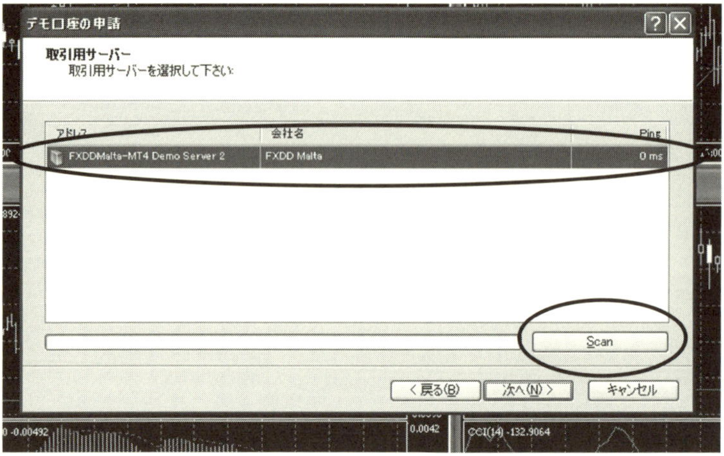

⑥「Scan」が完了すると以下の画面になりますので、「次へ」をクリックします。

⑦最終的に、以下の画面に変わります。念のため、ログインIDとパスワードを書き留めてから、「完了」をクリックします。これで、デモ口座の申請は完了です。

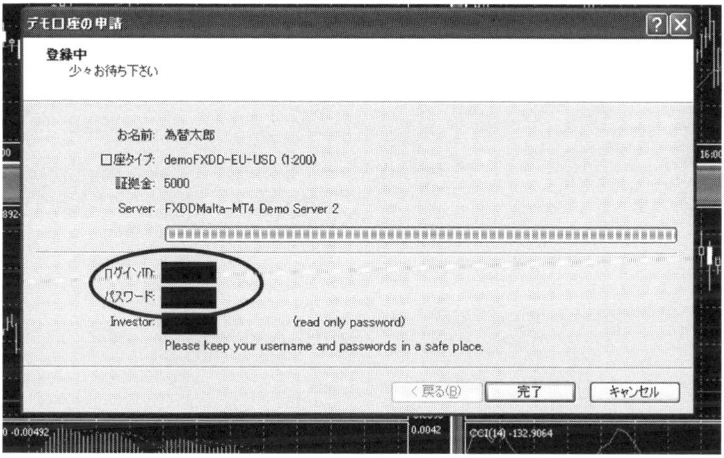

なお、221ページから225ページまでの一連の説明は、「メタトレーダー4　インストール」で検索すると、カラーで分かりやすく説明しているサイトがたくさん見つかります。そちらもぜひ参考にしてみてください。

インジケータとテンプレートを格納する

①まずはインジケータを格納します。Cドライブの中に作った「MetaTrader4」(222ページ参照)を開くと、以下のような画面になります。そこにある「experts」フォルダをダブルクリックして開いてください。

②中に「indicators」フォルダがあります。この中に特典「kumo_mtf_.ex4」「ChikouSpan.ex4」「MTF_ChikouSpan.ex4」「Momentum-ZERO.ex4」をコピーしてから入れます。

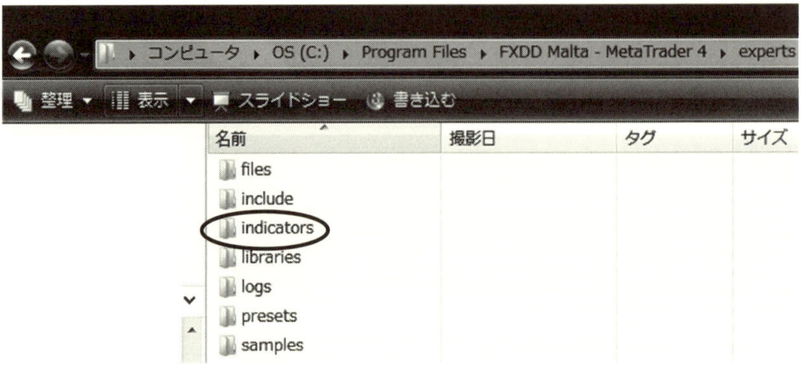

③次に、テンプレートを格納します。Cドライブの中に作った「MetaTrader4」を開くと、以下のような画面になります。そこにある「templates」フォルダの中に「tokyo hanne」をコピーして入れてください。

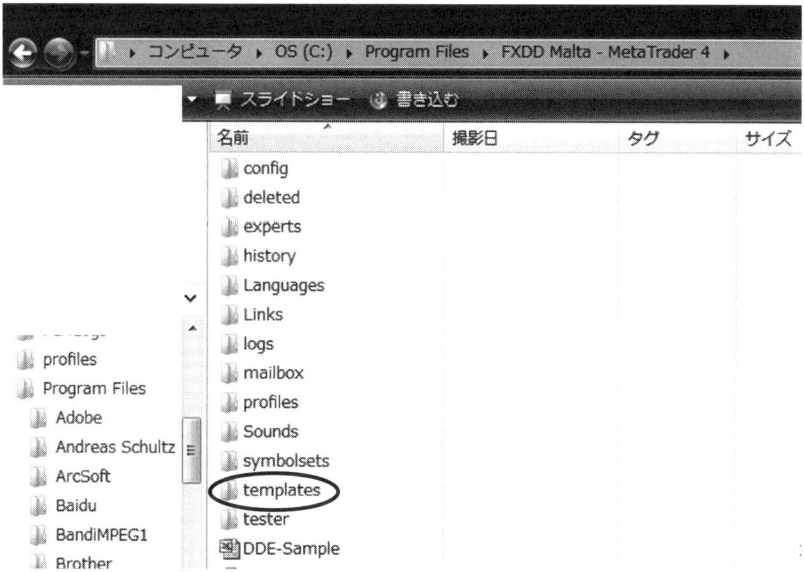

これで、インジケータとテンプレートの格納は終了です。

チャートへの表示方法

①一番左端にある「＋マーク」をクリックしてください。表示したい通貨を選択します。今回はドル円（USDJPY）を選択しました。

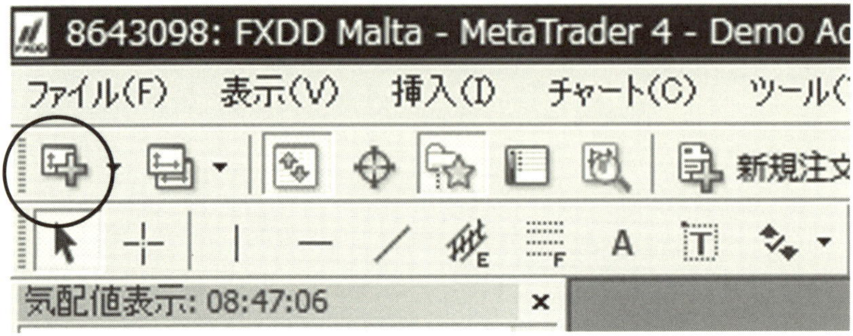

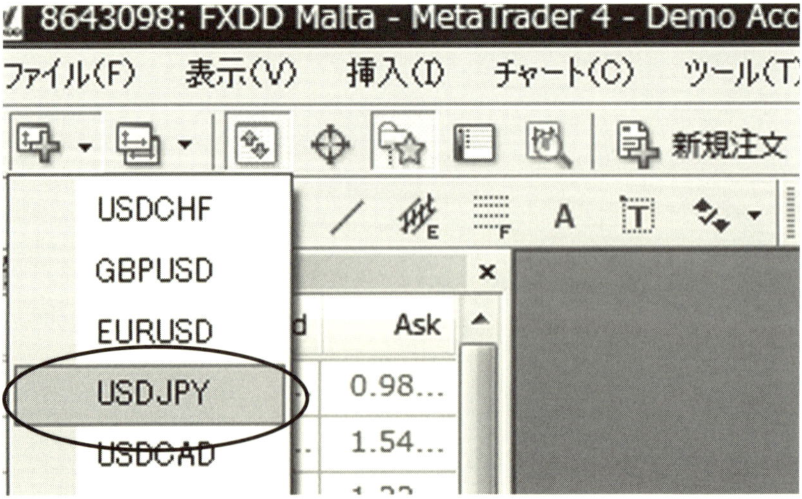

②5分足を選択後、ドル円のチャート上で「チャート（C)」の定型チャートから「Tokyo hanne」を選択します（もしくは画面上で右クリック、定型チャートをクリック後、「Tokyo hanne」を選択)。

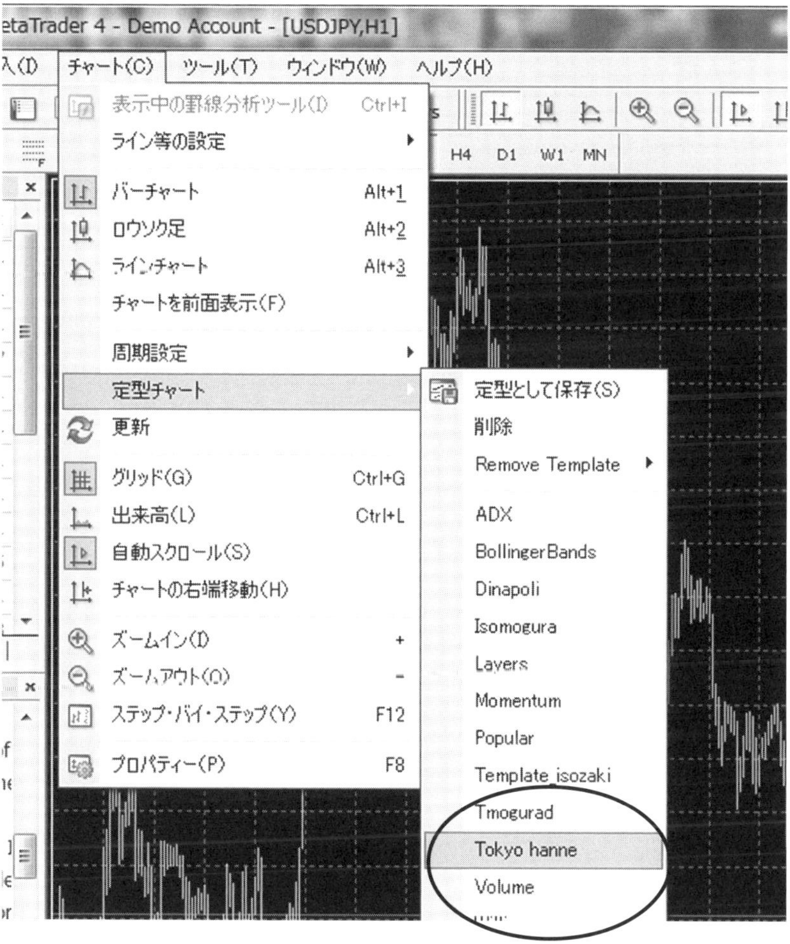

③以下のような画面が表示されると思います。これで完了です。

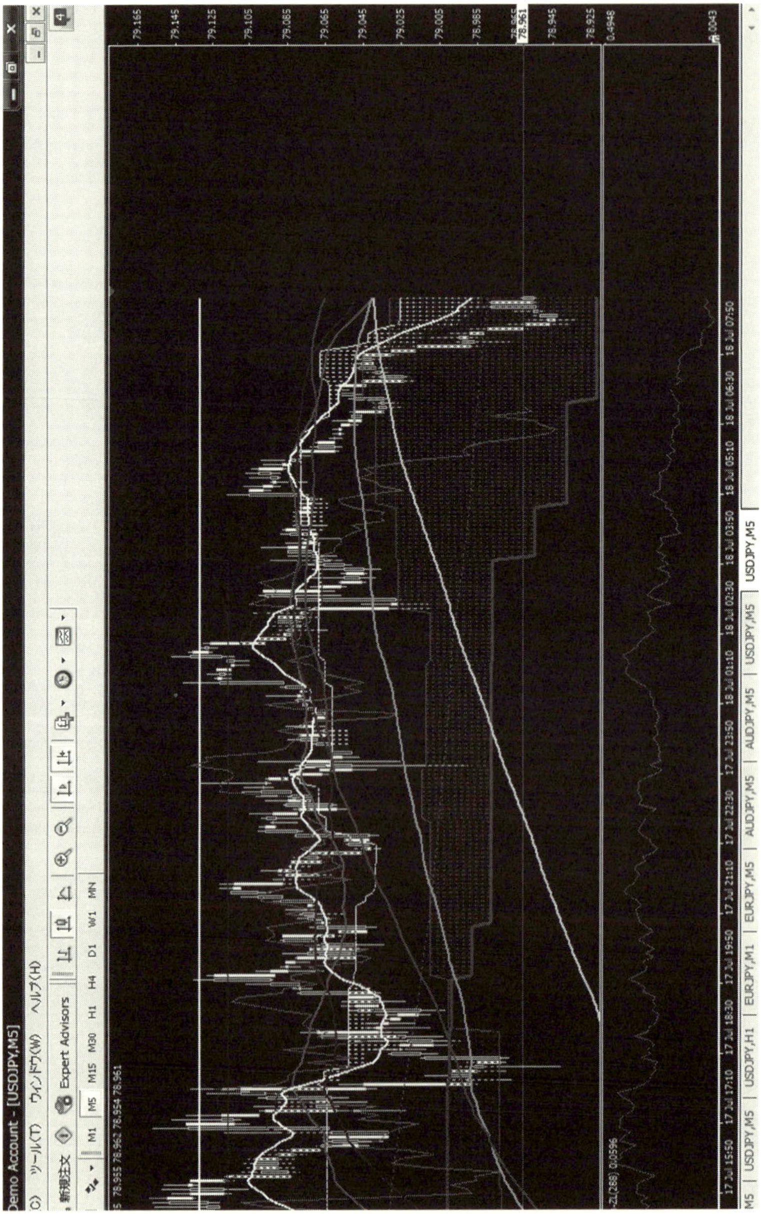

なお、今回は特別に、初心者の人でも売買に迷わないように「モメンタム（Momentum-ZERO.ex4）」や「MTF_ChikouSpan.ex4」を付けています。ですので、テンプレートから導き出されるチャートは本文で紹介しているものとは少し異なります。

もちろん、見え方が違うだけで、使い方に変わりはありません。半値トレードの「肝」となる「kumo_mtf_.ex4」については第2章に使い方（見方）を、また「Momentum-ZERO.ex4」については第4章に使い方（見方）を、「MTF_ChikouSpan.ex4」第1章に簡単な解説を載せていますので、ご覧ください。

1）縦線を引きたい場合

メタトレーダー４上で縦に線を引きたい場合は、以下の丸印の部分をクリックした後、チャート画面上でもう一度クリックします。

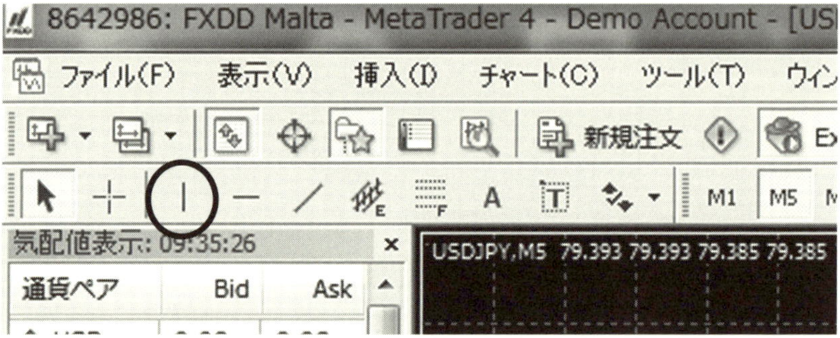

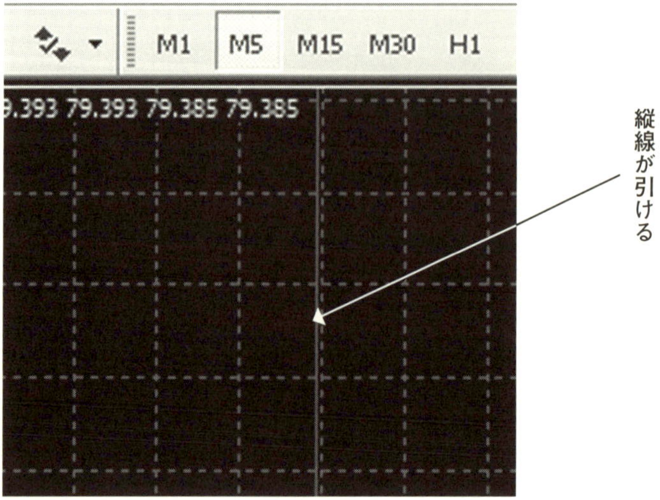

2）縦線の色を変えたい場合

チャート上で右クリックし、「ライン等一覧」をクリックします。

すると、以下の画面が出てくるので、変更したいラインをクリックして選択した後、「編集」をクリックします。ちなみに、ここで「削除」を押すと縦線を消すことができます。

以下の画面になるので、ここで色や線の太さなどを変更します。なお、線の編集の仕方は、横線も斜線もすべて同じです。

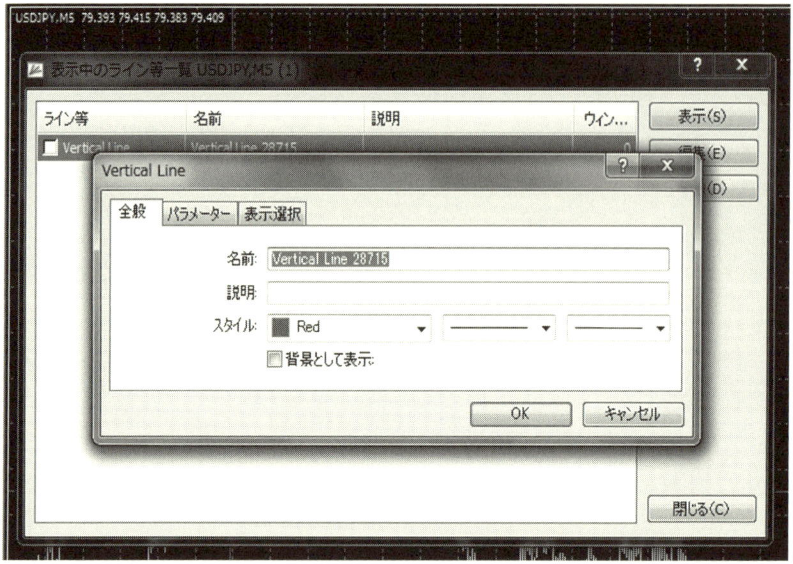

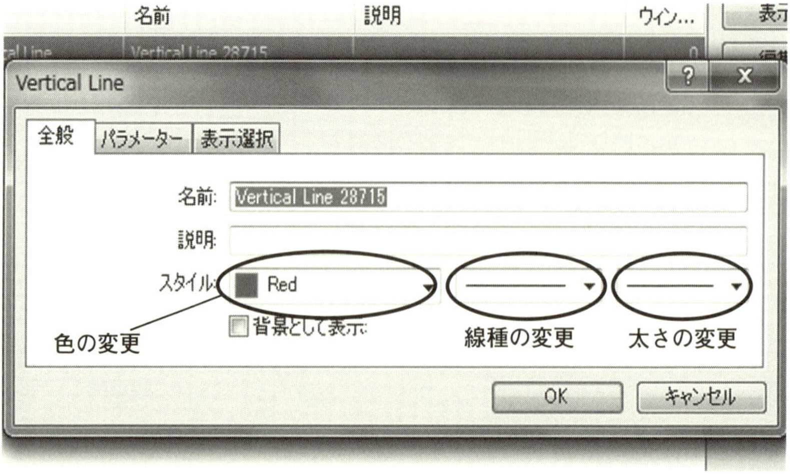

3）横線を引く

メタトレーダー４上で横に線を引きたい場合は、以下の丸印の部分をクリックした後、チャート画面上でもう一度クリックします。

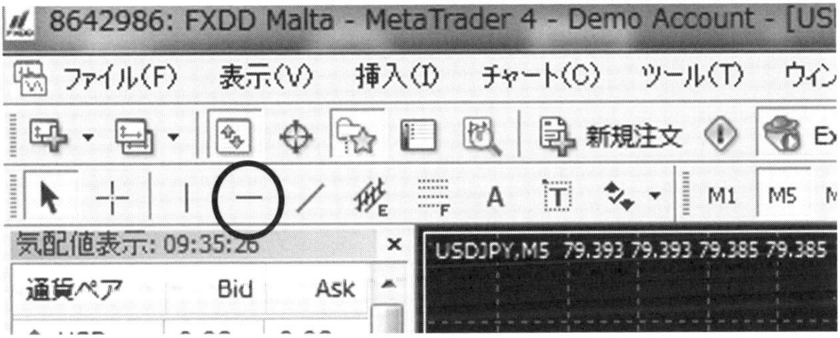

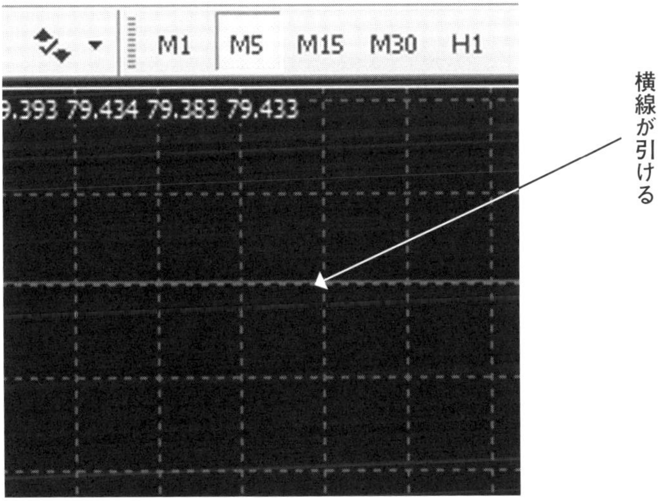

4）斜線を引く

トレンドラインなど、メタトレーダー４上で斜めに線を引きたい場合は、以下の丸印の部分をクリックした後、チャート画面上でもう一度クリックします。

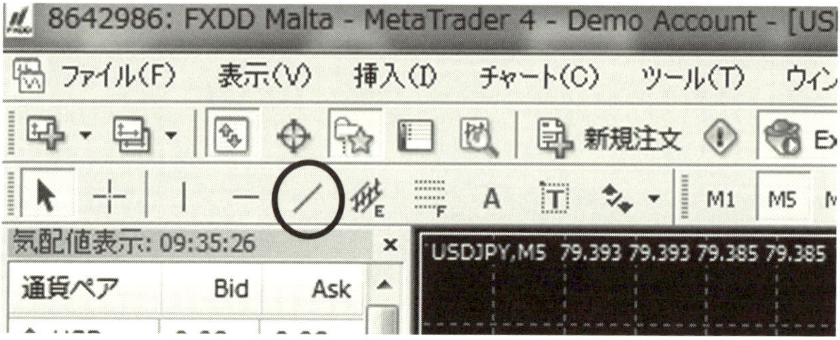

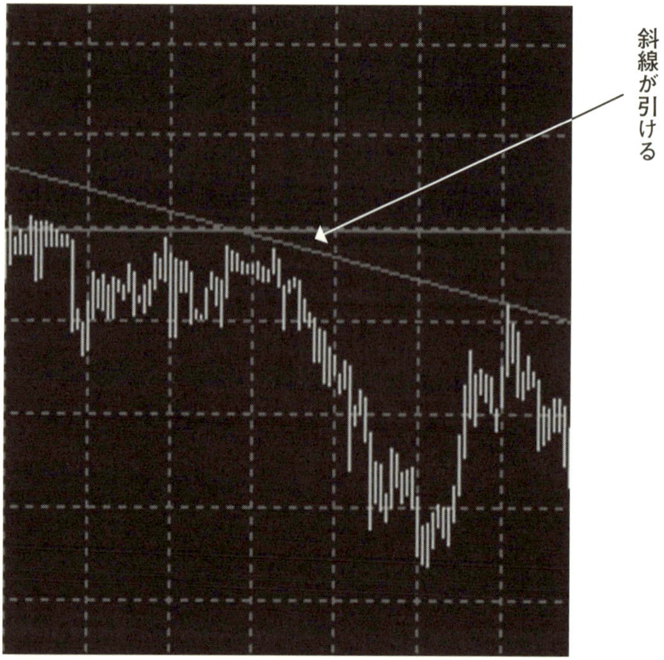

5）背景を変化する

メタトレーダー４では、デフォルトのままですと、チャート自体は黒い背景に緑色のローソク足で表示されます。もしこの色を変えたければ、「チャート」から進んで「プロパティー」をクリックします。

すると、以下の画面になります。白の背景に黒色のローソク足を表示させたいのなら「Black On White」をクリックします。

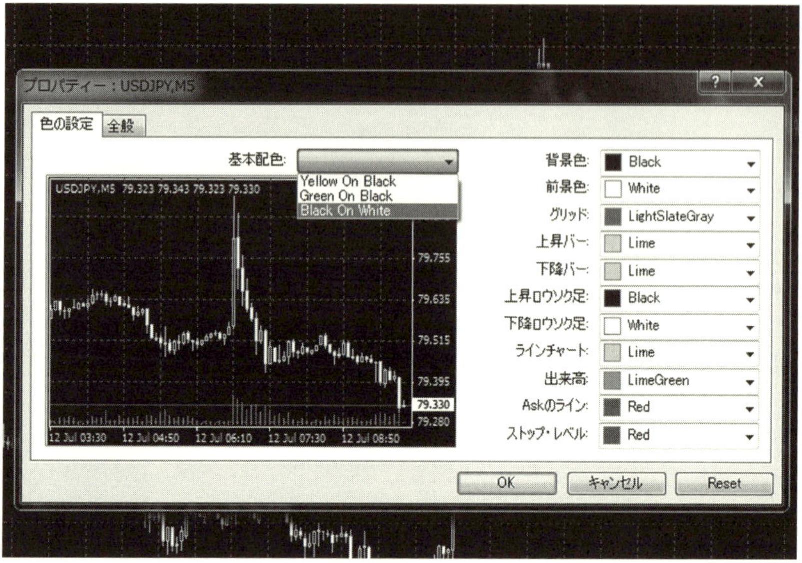

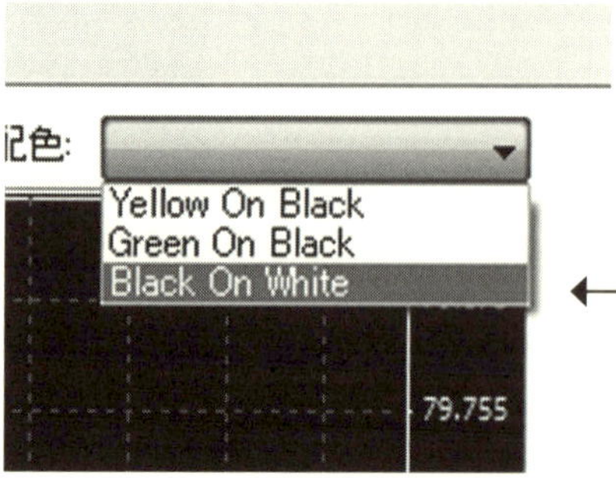

←―― クリックする

最終的には、以下の画面になります。

6）バーチャートではなくローソク足を表示させる

日本人になじみの深いローソク足でチャートを表示するには、以下の画面の丸印の部分をクリックします。クリックしたのに画面が変わったような気がしない場合は「拡大ボタン（四角で囲んだところ）」を押してください。

7）時間軸を変更する

チャートの表示を5分足や15分足、1時間足などに変更するときは、以下の画面の丸印の内のどれかをクリックします。

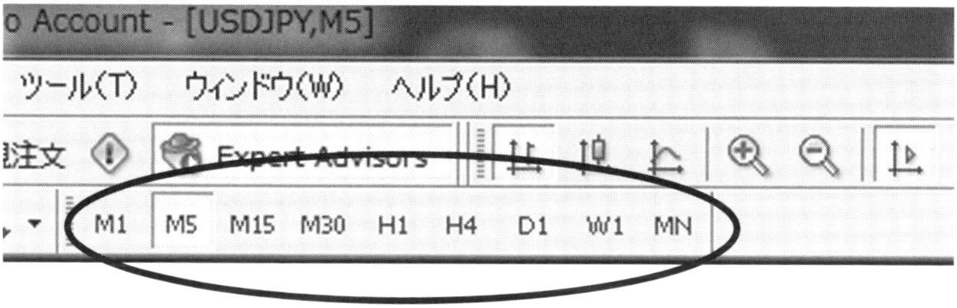

「M1」を押せば1分足のチャートに、「M5」を押せば5分足のチャートに、「H1」を押せば1時間足のチャートに変更します。

M1：1分足チャート　M5：5分足チャート

M15：15分足チャート　M30：30分足チャート

H1：１時間足チャート　H4：４時間足チャート

D1：日足チャート　W1：週足チャート

MN：月足チャート

8）インジケータを表示させる

メタトレーダー４にはさまざまなインジケータが装備されていて、任意に表示させることができます。今回は「平均足」を例に紹介します。

まずは、「Heiken Ashi」と書いてあるところをクリックし、クリックしたまま、チャート上にマウスを動かします。

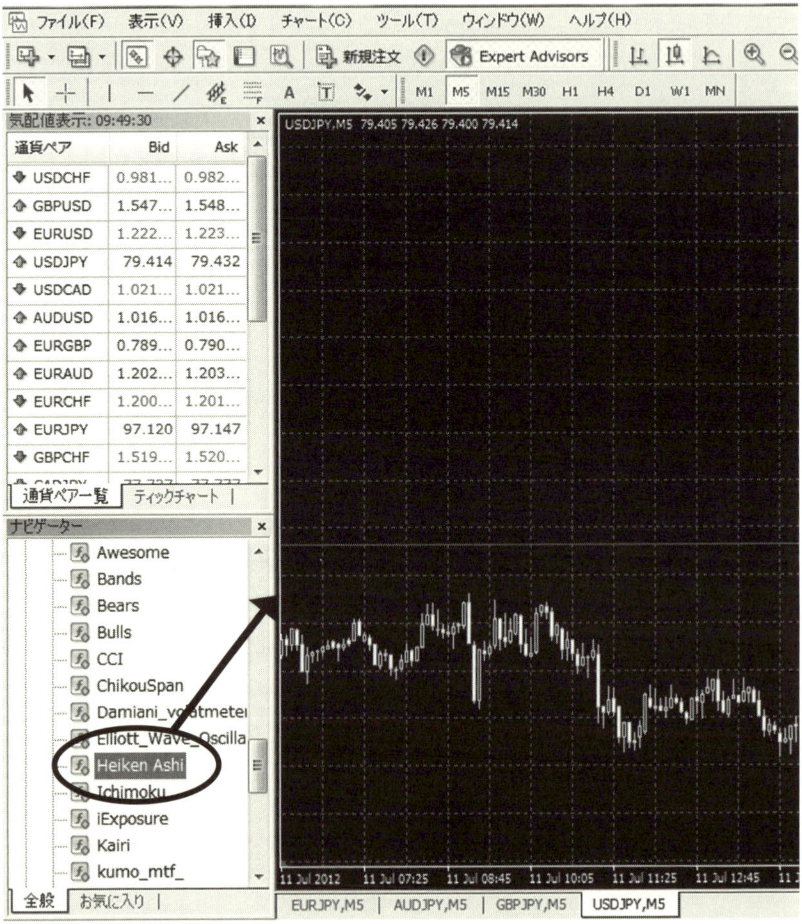

すると、以下の画面になります。「OK」を押してください。もしパラメーターや色などを変更したい場合は丸印内のいずれかをクリックして、自分で設定します。

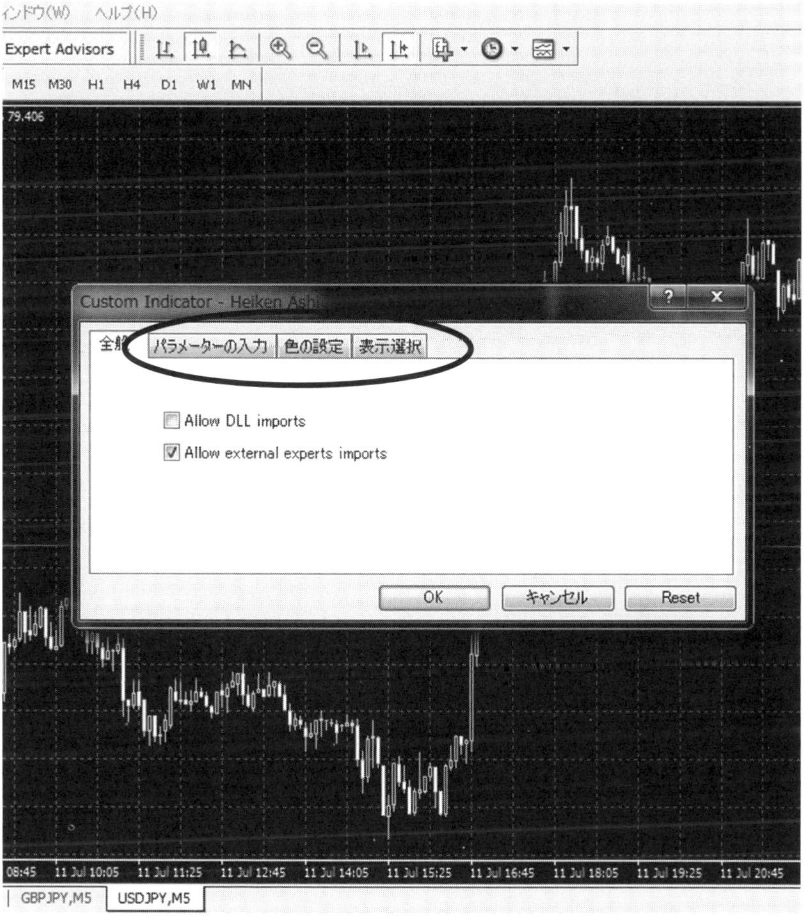

最終的には以下のような画面になります。

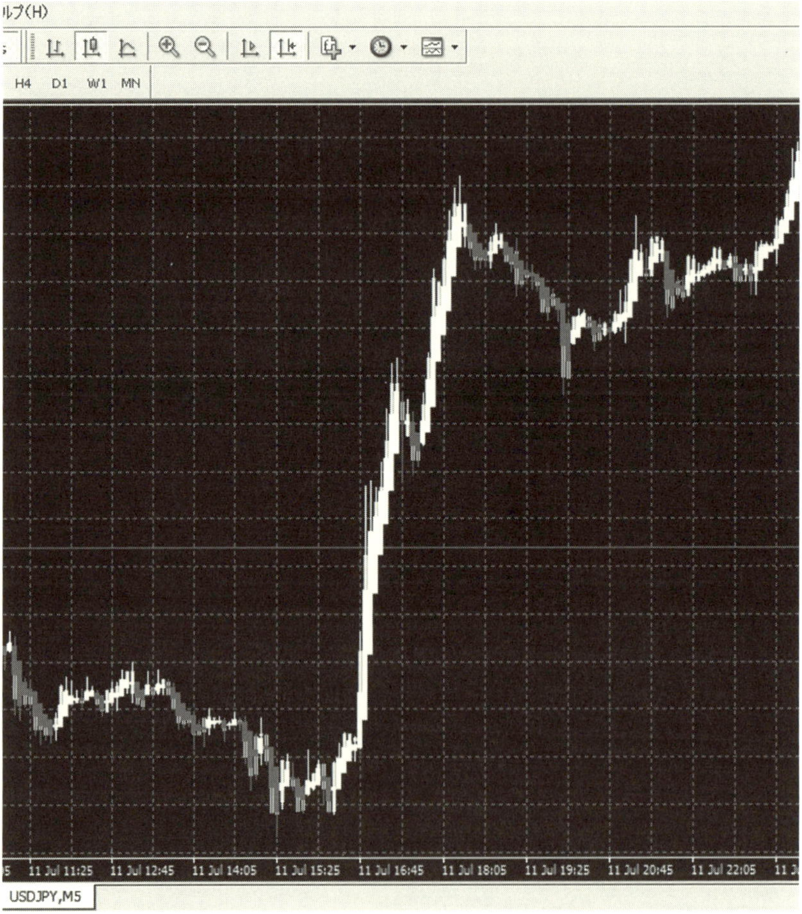

ほかのインジケータ（移動平均線やボリンジャーバンドなど）を表示させるときも、やり方は一緒です。なお、不要になったインジケータを消す場合は、削除したいインジケータ上で右クリックして「分析ツールを削除」を押してください。

9）フィボナッチ・リトレースメントを表示させる

まず、以下の丸印をクリックします。

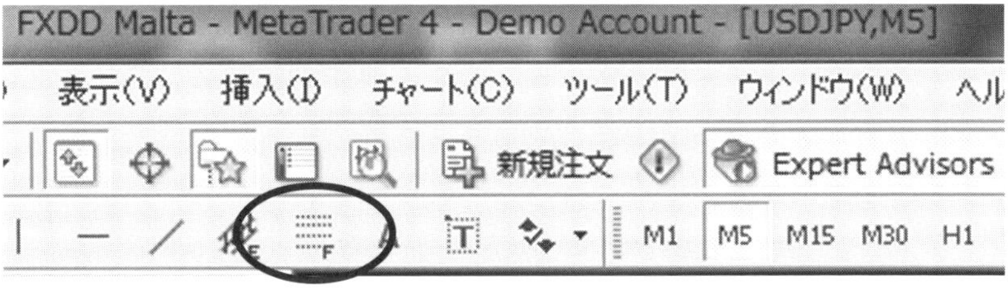

次に、チャート上で左クリックしたまま、マウスを上下に動かすと、以下のような画面になります。これで表示は完了です。

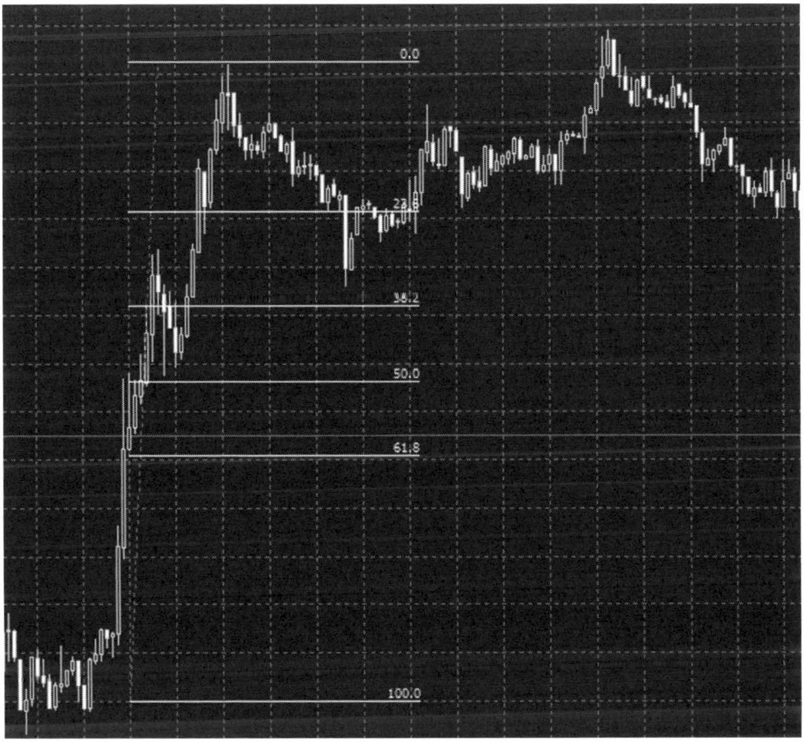

10）特典のインジケータの設定を変更する

「kumo_mtf_.ex4」「ChikouSpan.ex4」「MTF_ChikouSpan.ex4」「Momentum-ZERO.ex4」のパラメーターや色を変えたい場合は次の手順になります（「kumo_mtf_.ex4」を例に紹介）。

まず、チャート上で右クリックして、「表示中の罫線分析ツール」をクリックします

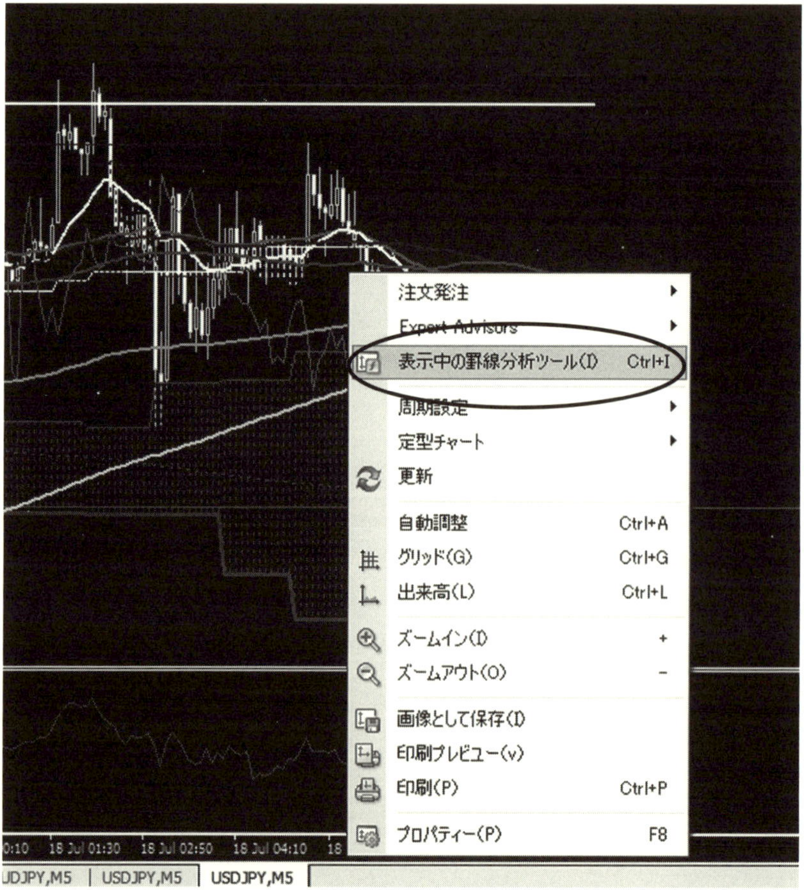

すると、以下のウインドウが出てきます。「kumo_mtf_.ex4」を選択して「編集」をクリックします。

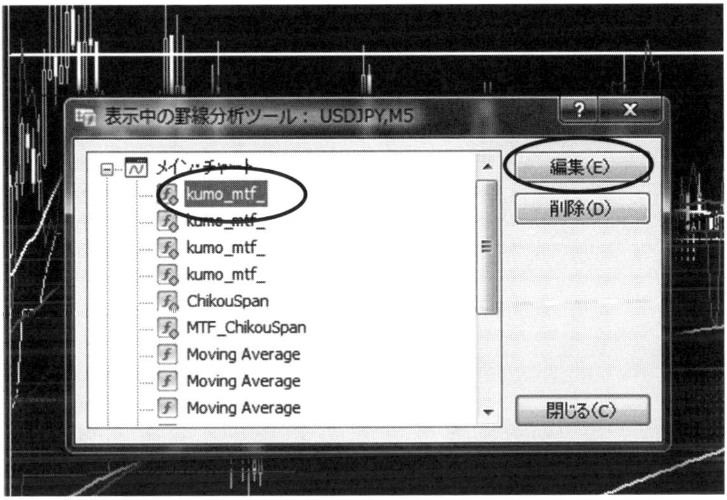

「編集」を押すと以下の画面になります。各種パラメータを設定したいときは、以下の「パラメーターの入力」画面で設定します。終わったら「OK」を押します。

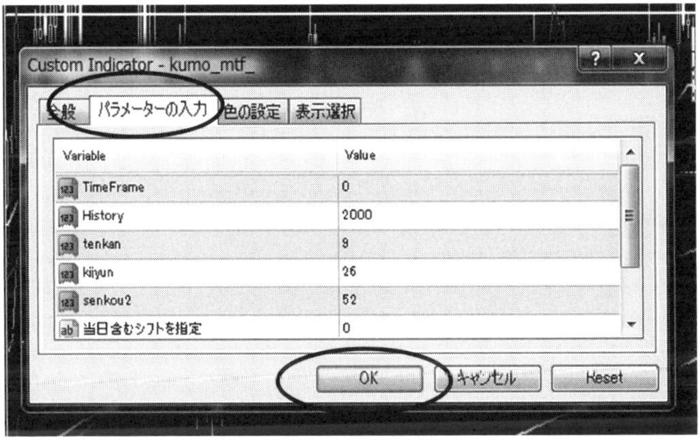

色を変更したい場合は「色の設定」を押して、そこで設定します。

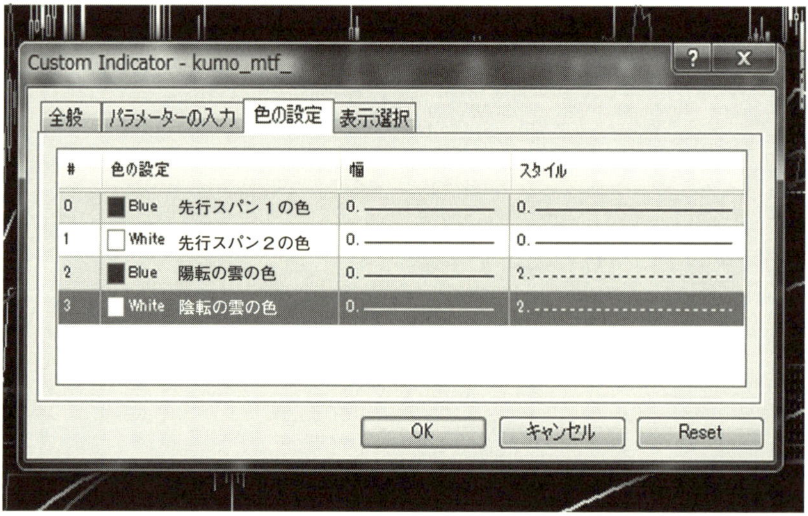

あとがき

2012年の2月に行った「投資戦略フェアEXPO2012」や、その様子をまとめた「ＤＶＤ正しい根拠に基づく罫線売買術」は、本当にたくさんの方にご覧になっていただいております。ありがとうございました。嬉しい限りです。

本書は、大きなことを言うならば、「意識改革」を目指して制作してきました。なぜなら、初心者の方の多くは「簡単に儲かる」とか、「いくら儲かる」とか、高勝率の売買手法にばかり意識を向ける傾向にあるからです。

この人たちに「相場の本当の素晴らしさ」や「変わることはない価値のあるもの」をどうやって伝えるか。本書は、このことがテーマになっている本だと思います。

ただ、「どうすれば伝わるか」には悩みました。というのも、初心者の方には「雲」や「半値」を使う売買手法は分かりにくいかもしれないと感じていたからです。実際、「難しい」と思っている方も多いと思います。

そこで、文章は平易に、必要なことだけを伝えるようにして、図解の解説をふんだんに入れました。やってみると、この作業は大変でした。この一番大変なところを編集の磯崎さんが手伝ってくれました。本当に、ありがとうございました。

苦労した甲斐あって、分かりやすいものができたのではないかと自負しております。

私の父は、私が15才のときに他界しました。以来、女手ひとつで私を育ててくれた今は亡き母。そんな母に、生前、言われていたことがあります。

「あなたは波乱万丈な人生を歩んできたのだから本を書きなさい」

と。今、ようやく実現できました。

母の看病をしているときに、世の中には努力をしてもどうにもならないことがあることを思い知らされました。

「時間が来ればこの世を去る日が来る」。当たり前のことですが、いつもは普通に生きているだけに忘れてしまうことです。一番ありがたいことなのかもしれません。

この本は母のことを想いながらも書いています。人にはこの世を去る日が来ますが、良い本はいつまでも残ります。

母は誰からも愛される人でした。この本も、誰からも愛される存在になってくれれば幸いです。

——この原稿を書き終えたその日に母が夢に出てきた2012年7月某日

著者紹介：アンディ（沼田武）

専業トレーダーとして生計を立てる。運営するブログ「アンディのFXブログ」で、日々のトレードに関する売買手法を執筆。
東京時間半値や一目均衡表を応用したもぐらトレードと名付けた手法で多くの投資家を魅了する。
営業マン時代、日本で一番と二番の仕手筋（投資家）から大口注文を受けるなど、その確かな投資眼には定評がある。
メディア取材も多く、「週刊SPA!」「YenSPA」（扶桑社）、「ダイヤモンドZAi」（ダイヤモンド社）などで紹介されている。

2012年09月04日　第1刷発行
2012年09月13日　第2刷発行
2017年04月02日　第3刷発行
2018年07月02日　第4刷発行

17時からはじめる東京時間半値トレード
～勝率50％の分岐点こそが相場の原点～

著　者　　アンディ
発行者　　後藤康徳
発行所　　パンローリング株式会社
〒160-0023　東京都新宿区西新宿7-9-18-6F
TEL 03-5386-7391　FAX 03-5386-7393
http://www.panrolling.com
E-mail　info@panrolling.com
装　丁　　パンローリング装丁室
組　版　　パンローリング制作室
印刷・製本　株式会社シナノ

ISBN978-4-7759-9116-9

アンディの もぐらトレード シリーズ

もぐらトレードとは？

まるで地面から顔をだしたもぐらを叩くように、ローソク足が雲を抜けて上昇するところを狙う「もぐらトレード」。買い手と売り手の力が拮抗するポイントになりやすい半値（売買勢力分岐点）に着目し、押し目・戻りのタイミングを狙うアンディ氏考案の罫線売買術。

東京時間足インジケーター【メタトレーダー版】

ダウンロード販売

21,000円（税込）　商品番号:111636

もぐらトレードの基本となる、9時～17時までの東京時間の値動きをローソク足に見立てた「東京時間足」を基本とするインジケーター。

世界初公開 新型丸秘雲 初心者用【メタトレーダー版】

ダウンロード販売

21,000円（税込）　商品番号:111670

数多く存在する半値から、重要な売買勢力分岐点がひと目でわかる。マーケットの転換点を算出するインジケーター。

水蒸気インジケーター【メタトレーダー版】

ダウンロード販売

21,000円（税込）　商品番号:111637

雲が熱によって水蒸気になるような形から名づけられた、雲と移動平均で相場の強弱を見極めるインジケーター。

DVD 正しい根拠に基づく罫線売買術

定価 本体4,800円＋税　ISBN:9784775963654

モグラトレードのコンセプトが分かりやすく！水蒸気などの戦略もご紹介！

▶お求めは

トレーダーズショップで http://www.tradersshop.com/ Tel:03-5386-7391

バカラ村

国際テクニカルアナリスト連盟 認定テクニカルアナリスト。得意通貨ペアはドル円やユーロドル等のドルストレート全般である。デイトレードを基本としているが、豊富な知識と経験に裏打ちされた鋭い分析をもとに、スイングトレードやスキャルピングなどを柔軟に使い分ける。1日12時間を超える相場の勉強から培った、毎月コンスタントに利益を獲得するそのアプローチには、個人投資家のみならず多くのマーケット関係者が注目している。

DVD バカラ村式　FX短期トレードテクニック
勝率を高める相関性

定価 本体3,800円+税　ISBN:9784775965047

普遍的に使えるトレードの考え方!

実際に行ったトレードを題材にしています。良いトレードだけでなく、悪かったトレードも挙げて、何を考え、何を材料に、どうしてエントリーしたのか、どうしてイグジットしたのかを話します。
テクニカル分析という内容だけではなく、実際に行ったトレードということで、見ていただいた方の収益に直結すれば嬉しく思います。また、金融市場全体として、資金の流れが他の市場にも影響を受けることから、相関性についても述べます。相関性を利用することで、勝率が上がりやすくなります。

DVD バカラ村式
FX短期トレードテクニック
勝ち組1割の考え方
定価 本体3,800円+税　ISBN:9784775964897

どの価格がエントリーに最適かをチャートから読み取り、ストップはそれを越えたところにすればよい。そんなポイントをどう読み取るのかをチャートを使って説明する。

DVD **15時からのFX**
定価 本体3,800円+税　ISBN:9784775963296

「ボリンジャーバンド」と「フォーメーション分析」を使ったデイトレード・スイングトレードの手法について、多くの実践例や動くチャートをもとに詳しく解説。

DVD **15時からのFX実践編**
定価 本体3,800円+税　ISBN:9784775963692

トレード効果を最大化するデイトレード術実践編。勝率を高めるパターンの組み合わせ、他の市場参加者の損切りポイントを狙ったトレード方法などを解説。

DVD バカラ村式
FX短期トレードテクニック
相場が教えてくれる3つの勝ちパターン
定価 本体3,800円+税　ISBN:9784775964613

受講者全員が成功体験できた幻のセミナーが遂に映像化。勝っている人は自分自身の勝てるパターンを持っている。簡単だけど、勝つために必要なこと。

DVD バカラ村式
FX短期トレードテクニック
相場は相場に聞け
定価 本体3,800円+税　ISBN:9784775964071

講師が専業トレーダーとして、日々のトレードから培ったスキルを大公開!「明確なエントリーが分からない」・「売買ルールが確立できない」・「エントリー直後から含み損ばかり膨らむ」などのお悩みを解決!

えつこ

毎月 10 万円からスタートして、月末には数百万円にまで膨らませる専業主婦トレーダー。SE として銀行や証券会社に勤務し、その後、ソフト開発の会社も経営していたが、息子を妊娠後、専業主婦になる。今は専業トレーダーとなり、相場の勢いをつかむ方法を独学で学び、毎日トレードに励んでいる。FX の利益で、発展途上国の子供たちや貧困層を援助する財団を設立することが夢。

1日3度のチャンスを狙い撃ちする
待つFX
相場の勢いをつかんで勝負する損小利大の売買をメタトレーダーで実践
えつこ【著】
私たち素人が市場からお金をもらえるときは
きちんと動いているときだけです。（勢いがある）
勢いのある時間帯に実際に勢いが出たときだけエントリー
見るべきテクニカル指標は2つ（ADXDMIとBBand Width Ratio）だけ。
定価 本体2,000円+税
Pan Rolling

1日3度のチャンスを狙い撃ちする待つFX

定価 本体2,000円+税　ISBN:9784775991008

相場の勢いをつかんで勝負する
損小利大の売買をメタトレーダーで実践

本書で紹介する方法は、「MetaTrader4」を使った驚くほどシンプルなもの。難しい考え方や手法はひとつもない。あえて極論するならば、方法さえわかれば、小学生にでもできるようなものだ。なぜなら、すべきことが決まっているからだ。
今、思うように利益が出せていない人、利益も出せるが損失も出してしまう人など、"うまくいっていない"と感じている人に、ぜひ本書を手に取ることをおすすめする。

DVD

もう一歩先の待つFX 通貨の相関性とV字トレンド

定価 本体4,800円+税　ISBN:9784939103346

勢いとPivotで見極める決済基準
通貨の相関性は、合成通貨でトレードをする上では大変重要な考え方。その通貨の相関性と、勢いを掴むテクニカルと、PIVOTの考え方で、勢いがついたチャートは何処まで動くのか、そしてどこまでポジションを持つのが安全なのかを説明。

DVD

テクニカルとファンダメンタルで待つFX 相場の勢いをもっと掴むトレード

定価 本体4,800円+税　ISBN:9784775963685

「ポジティブか」「ネガティブか」「無反応か」
見るべき3つのポイント！ これまでのテクニカルと合成通貨のおさらいはもちろん、講師が重視するファンダメンタルの見方を重点的に解説。

DVD 安全思考の待つFX

定価 本体3,800円+税　ISBN:9784775964088

勝手に動く相場（チャート）を通して、世界中の機関投資家といわれるプロの集団と同じように利益だけを残すためには、「トレードをして良い時」と「トレードしてはいけない時」を見極めろ！

ウィザードブックシリーズ 228

FX 5分足スキャルピング

プライスアクションの基本と原則

定価 本体5,800円+税　ISBN:9784775971956

132日間連続で1日を3分割した5分足チャート【詳細解説付き】

本書は、トレーダーを目指す人だけでなく、「裸のチャート（値動きのみのチャート）のトレード」をよりよく理解したいプロのトレーダーにもぜひ読んでほしい。ボルマンは、何百ものチャートを詳しく解説するなかで、マーケットの動きの大部分は、ほんのいくつかのプライスアクションの原則で説明でき、その本質をトレードに生かすために必要なのは熟練ではなく、常識だと身をもって証明している。

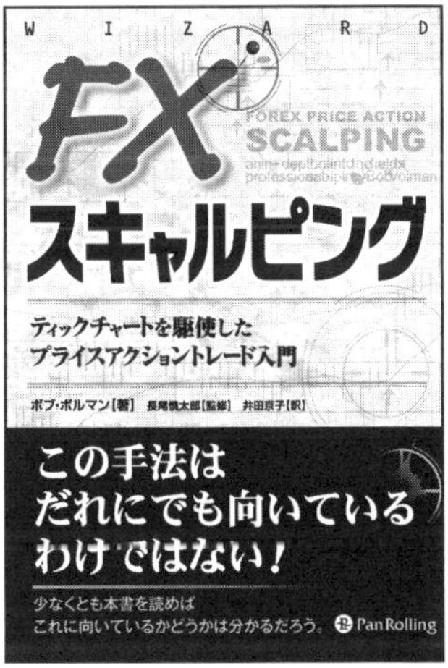

ウィザードブックシリーズ 200

FXスキャルピング

ティックチャートを駆使したプライスアクショントレード入門

定価 本体3,800円+税　ISBN:9784775971673

無限の可能性に満ちたティックチャートの世界！ FXの神髄であるスキャルパー入門！

日中のトレード戦略を詳細につづった本書は、多くの70ティックチャートとともに読者を魅力あふれるスキャルピングの世界に導いてくれる。そして、あらゆる手法を駆使して、世界最大の戦場であるFX市場で戦っていくために必要な洞察をスキャルパーたちに与えてくれる。

ウィザードブックシリーズ 225

遅咲きトレーダーのスキャルピング日記

1年間で100万ドル儲けた喜怒哀楽の軌跡

定価 本体3,800円+税　ISBN:9784775971925

トレード時の興奮・歓喜・落胆・逆上・仰天・失望・貪欲の心理状態をチャートで再現

関連書籍

ウィザードブックシリーズ123

実践FXトレーディング

著者：イゴール・トシュチャコフ

定価 本体3,800円+税　ISBN:9784775970898

ソロス以来の驚異的なFXサクセスストーリーを築き上げた手法と発想！ 予測を排除した高勝率戦略！　勘に頼らず、メカニカルで簡単明瞭な「イグロックメソッド」を公開。

ウィザードブックシリーズ118

FXトレーディング

著者：キャシー・リーエン

定価 本体3,800円+税　ISBN:9784775970843

外為市場特有の「おいしい」最強の戦略が満載！ テクニカルが一番よく効くFX市場！ 今、もっともホットなFX市場を征服するには……？

ウィザードブックシリーズ186

ザFX

著者：キャシー・リーエン

定価 本体2,800円+税　ISBN:9784775971536

これからFXトレードを目指す初心者とFXトレードで虎視眈々と再挑戦を狙っている人のためのバイブル。

ウィザードブックシリーズ148

FXの小鬼たち

著者：キャシー・リーエン　ボリス・シュロスバーグ

定価 本体2,800円+税　ISBN:9784775971154

普通のホームトレーダーでもここまでできる!!
マーケットで成功するための洞察と実践的なアドバイスが満載！
プロたちを打ち負かす方法が今、明らかに！